P9-DMD-967

# Mitlesen–Mitteilen

# MITLESEN–MITTEILEN

## *Literary Texts for Reading, Speaking, Writing, and Listening*

*Second Edition*

**Larry D. Wells**
Binghamton University

**Holt, Rinehart and Winston**
**Harcourt Brace College Publishers**
Fort Worth Philadelphia San Diego New York Orlando Austin San Antonio
Toronto Montreal London Sydney Tokyo

*Publisher*
Ted Buchholz

*Acquisitions Editor*
Jim Harmon

*Developmental Editor*
John Baxter

*Project Editor*
Annelies Schlickenrieder

*Production Manager*
Tad Gaither

*Art Directors*
Serena Barnett Manning, Scott Baker

*Text Design*
Jeanne Cain Pressler

*Photo Research*
Judy Mason

*Cover Image*
Ann Trusty

*Illustrations*
Tom O'Sullivan

ISBN 0-03-072471-6
Library of Congress Catalog Card Number 94-75758
Copyright © 1995, 1987 by Holt, Rinehart and Winston, Inc.

All rights reserved. No part of this publication may be reproduced or transmitted in any form or by any means, electronic or mechanical, including photocopy, recording, or any information storage and retrieval system, without permission in writing from the publisher.

Requests for permission to make copies of any part of the work should be mailed to: Permissions Department, Harcourt Brace & Company, 6277 Sea Harbor Drive, Orlando, Florida 32887-6777.

Special acknowledgments of copyright ownership and of permission to reproduce works (or excerpts thereof) included in this volume begin on page 305 and constitute an extension of this page.

Address for Editorial Correspondence: Harcourt Brace College Publishers, 301 Commerce Street, Suite 3700, Fort Worth, TX 76102.

Address for Orders: Harcourt Brace & Company, 6277 Sea Harbor Drive, Orlando, FL 32887. 1-800-782-4479, or 1-800-433-0001 (in Florida).

Printed in the United States of America

890123 016 98765

# Preface

*Mitlesen – Mitteilen: Literary Texts for Reading, Speaking, Writing, and Listening* is a literary reader designed for students in second-year college German. At some universities the first four or five stories could be read toward the end of the first year, while other programs may find the book best suited for third-year courses. It can also be used in conversation and composition courses and in advanced high school classes. The activities in *Mitlesen – Mitteilen,* be they reading, speaking, writing, or listening, are learner-centered to facilitate genuine exchange of information, ideas, reactions, and opinions. Almost all activities can be done as homework, with a partner, in small groups, or in the class as a whole. As the title suggests, these varied activities encourage students to share and help each other through their encounters with the texts. Although this reader does not provide systematic grammar explanations, it does address certain grammar points, as well as matters of style, in the writing tips section of the individual chapters.

## New to This Edition

In general, activities throughout the book have been made more personalized, learner-centered, and task-based than in the first edition. Instructors and students familiar with the earlier edition will discover the following changes:

- The book has 21 reading texts instead of 24.
- A listening cassette with **Hörtexte** accompanies the reader.
- Many of the preview, text comprehension, discussion, and composition activities have been revised or replaced.
- Writing tips (**Tips zum Schreiben**) precede each set of composition topics.
- **Wortschatzaufgaben** focus almost exclusively on active vocabulary and are very much learner-centered.
- The **Zur Wiederholung** chapters have been rewritten to recycle active rather than passive vocabulary.

## Reading and Listening Selections

*Mitlesen – Mitteilen* consists of twenty-one readings and fifteen listening selections (eight narratives and seven poems) by authors from Germany, Austria, Switzerland, and the former German Democratic Republic. Six stories were written by women, including one by a native Turk living in Germany. One of the listening selections was written by an Austrian school girl, another by a native Czech living in Germany under political asylum. With the exception of "**Rotkäppchen**," Lessing's parable of the three rings, and the poems in the last **Hörtext** section, all of the texts are relatively modern. Although the stories have not been grouped thematically, at least two in each of the first four sections (texts 1–12) address related themes and can thus be discussed comparatively. The first twelve stories also contain somewhat easier vocabulary and structures and can be handled by students just beginning intermediate German. The last nine, somewhat longer texts are linguistically more challenging and better suited for the fourth semester. The final story, by Heinrich Böll, is longer than all preceding texts and provides a transition to the lengthier selections usually found in advanced intermediate readers.

The second edition of *Mitlesen – Mitteilen* comes with a cassette tape containing eight narratives and a selection of ballads and poems. Listening activities and vocabulary for these **Hörtexte** are in the book, but the texts themselves are printed only in the *Instructor's Guide and Tapescript.*

## Chapter Activities

While much has been changed in the second edition of *Mitlesen – Mitteilen,* the basic pedagogy remains the same. Prereading activities (**Vor dem Lesen**) familiarize students with texts or topics they are about to encounter. Reading comprehension activities (**Leseverständnis**) prompt students to explore and communicate to each other particular aspects of the texts they have just read. These are followed by paraphrasing or explanation activities (**In eigenen Worten**) based upon selected passages from the texts. Discussion questions (**Diskussion**) foster appreciation and understanding of the readings as literature, while encouraging students to relate the topics and themes to their own lives and interests. Student-generated vocabulary selection activities (**Wortschatzaufgaben**) assist students in deciding which vocabulary to learn for active mastery. Finally, each chapter concludes with a choice of three writing tasks (**Aufsatzthemen**), preceded by **Tips zum Schreiben** focusing on aspects of grammar usage and style. Some of the writing topics encourage students to use the themes and ideas in the stories as a springboard for their own creative writing.

## Listening Activities

The **Hörtexte** are generally of lesser linguistic difficulty than the reading texts. They should not be viewed as part of the reading sequence, but rather as a separate listening strand. The activities for these selections vary somewhat from one **Hörtext** to the next, depending upon the nature and difficulty of the selection. A **Höranweisung** and vocabulary glosses accompany each listening selection. For most of the selections, students do a **Hörprotokoll**, that is, a summary in German or English of what they have heard and understood, and several follow-up activities.

## Review Activities

Review activities (**Zur Wiederholung**) consist of several **Wortschatzaufgaben** and **Diskussionsthemen/Aufsatzthemen**. The vocabulary sections recycle active vocabulary; students should always try these tasks first without referring back to the readings. The final vocabulary task in each section asks students to recall and/or collect on 3 x 5 or 4 x 6 inch "**Erzählkarten**" those words that they would need to either retell each of the three preceding stories or write about them. The **Diskussionsthemen/Aufsatzthemen** section provides for follow-up discussions or compositions on these same stories.

## Vocabulary Lists

Glosses for each reading text are printed at the back of the book, so that students can read with or without vocabulary aids. For quicker reference, students may wish to photocopy the lists onto cards, which they can then place next to the texts when reading. Vocabulary for the **Hörtexte** are printed in their respective chapters rather than at the end of the book.

## Instructor's Guide and Tapescript

An *Instructor's Guide and Tapescript* is available free of charge from the publisher. It contains copies of all the **Hörtexte**. It also presents strategies, tips, and suggestions for prereading, reading, paraphrasing, vocabulary learning, writing, and listening as well as an overview of the chapter writing tips in the books. These sections are written for students and may be photocopied and distributed at the instructor's discretion. Instructors wishing these materials should contact a Harcourt Brace sales representative.

## Acknowledgments

Many people contributed to this new edition of *Mitlesen – Mitteilen*. I wish to thank the following colleagues who reviewed portions of the second edition during manuscript revision: Barbara Bopp, University of California at Los Angeles; John Brawner, University of California at Irvine; Albrecht Classen, University of Arizona; Ellen Crocker, Massachusetts Institute of Technology; Douglas Hall, University of Maine; Janet Hildebrand, Texas Wesleyan University; Thomas Keller, Southern Illinois University at Carbondale; Holly Liu, Vanderbilt University; Charles Lutcavage, Harvard University; Judith Jung-Fogle, Pasadena City College; Patrick McConeghy, Michigan State University; Church Merrill, University of North Carolina at Charlotte; Kathleen Meyer, North Dakota State University at Fargo; Elfriede Smith, Drew University; Wilfried Voge, University of California at Los Angeles; Larry West, Wake Forest University; Viola Westbrook, Emory University; and Mary Wildner-Bassett, University of Arizona.

I would also like to acknowledge the excellent efforts of the Harcourt Brace editors and freelancers who helped produce this book. Jim Harmon, Senior Acquisitions Editor, first suggested a revision and applied the arm twist to get me started. Early on, Developmental Editors Barbara Baxter and Marsha Hall coalesced criticisms and suggestions of users and reviewers into a feasible revision plan, while Editorial Assistants Caryn Moore and Erich Schneemann contacted publishers concerning permissions for the new texts. Serena Manning, Art Director, came up with the interesting new layout. Annelies Schlickenrieder, Production Editor, coordinated actual production of the book. Elke Herbst, Ancillaries Editor, oversaw production of the tapes and the *Instructor's Guide and Tapescript*. Joan Schoellner copyedited and proofed the final manuscript and the tapescript with the meticulousness and care that are her trademark.

A special bouquet goes to John Baxter (no relation to Barbara), who came on board as developmental editor shortly before manuscript completion. Although new to this kind of work, John brought a fresh perspective and much enthusiasm to the task at hand. He offered excellent editorial suggestions, took over the selection of photographs and drawings, tracked down hard-to-find copyright holders, and tied up all sorts of loose ends. Thank you, John, for making my task easier.

Finally, I thank Rosmarie Morewedge for her encouragement as department chair, Elfriede Heyer for clarifying matters of German syntax and idioms to her non-native colleague, and my sons Eric, Owen, and Adam for supporting yet another textbook project.

*Larry D. Wells*

# Contents

Preface to the Second Edition ..... v

**1 Mittagspause**
*Wolf Wondratschek* ..... 1

**2 Imitation**
*Gabriele Wohmann* ..... 9

**3 Die Erfindungsmaschine**
*Paul Maar* ..... 15

**HÖRTEXT 1A: Ein Posten ist frei**
*Ekkehard Müller* ..... 23

**HÖRTEXT 1B: Der Verkäufer und der Elch**
*Franz Hohler* ..... 25

**ZUR WIEDERHOLUNG 1 • Texte 1–3** ..... 29

**4 Familie in Kürze**
*Elisabeth Alexander* ..... 31

**5 San Salvador**
*Peter Bichsel* ..... 37

**6 Neapel sehen**
*Kurt Marti* ..... 43

**HÖRTEXT 2: Der Mann, der nie zu spät kam**
*Paul Maar* ..... 51

**ZUR WIEDERHOLUNG 2 • Texte 4–6** ..... 55

**7 66 Fragen**
*Franz Hohler* ..... 57

**8 Rotkäppchen '65**
*Anneliese Meinert* ..... 63

**9 Das Märchen vom kleinen Herrn Moritz, der eine Glatze kriegte**
*Wolf Biermann* ..... 69

**HÖRTEXT 3: Rotkäppchen**
*Nach den Brüdern Grimm* ..... 77

**ZUR WIEDERHOLUNG 3 • Texte 7–9** ..... 81

**10 Ohne Vorurteile**
*Christine Nöstlinger* ..... 83

**11 Keine Menschenfresser, bitte**
*H. C. Artmann* ..... 89

**12 Ali Stern**
*Alev Tekinay* ..... 97

**HÖRTEXT 4: Supermarkt**
*Jiri Kral* ..... 107

**ZUR WIEDERHOLUNG 4 • Texte 10–12** ..... 112

**13 Die Küchenuhr**
*Wolfgang Borchert* ..... 115

**14 Wenn die Haifische Menschen wären**
*Bertolt Brecht* ..... 123

**15 Die Parabel von den drei Ringen**
*Gotthold Ephraim Lessing* ..... 131

**HÖRTEXT 5A: Der gute Mann**
*Barbara Gappmaier* ..... 141

**HÖRTEXT 5B: Sonntagvormittag**
*Clemens Hausmann* ..... 145

**ZUR WIEDERHOLUNG 5 • Texte 13–15** ..... 149

**16 In der Gondel**
*Hans Bender* ..... 153

**17 Der weiße Fiat**
*Margarete Neumann* ..... 163

**18 Mal was andres**
*Kurt Kusenberg* ..... 171

**HÖRTEXT 6: Geschichte ohne Moral**
*Alfred Polgar* ..... 181

**ZUR WIEDERHOLUNG 6 • Texte 16–18** ..... 186

**19 Eine größere Anschaffung**
*Wolfgang Hildesheimer* ..... 189

**20 Ein Mensch mit Namen Ziegler**
*Hermann Hesse* ..... 199

**21 Du fährst zu oft nach Heidelberg**
*Heinrich Böll* ..... 211

**HÖRTEXT 7: Sieben Gedichte**

**Erlkönig**
*Johann Wolfgang von Goethe* ..... 224

**Belsazar**
*Heinrich Heine* ..... 226

**Der frohe Wandersmann *und* Das zerbrochene Ringlein**
*Joseph von Eichendorff* ..... 228

**Der römische Brunnen**
*Conrad Ferdinand Meyer* ..... 230

**Die Beiden**
*Hugo von Hofmannsthal* ..... 231

**Der Gott der Stadt**
*Georg Heym* ..... 232

**ZUR WIEDERHOLUNG 7 • Texte 19–21** ..... 235

Glosses and Abbreviations ..... 239
Glosses for Individual Stories ..... 241
Strong and Irregular Verbs ..... 257
German-English Vocabulary ..... 263
Permissions and Acknowledgments ..... 305

# 1 Mittagspause

*Wolf Wondratschek*

**Wolf Wondratschek** was born in 1943 in Rudolstadt in Thuringia and is a freelance writer currently living in Frankfurt am Main. "Mittagspause" is from *Früher begann der Tag mit einer Schußwunde* (gunshot wound), a collection of his short prose sketches, poems, and word montages first published in 1969. His "Aspirin," "Deutschunterricht," "Postkarten," "Gewohnheiten," and "43 Liebesgeschichten," from this collection are also short and easy to read.

## Vor dem Lesen

### Überfliegen des Textes

**PREVIEWING:** *You should preview a text before reading it. Always note the title, as well as any pictures or other information that may give you an idea as to the content of the text. Then skim quickly without the glosses for the gist of the story. At the very least, you want to find out* ***where*** *and* ***when*** *the story takes place,* ***who*** *the main characters are,* ***what*** *they are doing, and* ***what*** *happens. If working with a partner, you can then trade first impressions, as in the following preview activity. Remember, the more you learn about the text in the preview phase, the better you will understand it when actually reading.*

Der folgende Text schildert die Mittagspause einer jungen arbeitstätigen Frau. Lesen Sie den Text schnell durch, um ein erstes Verständnis zu gewinnen. Teilen Sie einer anderen Person im Kurs in drei bis fünf Aussagen mit, was Sie beim Überfliegen des Textes über diese Frau erfahren haben.

Lesen Sie die Geschichte jetzt genau, nachdem Sie sie zuerst überflogen und mit einem Partner/einer Partnerin kurz besprochen haben.

**READING:** *Always try to read the story a first time without referring to the glosses. If you encounter words that you do not know and cannot guess, keep going, unless you have completely lost the narrative thread. Then read the text again, only now consulting the glosses for any words you still cannot figure out from context.*

# Mittagspause

Sie sitzt im Straßencafé. Sie schlägt sofort die Beine übereinander. Sie hat wenig Zeit. Sie blättert[1] in einem Modejournal. Die Eltern wissen, daß sie schön ist. Sie sehen es nicht gern. Zum Beispiel. Sie hat Freunde. Trotzdem sagt sie nicht, das ist mein bester Freund, wenn sie zu Hause einen Freund vorstellt[2].

Zum Beispiel. Die Männer lachen und schauen herüber[3] und stellen sich ihr Gesicht ohne Sonnenbrille vor[4].

Das Straßencafé ist überfüllt. Sie weiß genau, was sie will. Auch am Nebentisch sitzt ein Mädchen mit Beinen.

Sie haßt[5] Lippenstift. Sie bestellt einen Kaffee. Manchmal denkt sie an Filme und denkt an Liebesfilme. Alles muß schnell gehen.

Freitags reicht[6] die Zeit, um einen Cognac zum Kaffee zu bestellen. Aber freitags regnet es oft.

Mit einer Sonnenbrille ist es einfacher, nicht rot zu werden. Mit Zigaretten wäre es noch einfacher. Sie bedauert[7], daß sie keine Lungenzüge[8] kann.

Die Mittagspause ist ein Spielzeug[9]. Wenn sie nicht angesprochen wird, stellt sie sich vor, wie es wäre, wenn sie ein Mann ansprechen würde. Sie würde lachen. Sie würde eine ausweichende[10] Antwort geben. Vielleicht würde sie sagen, daß der Stuhl neben ihr besetzt[11] sei. Gestern wurde sie angesprochen. Gestern war der Stuhl frei. Gestern war sie froh, daß in der Mittagspause alles sehr schnell geht.

Beim Abendessen sprechen die Eltern davon, daß sie auch einmal jung waren. Vater sagt, er meine es nur gut. Mutter sagt sogar, sie habe eigentlich Angst. Sie antwortet, die Mittagspause ist ungefährlich[12].

Sie hat mittlerweile[13] gelernt, sich nicht zu entscheiden[14]. Sie ist ein Mädchen wie andere Mädchen. Sie beantwortet eine Frage mit einer Frage.

Obwohl sie regelmäßig[15] im Straßencafé sitzt, ist die Mittagspause anstrengender[16] als Briefeschreiben. Sie wird von allen Seiten beobachtet[17]. Sie spürt[18] sofort, daß sie Hände hat.

Der Rock ist nicht zu übersehen. Hauptsache[19], sie ist pünktlich[20].

Im Straßencafé gibt es keine Betrunkenen. Sie spielt mit der Handtasche. Sie kauft jetzt keine Zeitung.

Es ist schön, daß in jeder Mittagspause eine Katastrophe passieren könnte. Sie könnte sich sehr verspäten. Sie könnte sich sehr verlieben[21]. Wenn keine Bedienung[22] kommt, geht sie hinein und bezahlt den Kaffee an der Theke[23].

An der Schreibmaschine hat sie viel Zeit, an Katastrophen zu

40 denken. Katastrophe ist ihr Lieblingswort. Ohne das Lieblingswort wäre die Mittagspause langweilig[24].

## Leseverständnis

1. Machen Sie mit anderen Personen zusammen möglichst viele kurze Aussagen über das, was das Mädchen im Straßencafé tut und denkt. Nehmen Sie dabei den Text nicht zu Hilfe.

   **NOTE:** *In recall and speech production, chronology is far less important than words and associations. If you cannot make complete statements, say any words you remember or anything that you think might be significant. Your words may help other students recall something, which in turn may trigger in your own mind additional words or ideas. For example, the word* **Eltern** *might call to mind such associations as* **Angst, einmal jung**, *and* **Tochter**; *these words could then prompt a statement or two from someone else in your group. Anytime you do not understand the meaning of something, ask your instructor or another student.*

2. Einigen Sie sich *(agree)* mit anderen Personen über zehn Substantive im Text, die Ihrer Meinung nach das Mädchen im Straßencafé am besten charakterisieren.

## In eigenen Worten

Erklären Sie allein oder mit anderen Personen zusammen die folgenden Stellen.

**NOTE:** *Explaining involves paraphrasing plus commentary. Think in German, and try to simplify structure and vocabulary as much as possible. The sentences in "Mittagspause" are already short and structurally fairly simple. On the other hand, Wondratschek leaves much unsaid, thereby challenging us to read between the lines and ask* why *the young woman acts as she does. Thus you may very well need to elaborate upon the passages with more words and sentences than in the original.*

**BEISPIEL:** Mit einer Sonnenbrille ist es einfacher, nicht rot zu werden. Mit Zigaretten wäre es noch einfacher. Sie bedauert, daß sie keine Lungenzüge kann.

*Sie trägt eine Sonnenbrille. Sie will nicht rot werden. Sie wird leicht nervös. Sie möchte rauchen, aber sie kann keine Lungenzüge. Sie meint, wenn sie raucht, wird sie nicht so leicht nervös.*

1. Die Eltern wissen, daß sie schön ist. Sie sehen es nicht gern.
2. Die Mittagspause ist ein Spielzeug. Wenn sie nicht angesprochen wird, stellt sie sich vor, wie es wäre, wenn sie ein Mann ansprechen würde.
3. Beim Abendessen sprechen die Eltern davon, daß sie auch einmal jung waren. Vater sagt, er meine es nur gut. Mutter sagt sogar, sie habe eigentlich Angst.
4. Obwohl sie regelmäßig im Straßencafé sitzt, ist die Mittagspause anstrengender als Briefeschreiben. Sie wird von allen Seiten beobachtet. Sie spürt sofort, daß sie Hände hat.
5. Der Rock ist nicht zu übersehen. Hauptsache, sie ist pünktlich.
6. Katastrophe ist ihr Lieblingswort. Ohne das Lieblingswort wäre die Mittagspause langweilig.

## Diskussion

1. Wie alt ist „sie"? Warum braucht sie Sonnenbrille und Zigaretten, aber keinen Lippenstift? Wann spürt sie ihre Hände und warum?
2. Was passiert in diesem Text überhaupt? Wie bringt der Autor das zum Ausdruck? Was will er damit zeigen?
3. An was für eine „Katastrophe" denkt dieses Mädchen wohl?
4. Welche drei Fragen würden Sie gern an dieses Mädchen stellen, die für das Verständnis dieses Textes wichtig sein könnten?
5. Finden Sie das Mädchen zu sehr aus einer Männerperspektive beschrieben? Wieso?
6. Welche Aspekte dieser Erzählung würden *Sie* gern noch besprechen?

## Wortschatzaufgaben

1. Schreiben Sie zehn Wörter aus dem Text (Verben, Adjektive oder Adverbien, aber *keine* Substantive), die Sie vorher nicht gekannt haben und die Sie jetzt lernen möchten.
2. Machen Sie mit diesen Wörtern Aussagen über sich selbst (einzeln oder in einer Gruppe).

**BEISPIELE:** Wenn ich sitze, **schlage** ich die Beine nicht **übereinander**.
Ich mag **ausweichende** Antworten nicht.

Ich rufe meine Eltern **regelmäßig** an, wenn ich nicht zu Hause bin.

## Aufsatzthemen

**TIPS ZUM SCHREIBEN:** Identifying steps in the writing process; proofing; collecting vocabulary and formulating ideas; writing in the present tense; using a variety of verbs; avoiding **haben** and **sein**

Writing is a process of important steps. These steps include a) gathering vocabulary, b) generating sentences, c) arranging sentences into a first draft, d) checking for accuracy and style, and e) writing a final copy. If your assignment is to retell a story, try gathering words and ideas by brainstorming with a partner or in groups. The most important words to brainstorm are **verbs**, since they normally provide the main thrust for sentences. When describing or discussing texts, persons, or ideas, keep your verbs in the present tense. Use a variety of verbs, and avoid **haben** and **sein** as much as possible, since they add little to your writing.

1. Erzählen Sie im Präsens *(present tense)*, was das Mädchen im Straßencafé tut oder nicht tut, und warum sie diese Dinge tut. Mit den folgenden subordinierenden Konjunktionen erklärt man manchmal das *Warum* (siehe auch **Tips zum Schreiben**, Text 4).

| | |
|---|---|
| **da** | since |
| **damit** | so that *(intention)* |
| **weil** | because |

2. Beschreiben Sie einen typischen Abend für das Mädchen im Straßencafé.
3. Beschreiben Sie die „Mittagspause" eines jungen Mannes in demselben Straßencafé. Was tut er? Was denkt er? Was wäre für ihn eine Katastrophe?

# 2 Imitation

*Gabriele Wohmann*

**Gabriele Wohmann** was born in 1932 in Darmstadt and is one of Germany's best known and most prolific authors. She published her first collection of stories, *Mit einem Messer*, in 1958. In addition to many volumes of short stories and prose sketches, she has written novels, radio plays (**Hörspiele**), and poetry. Her stories often depict and expose the artificiality, meanness, and pain of human encounters and relationships. "Imitation," taken from her short story collection *Vor der Hochzeit: Erzählungen* (1980), proves no exception in this regard.

## Vor dem Lesen

### Lesen und berichten

Im ersten Teil der folgenden Geschichte betreten ein Mann und eine Frau eine Bar. Im zweiten Teil gehen sie wieder in dieselbe Bar. Lesen Sie einen Teil der Geschichte, während Ihr(e) Partner(in) den anderen Teil liest. Berichten Sie ihm/ihr über *Ihren* Teil der Geschichte.

> NOTE: *In conveying the mood and emotions of her characters, the author employs the following adjectives with which you may not be familiar.*

| | |
|---|---|
| **blöd: dumm** | stupid, silly |
| **finster: dunkel; nicht froh** | gloomy, dark |
| **geringschätzig** | disdainful |
| **leise: nicht laut** | soft, gentle |
| **mißmutig** | in ill humor |
| **roh: wild, nicht zärtlich** | rough |
| **sanft** | gentle |
| **traurig** | sad |
| **unvergnügt** | displeased, in ill humor |
| **verstimmt: mißmutig** | in ill humor |
| **zärtlich** | tender, loving |

Lesen Sie die ganze Geschichte genau, nachdem Sie jemandem im Kurs über einen Teil der Geschichte berichtet haben.

# Imitation

to enter

Sie betraten die Bar, und sanft leitete[1] er sie an einen intimen Nischentisch. Seine Augen waren zärtlich und roh, besitzergreifend[2]. Sie atmete[3] schwer, im glänzenden[4] Blick lagen Unsicherheit und Hoffnung.

—You are terribly sweet, sagte er leise.

Sie schüttelte den Kopf, lächelte. Er beteuerte[5] es ihr, umschloß[6] mit einer Hand ihre gefalteten kleinen Finger, fragte, ob sie tanzen wolle.

Sie tanzten, dicht[7] aneinandergedrängt[8] und immer noch zu weit voneinander entfernt. Schwere, süße Betäubung[9]. Die Musik, sein Atem, ihr Parfum, Augen, Hände. Wärme. Ein Rausch[10].

Er verging[11] nicht. Im Taxi brachte er sie nach Haus. Sie wohnte allein. Darf ich? O nein. Nur eine Tasse Kaffee. Bitte!

Er durfte. Zärtlicher großer Mann, seine erregende[12], wunderbare Liebe. Herzklopfen, sanft, sanft kam er zu ihr, ein paar Tränen, die nur die Augen füllten und nicht die Wangen hinunterliefen, ihre Hingabe, dem Zuschauer[13] versprochen in der Glut[14] eines Augenaufschlags[15], in der Verschmelzung ihrer Lippen.

—Noch was trinken?

—Ja, wär' nicht schlecht.

Sie betraten die Bar, und mißmutig bahnte er sich einen Weg[16] durch die Tische, fand keinen guten Platz. Sie hinter ihm her.

Unsympathisch muß er wirken[17] mit seinem finsteren Gesicht, den unvergnügten Lippen.

Er bestellte das billigste Getränk, fand es immer noch zu teuer.

—Hübscher Film, sagte sie.

—Na, reichlich dick aufgetragen[18], brummte[19] er.

—Was willst du, Kitsch ist's immer.

Beleidigt[20] saß sie, betrachtete[21] mit geringschätziger Wehmut[22] die Tanzpaare.

—Blöd, bei der Hitze zu tanzen, sagte sie traurig.

Er sah auf, fixierte eine aparte[23] kleine Mulattin, schlank[24] und drahtig[25] und halb nackt in den Armen ihres Partners.

—Kommt drauf an[26], sagte er.

Schwere, bittere Enttäuschung[27]. Die Musik, sein festgenagelter[28] Blick[29], daß man nicht geliebt wurde, daß man nicht liebte. Hitze. Eine schwache, leise bohrende Qual[30]. Sie verging nicht. Verstimmt tappten[31] sie durch die dunklen Straßen.

## Leseverständnis

1. Suchen Sie im ersten Teil einen Ausdruck oder einen Satz, der Ihrer Meinung nach die Stimmung des ersten Teils am besten beschreibt. Tun Sie dasselbe für den zweiten Teil.
2. Wie und warum sind die Stimmung und die Beziehung *(relationship)* zwischen diesen beiden Menschen im zweiten Teil anders als im ersten Teil?

## In eigenen Worten

Erklären Sie die folgenden Stellen, indem Sie von den Gedanken und Absichten *(intentions)* dieser Menschen erzählen.

**BEISPIEL:** Sie betraten die Bar, und sanft leitete er sie an einen intimen Nischentisch.

*Er wollte mit ihr allein etwas trinken. Er wollte sie besser kennenlernen.*

1. —You are terribly sweet, sagte er leise.
2. Er verging nicht. Im Taxi brachte er sie nach Haus. Sie wohnte allein. Darf ich? O nein. Nur eine Tasse Kaffee. Bitte!
3. Er durfte.
4. —Hübscher Film, sagte sie.

   —Na, reichlich dick aufgetragen, brummte er.

   —Was willst du, Kitsch ist's immer.

## Diskussion

1. Diskutieren Sie darüber, inwiefern der zweite Teil dieser Geschichte eine „Imitation" ist. Durch welche Wörter und sprachlichen Mittel kontrastiert die Autorin die beiden Teile der Geschichte?
2. Warum sagt „er" auf englisch: „You are terribly sweet"?
3. Am Ende „tappten sie durch die dunklen Straßen". Wie muß es Ihrer Meinung nach weitergehen?
4. Gefällt Ihnen diese Geschichte? Warum? Warum nicht? Finden Sie die Geschichte glaubhaft?

## Wortschatzaufgaben

1. Machen Sie eine Liste von sechs bis acht Adjektiven im Text, die aus Partizipien bestehen *(consist of)*. (Es gibt mindestens zehn solche Wörter!)

   **BEISPIELE:** **glänzend** = Partizip Präsens; **beleidigt** = Partizip Perfekt

   Schreiben Sie kurze Beispielsätze mit fünf dieser Adjektive, die Sie für den *aktiven* Sprachgebrauch lernen wollen.

   **BEISPIELE:** Sie hat **glänzende** Noten bekommen.
   Er machte ein **beleidigtes** Gesicht.

2. Vokabeln lernt man oft besser in kurzen Ausdrücken oder Kontexten. Suchen Sie insgesamt sechs bis acht Adjektive aus dem Text, die positive oder negative Stimmungen oder Haltungen *(attitudes)* beschreiben und die Sie für den *aktiven* Sprachgebrauch lernen wollen. Bilden Sie kurze Ausdrücke (Adjektiv + Substantiv) mit diesen Adjektiven.

   **BEISPIELE:** mit **sanfter** Stimme
   ein **zärtlicher** Mensch

## Aufsatzthemen

TIPS ZUM SCHREIBEN: Writing informal letters

When writing informal letters, note the following common format:

Fulda, den 30. August 19 . . .

Liebe [Bertha]/Lieber [Bert],

ich glaube, ich möchte [nicht mehr] mit Dir immer zusammen sein.
Wie Du Dir ja denken kannst . . . usw.

Dein [Klaus]/
Deine [Claudia]

Always capitalize informal second-person pronouns and possessive adjectives (**Du, Dich, Dir, Dein; Ihr, Euch, Euer**) in letters.

1. Schreiben Sie einen Brief, den „sie" am nächsten Tag an „ihn" schreibt oder „er" an „sie".
2. Wo lernen *Sie* neue Menschen kennen? Was machen Sie, wenn Sie zum ersten Mal mit einer neuen Bekanntschaft *(acquaintance)* ausgehen?
3. Jemand gefällt Ihnen, und Sie möchten diese Person besser kennenlernen. Schreiben Sie ihm/ihr und laden Sie ihn/sie ein, mit Ihnen auszugehen (z.B. einen Ausflug machen, ins Kino oder zu einer Party gehen usw.).

# 3 Die Erfindungsmaschine

*Paul Maar*

**Paul Maar** was born in 1937 in Schweinfurt, Germany. He has gained literary renown as a writer and illustrator of books for children and young adults. Among his award-winning efforts are *Der tätowierte Hund* (1968) and *Eine Woche voller Samstage* (1973). "Die Erfindungsmaschine" is from *Summelsarium oder 13 wahre Lügengeschichten* (Oetinger Verlag, 1973). All thirteen selections, including two additional Professor Monogrohm stories, "Die Frühstücksmaschine" and "Das Mittel," make for delightful and easy reading.

## Vor dem Lesen

### Informationssuche

Überfliegen Sie schnell diese Geschichte. Suchen Sie ergänzende (*additional*) Information für die folgenden Sätze.

1. Diese Geschichte handelt von einem Professor, der . . .
2. Seine Frau sagte ihm, er sollte . . .
3. Elefanten sind Pflanzenfresser und . . .
4. Die Denkmaschine war frech und sagte dem Professor, daß . . .
5. Die Erfindungsmaschine . . .

Lesen Sie die Geschichte genau, nachdem Sie die Informationssuche gemacht haben.

# Die Erfindungsmaschine

Eines Morgens sagte Professor Monogrohm (der berühmte[1] Erfinder der fünfeckigen Kugel[2], der Frühstücksmaschine und des trinkbaren Superhaarwuchsmittels[3]) vor dem Frühstück zu seiner Frau: „Es ist höchste Zeit[4], daß ich wieder einmal eine meiner berühmten Erfindungen mache. Aber mir fällt nicht ein, was ich erfinden soll."

„Das hast du schon oft gesagt", meinte seine Frau. „Erfinde doch[5] irgendeine[6] neuartige[7] Maschine!"

„Das hast du auch schon oft vorgeschlagen[8]", sagte er. „Aber mir fällt eben keine ein. Alle Maschinen sind schon erfunden. Ich denke und denke, aber . . ."

„Du denkst und denkst?" unterbrach[9] ihn seine Frau. „Warum tust du das? Warum baust du keine Maschine, die dir das abnimmt[10]?"

„Richtig! Großartig[11]! Höchstbestens[12]!" rief er. „Das ist eine geniale[13] Idee. Schade, daß sie nicht von mir ist. Ich erfinde eine Denkmaschine!"

Damit[14] zog er seinen weißen Erfindermantel an, ging in die Erfinderwerkstatt[15], setzte sich an seinen Erfindertisch und begann die Denkmaschine zu erfinden.

Er baute sechs Wochen, dann war die Maschine fertig. Stolz schob er sie ins Wohnzimmer und führte sie seiner Frau vor[16]. Oben war eine alte Schreibmaschine eingebaut. In die spannte er einen Bogen[17] Papier ein[18] und tippte die erste Frage:

WIEVIEL IST SIEBEN UND ZWÖLF?

Kaum war die Frage ausgeschrieben, tippte die Maschine auch schon ihre Antwort. Neugierig[19] zog der Professor das Papier heraus und las seiner Frau die Antwort vor:

ALBERNE[20] FRAGE! NATÜRLICH NEUNZEHN.

„Die Maschine ist ganz schön hochmütig[21]", stellte der Professor leicht verärgert[22] fest[23]. „Ich muß ihr wohl eine schwierigere Frage stellen."

Er dachte einige Zeit nach[24], dann tippte er:

WENN DREI ELEFANTEN AN ZWEI TAGEN SIEBEN PFUND FLEISCH FRESSEN, WIEVIEL PFUND FLEISCH FRESSEN DANN NEUN ELEFANTEN AN FÜNF TAGEN?

Wieder brauchte die Maschine keine zwanzig Sekunden, dann hatte sie schon ihre Antwort geschrieben. Professor Monogrohm zog das Papier heraus und las vor:

ELEFANTEN SIND PFLANZENFRESSER UND FRESSEN ÜBERHAUPT KEIN FLEISCH, ALTER TROTTEL[25]!

„Die Maschine ist nicht hochmütig, sie ist frech[26]", sagte der Professor. „Jetzt werde ich ihr eine Frage stellen, an der sie ordentlich[27] zu kauen[28] hat."

Damit spannte er ein neues Papier ein und schrieb:

WAS SOLL PROFESSOR MONOGROHM ERFINDEN?

Kaum war die Frage ausgeschrieben, tippte die Maschine schon die Antwort. Die beiden zogen das Papier heraus und lasen gemeinsam[29]:

PROFESSOR MONOGROHM IST ERFINDER! PROFESSOR MONOGROHM WEISS NICHT, WAS ER ERFINDEN SOLL! DARAUS FOLGT[30]:

PROFESSOR MONOGROHM SOLL EINE ERFINDUNGSMASCHINE ERFINDEN, DIE AUFSCHREIBT, WAS ER ERFINDEN SOLL!

„Wenn die Maschine manchmal auch ausgesprochen[31] frech ist: Denken kann sie!" freute sich der Professor. „Genau das ist es, was ich jetzt erfinden werde. Eine Erfindungsmaschine, die Erfindungen erfindet!"

Wieder zog er seinen weißen Erfindermantel an und ging in die Erfinderwerkstatt, um die Erfindungsmaschine zu bauen.

Gestern ist die Maschine fertig geworden. Alle vierundfünfzig Minuten schreibt sie einen neuen Erfindungsvorschlag auf und spuckt ihn aus[32]. Und Professor Monogrohm braucht sich nur in seine Erfindungswerkstatt zu setzen und das zu bauen, was die Maschine ausgedacht hat. Denn das Schwierigste beim Erfinden ist nicht das Erfinden selber. Viel schwieriger ist es, sich Sachen auszudenken, die bis jetzt noch keiner erfunden hat.

Dies sind die ersten Erfindungsvorschläge, die die Maschine ausgespuckt hat:

1. Spazierstock[33] mit Kilometerzähler
2. Hut, der sich automatisch vom Kopf hebt, wenn sein Besitzer „Guten Tag" sagt
3. Brille[34] mit Scheibenwischer[35]
4. Viereckige Äpfel (weil sie sich besser in Kisten[36] verpacken lassen als runde)
5. Spinat mit Schokoladengeschmack
6. Gardine[37], die ohne Wind wehen[38] kann (für Kriminalfilme)
7. Mechanische Großmutter, die auf Knopfdruck[39] Märchen erzählt
8. Jacke, die sich allein zuknöpft[40]
9. Pantoffeln[41] mit eingebauter Heizung[42]
10. Unverwüstliche[43] Rauchzeichen[44] aus Metall für Indianer
11. Runde Hausecken (damit es weniger weh tut, wenn man sich stößt[45])
12. Automatischer Mantelkragen[46], der sich bei starkem Wind hochklappt[47]
13. Wanderstiefel[48] für Wanderdünen[49]

*(leicht gekürzt)*

## Leseverständnis

1. Erzählen Sie jemandem, was in der Geschichte passiert. Benutzen Sie dabei das folgende Erzählschema. Nehmen Sie den Text nicht zu Hilfe.

*Eines Morgens*
*höchste Zeit*
*Erfindung*
*nichts einfallen*

*Frau*
*vorschlagen*
*Maschine, die*
*geniale Idee*

*anziehen*
*Werkstatt*
*bauen*
*nach sechs Wochen*
*vorführen*

*Bogen einspannen*
*tippen*
*Wieviel . . .*
*Antwort?*
*Wenn drei Elefanten . . .*
*Antwort?*

*meinen, sehr frech*
*eine Frage stellen, die*
*Was soll . . .*
*Antwort?*

*Maschine*
*alle vierundfünfzig Minuten*
*Vorschlag ausspucken*

2. Drücken Sie die Vorschläge, die die Maschine ausgespuckt hat, auf englisch aus.

## In eigenen Worten

Drücken Sie die folgenden Stellen anders aus.

**NOTE:** *This is a straight paraphrasing activity; you need not explain the contexts.*

1. „Das hast du auch schon oft vorgeschlagen", sagte er. „Aber mir fällt eben keine ein."

2. „Du denkst und denkst?" . . . „Warum tust du das? Warum baust du keine Maschine, die dir das abnimmt?"
3. „Jetzt werde ich ihr eine Frage stellen, an der sie ordentlich zu kauen hat."

## Diskussion

1. a. Schlagen Sie Professor Monogrohm mindestens fünf weitere Erfindungen vor. Wenn Sie wollen, schreiben Sie die Vorschläge zuerst auf englisch. Übersetzen Sie sie dann mit Hilfe Ihres Lehrers ins Deutsche.
   b. Lesen Sie Ihre Vorschläge in der Deutschstunde vor. Wer hat den lustigsten, den teuersten, den billigsten, den größten, den praktischsten oder unpraktischsten, den besten oder den dümmsten Vorschlag?
2. a. Schreiben Sie eine chronologische Liste der Ihrer Meinung nach acht wichtigsten Erfindungen in der Geschichte der Menschheit.
   b. Lesen Sie Ihre Liste im Unterricht vor.
   c. Einigen Sie sich als Gruppe über eine Rangliste *(ranking)* der acht wichtigsten Erfindungen in der Geschichte der Menschheit.
3. Stellen Sie eine Liste von acht wichtigen Erfindungen und Entdeckungen *(discoveries)* zusammen, ohne die unser modernes Leben unmöglich oder ganz anders wäre. Berichten Sie kurz darüber, was wäre, wenn es jede dieser Erfindungen nicht gäbe.
4. Führen Sie durch Pantomime eine Erfindung vor. Die anderen in der Gruppe versuchen, Ihre Erfindung zu erraten *(guess)*.

## Wortschatzaufgaben

1. Suchen Sie sechs Adjektive aus dem Text, die menschliche Reaktionen oder Urteile *(judgments)* ausdrücken. Bilden Sie kurze Ausdrücke mit diesen Vokabeln, aber verwenden Sie keine Substantive aus der Geschichte.

   **BEISPIEL:** genial
   mit **genialer** Phantasie

2. Machen Sie eine Liste aller trennbaren und untrennbaren Präfixverben im Text. (Es gibt sicher mehr als fünfzehn!) Welche dieser Verben haben Sie beim Lesen nicht erkannt, weil sie für Sie neu waren? Lesen Sie jemandem im Kurs diese neuen Verben vor. Er/sie soll mit diesen Verben Aussagen über die Geschichte machen.

## Aufsatzthemen

**TIPS ZUM SCHREIBEN:** Expressing views

To let readers know that you are expressing views rather than indisputable facts, consider using some of the following qualifiers.

Ich glaube, [daß] . . .

Ich bin der Meinung, [daß] . . .

Meiner Meinung/meiner Ansicht nach . . .

Vielleicht . . .

Ich finde, [daß] . . .

Ich halte [ihn/sie] für . . .

To add persuasive emphasis to your convictions, consider some of the following adverbs or adjectives.

| | |
|---|---|
| **gewiß** | for sure, certain(ly) |
| **natürlich** | of course, naturally |
| **selbstverständlich** | of course, obvious(ly) |
| **sicher** | positive(ly), definite(ly) |
| **unbedingt** | absolute(ly), without fail |
| **vor allem** | above all |
| **zweifellos/ohne Zweifel** | doubtlessly, without doubt |

1. Sie sind Erfinder und haben eine ganz tolle Erfindung gemacht. Jetzt wollen Sie diese Erfindung verkaufen. Schreiben Sie, warum diese Erfindung so fabelhaft ist.
2. Beschreiben Sie die beste Erfindung, die es noch nicht gibt, und was man damit machen kann.
3. Erzählen Sie, warum Sie eine bestimmte Erfindung für eine der besten, der wichtigsten oder der schlimmsten Erfindungen aller Zeiten halten.

**Hörtext 1A**

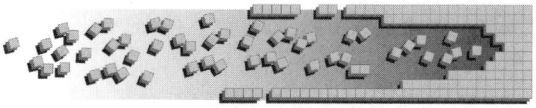

# *Ein Posten ist frei*

*Ekkehard Müller*

This listening text is taken from *Menschen um Müller: Lustiger Wiederholungskurs* (1971), an anthology of entertaining reading and listening texts for learners of German written by Ekkehard Müller and published by Klett Edition Deutsch. The thirty-five texts in this book are ideally suited for intermediate German.

## Höranweisung

In der folgenden Geschichte bewirbt sich Herr Konrad um einen Posten und stellt sich beim Personalchef einer großen Firma vor. Achten Sie darauf, welche Fragen der Personalchef an Herrn Konrad stellt und wie Herr Konrad auf diese Fragen antwortet.

## Wortschatz im Hörtext[1]

| | |
|---|---|
| **sich bewerben* um** | to apply for |
| **sich** *(acc.)* **vorstellen** | to present *or* introduce o.s. |
| der **Personalchef,** -s | personnel manager |
| die **Stenographie** | shorthand |
| **Schreibmaschine können** | to be able to type |
| die **Erfahrung, -en** | experience |
| **im Umgang mit** | in dealing with |
| der **Kunde, (-en), -en** | customer |
| **weltweit** | world-wide |
| das **Unternehmen, -** | firm, enterprise |
| das **Selbstvertrauen** | self-confidence |
| das **Gedächtnis** | memory |
| **zunächst** | (at) first |
| der **Dienst, -e** | service |

## Hörprotokoll

Erzählen Sie diese Geschichte zusammen mit jemandem im Kurs nach.

## Diskussion

1. Welche weiteren Fragen stellen Sie an Herrn Konrad, ehe Sie ihm den Posten geben?
2. Wie macht man beim Vorstellungsgespräch einen guten Eindruck?
3. Können Sie sich an eines Ihrer Vorstellungsgespräche erinnern? Erzählen Sie davon.

[1]Strong and irregular verbs are indicated by asterisk.

**Hörtext 1B**

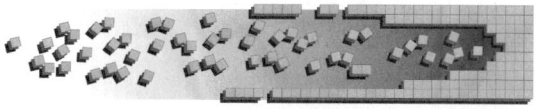

# Der Verkäufer und der Elch

*Franz Hohler*

**Franz Hohler** was born in 1943 and resides in Zurich, where he writes in a variety of genres and also performs on stage and in cabarets. In addition to many humorous stories and sketches, he has authored satirical programs for radio and television and award-winning children's books. This text comes from his collection *Ein eigenartiger Tag (1983)*. Numerous other short texts in this anthology also make for entertaining reading.

## Höranweisung

Der Verkäufer in dieser Geschichte will einem Elch eine Gasmaske verkaufen. Achten Sie darauf, wie der Verkäufer den Elch dazu bringt, eine Gasmaske zu kaufen.

## Wortschatz im Hörtext

| | |
|---|---|
| das **Sprichwort, ¨er** | saying |
| **tüchtig** | capable, competent |
| die **Zahnbürste, -n** | toothbrush |
| die **Kiste, -n** | case |
| **wozu** | what for |
| die **Fabrik, -en** | factory |
| **wahnsinnig** | crazy |
| **giftig** | poisonous |
| das **Abgas, -e** | exhaust gas |
| der **Schornstein, -e** | chimney |
| die **Höflichkeitsform, -en** | polite form |
| **übrigens** | incidentally |
| **verwechseln** | to confuse, mistake one for the other |

## Hörprotokoll

Machen Sie Notizen über das, was Sie gerade gehört haben. Erzählen Sie diese Geschichte jemandem im Kurs nach. Dann soll er/sie die Geschichte noch einmal nacherzählen, aber diesmal vom Standpunkt des Verkäufers. Verwenden Sie den angegebenen Wortschatz aus dem Hörtext.

## Diskussion

1. Was will der Autor mit dieser Geschichte zum Ausdruck bringen?
2. Mußten Sie einmal (vielleicht als Schüler[in]) Zeitschriften, Pralinen oder etwas anderes verkaufen? Haben Sie das gern gemacht? Haben Sie das gut gemacht? Erzählen Sie davon.

# Zur Wiederholung 1

## Texte 1–3

### Wortschatzaufgaben (Partnerarbeit oder Hausaufgabe)

**NOTE:** *Try to do the activities first without referring back to the texts and glosses. Numbers in parentheses refer to the stories from which the words are taken.*

**1. Bilden Sie Ihre eigenen Sätze mit diesen Verben.**

**BEISPIEL:** betreten* (2)
In diesem Park darf man den Rasen (*lawn*) nicht **betreten**.

a. beleidigen (2)
b. betrachten (2)
c. sich entscheiden* (für) (1)
d. sich freuen (über) (3)
e. überlegen (3)
f. unterbrechen* (3)
g. sich verlieben (in) (1)
h. vorführen (3)
i. vorschlagen* (3)
j. sich verspäten (1)

**2. Mit welchen Personen oder Dingen assoziieren Sie die folgenden Adjektive oder Adverbien? Bilden Sie Ihre eigenen Sätze mit diesen Wörtern.**

**BEISPIEL:** langweilig
Mein Deutschkurs ist nie **langweilig** (1).

a. apart (2)
b. frech (3)
c. großartig (3)
d. leise (2)
e. neugierig (3)
f. regelmäßig (1)

g. süß (2)
h. ungefährlich (1)
i. verärgert (3)
j. verstimmt (2)

Welche dieser Adjektive passen zu Ihnen und Ihrem Temperament?

**3. Machen Sie für jede Geschichte eine „Erzählkarte" von 7 x 12 cm (3 x 5 in.) oder 10 x 15 cm (4 x 6 in.). Schreiben Sie auf eine Seite dieser Karte etwa zwölf bis fünfzehn deutsche Wörter oder Ausdrükke. Ihr(e) Partner(in) soll eine der Karten ziehen und mit Ihren Wörtern und Ausdrücken Aussagen über diese Geschichte machen.**

## Diskussionsthemen/Aufsatzthemen

**1. Welche Geschichten behandeln verwandte Themen? Erklären Sie Ihre Antwort. Verwenden Sie einige der folgenden Redemittel und Reaktionen.**

**Redemittel:**
Vergleicht man die beiden Erzählungen, wird dann klar, daß . . .

Der Autor/die Autorin befaßt sich in dieser Geschichte mit dem Thema . . .

Der Text schildert, wie . . .

Durch diese [Wörter, Situationen usw.] will er/sie zeigen, daß/wie . . .

Solche [Wörter/Situationen usw.] machen deutlich, daß/wie . . .

Am Anfang/Ende der Erzählung sieht man, wie . . .

**Reaktionen: ja**
Das finde ich auch.

Ich bin ganz Ihrer/deiner Meinung.

**Reaktionen: nein**
Ich sehe das ganz anders.

Ich bin nicht derselben Meinung.

Das mag sein, aber . . .

**2. Welche Geschichte hat Ihnen am besten gefallen? Warum?**

**3. Welche Geschichte hat Ihnen am wenigsten gefallen? Warum?**

# 4 Familie in Kürze

*Elisabeth Alexander*

**Elisabeth Alexander** was born in 1932 in Linz/Rheinland and lives in Heidelberg. She attended a Catholic girls school but married before completing her secondary education. She later earned her **Abitur** the hard way by attending an **Abendgymnasium**. Her career as a writer began with the publication of poems in 1963. Since 1970, she has been a freelance writer and journalist. In this story, as well as in her many other short stories and two novels, she depicts the role of a wife and mother in a male-dominated, bourgeois society. "Familie in Kürze" is taken from her collection *Damengeschichten*, first published in 1983. She has also written a collection of *Herrengeschichten* (1990).

## Vor dem Lesen

### Überfliegen des Textes

Der folgende Text schildert das alltägliche Leben einer deutschen Ehefrau. Überfliegen Sie den Text, indem Sie nur die ersten zwei Zeilen (*lines*) in jedem Abschnitt lesen. Teilen Sie dann anderen Personen im Kurs in etwa drei bis vier Aussagen Ihre ersten Eindrücke von dieser Familie mit.

Lesen Sie die ganze Geschichte genau, nachdem Sie den Text überflogen haben. Achten Sie darauf, ob Ihre ersten Eindrücke von dieser Familie noch stimmen.

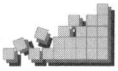

# Familie in Kürze

Sie kochte gut. Sie putzte gut. Sie konnte auch gut backen. Die Familie wußte das. Jeden Mittag lockte[1] ein appetitlicher Geruch[2] die Esser schneller die Treppe hinauf.

Die Bücher standen akkurat im Regal. Die Fernsehillustrierten wurden eine Zeitlang aufgehoben[3]. Ordentlich lagen sie im Zeitungsständer.

Jede Woche kamen zwei Kasten Bier und ein Kasten Sprudel[4]. Die Schuhe der Kinder waren geputzt. Die Bügelfalten[5] des Mannes waren korrekt. Die Hemden ohne Flecken[6] am Kragen[7]. Er war Abteilungsleiter[8].

Sein Auto war sauber[9] und der Motor genauso gepflegt[10]. Der Mann liebte das. Seine Frau war stolz auf das Auto. An Sonntagen zog sie bedächtiger[11] den Rock an, wenn sie sich hineinsetzte. Sie fuhren rund um den Wohnort. In einen Waldort, zu Tanten, Onkel, Geburtstagen. Manchmal zu einem Volksfest. Das sahen die Nachbarn erst bei der Rückkehr. Der Kleinste brachte dann einen prallgeblasenen[12] Luftballon heim.

Die Frau ging jeden Morgen einkaufen. Die Kinder brachte sie bis zur Ecke, von wo ab der Weg zur Schule, zum Kindergarten sozusagen ungefährlich war.

Sie überlegte[13] vorher, ließ sich nicht beschwatzen[14] oder durch Plakate verleiten[15], über ihr Einkaufsnetz hinauszukaufen. Nie ging sie langsam. Vielleicht spazierte sie auch so.

Die Stimmen der Familienmitglieder waren etwas lärmend[16]. Der Mann sprach eindringlich[17]. Wohldosiert. Mit optimistischen und pessimistischen Lebensanschauungen[18] gemischt. Er konnte das meiste noch psychologisch untermalen[19].

Er dachte auch sicher schon einmal an Frauen. Aber das Bild seiner Frau ging ihm nie aus dem Sinn[20]. Sie kochte in der Tat wunderbar. Er gab das Geld ihr. Die Miete wurde gleich von der Bank überwiesen[21]. Er machte keine Überstunden. Es reichte[22]. Sein Bier stand im Keller. Auch Wein. Den bekam er von einem Weingut[23] geschickt. Zweimal im Jahr fünfzig Flaschen. Gewöhnlich kaufte er im Discountgeschäft. Mit dem Auto war das leicht, bequem und eine billige Einkauferei geworden.

Nicht alle Kinder fuhren mit in Urlaub. Die größeren begannen, eigene Interessen zu haben. Sie mußten Sprachen lernen. Dazu gab es das Ausland. Außerdem war es sparsamer[24].

Die Frau liebte Operettenmusik. Die Jungen sammelten Schallplatten[25]. Das Mädchen klebte[26] sich die Stars an die Wand. Der Mann liebte Klavier. Es ist so beständig[27]. Wenigstens das, was er spielte.

Ölblumen[28] hingen an der Wand im Wohnzimmer. Und auf dem großen Teppich lag eine richtige echte Brücke[29]. Sie staubte jeden Tag alles ab.[30] Eigentlich lag nie etwas herum. Nicht einmal Kleidungsstücke. In der Mitte auf dem Tisch standen die meiste Zeit frische Schnittblumen. Aber eines Tages wurden sie durch Plastikblumen ersetzt[31]. Und die wurden einmal im Monat durch Rei[32] gezogen[33], und sie blühten neu. Und nie brannte ein Essen an.

Der Mann konnte trotzdem laut schimpfen[34]. Es schallte[35] an den Wänden hoch und hinab. Verstehen konnten es die anderen Hausbewohner kaum. Aber es war so mächtig gekonnt[36], das Brüllen[37] der Wörter. Der Mann liebte das auch. Im Sommer standen die Fenster offen. Es war ein akustischer Film dann.

Auf dem Balkon goß[38] die Frau jeden Tag die Geranien. Vielleicht waren es jedes Jahr dieselben. Vom Fernsehen lernten sie viel. Sie sahen es den anderen so gern ab[39]. Die so schön vormachten[40].

## Leseverständnis

1. Machen Sie allein oder mit anderen Personen zusammen eine Liste der Aufgaben, welche die Frau und der Mann in dieser Familie erledigten (*did, took care of*).

| **Die Frau** | **Der Mann** |
|---|---|
| Sie kochte. | Er verdiente das Geld. |
| Sie putzte. | *usw.* |
| *usw.* | |

2. Was wissen Sie von den Kindern?

## In eigenen Worten

In diesem Text wird ohne Kommentar erzählt. Kommentieren Sie die folgenden Stellen im Hinblick auf (*in regard to*) die Geschichte. Verwenden Sie einige der folgenden Konjunktionen.

koordinierend: **aber, denn** (*for, because*)

subordinierend: **da** (*since [cause]*), **damit** (*so that [intention]*), **indem** (*by -ing*), **obwohl, weil**

**BEISPIELE:** Er machte keine Überstunden.

*Er machte keine Überstunden, denn er wollte mehr Zeit mit seiner Familie verbringen.*

Seine Frau war stolz auf das Auto.

*Seine Frau war stolz auf das Auto, obwohl sie es selbst nie fuhr.*

1. Sie überlegte vorher, ließ sich nicht beschwatzen oder durch Plakate verleiten, über ihr Einkaufsnetz hinauszukaufen.
2. Er dachte auch sicher schon einmal an Frauen. Aber das Bild seiner Frau ging ihm nie aus dem Sinn. Sie kochte in der Tat wunderbar.
3. Sie mußten Sprachen lernen. Dazu gab es das Ausland. Außerdem war es sparsamer.

4. Sie staubte jeden Tag alles ab. Eigentlich lag nie etwas herum.
5. Vom Fernsehen lernten sie viel. Sie sahen es den anderen so gern ab. Die so schön vormachten.

## Diskussion

1. Möchten Sie wie die Frau oder der Mann in dieser Geschichte werden? Warum? Warum nicht?

   **Redemittel: Meinungen**

   Ich bin der Meinung, [daß] . . .

   Ich finde, [daß] . . .

   Ich glaube, daß . . .

   Ich halte [ihn/sie] für . . .
2. Es gehört zum Stil der Autorin, daß sie ohne Kommentar erzählt. Erzählt sie auch ohne Kritik? Wieso?
3. Wir erfahren ausführlich (*in detail*), was die Frau *tut*. Was erfahren wir nicht? Was bedeutet das?
4. Vergleichen Sie diese Familie mit Ihrer Familie!
5. Welche Rolle spielt das Fernsehen in dieser Familie? (Siehe die letzten drei Sätze der Geschichte.)

## Wortschatzaufgaben

1. Suchen Sie aus der folgenden Liste sieben Verben, die Sie öfter im aktiven Sprachgebrauch verwenden könnten. Machen Sie wahre Aussagen mit diesen sieben Verben. Die anderen acht Verben sollen Sie nur *passiv* aus dem Kontext verstehen können.

| | | |
|---|---|---|
| jmdm. etwas absehen* | locken | überlegen |
| aufheben* | pflegen | überweisen* |
| beschwatzen | sammeln | untermalen |
| blühen | schallen | verleiten |
| ersetzen | schimpfen | jmdm. etwas vormachen |

**BEISPIEL:** Bevor man spricht, sollte man **überlegen**, was man sagen will.

2. Passen die folgenden Adjektive zu Ihnen? Warum? Warum nicht?
   bedächtig beständig eindringlich ordentlich ungefährlich

## Aufsatzthemen

**TIPS ZUM SCHREIBEN:** Using subordinating conjunctions and linking adverbs

Some subordinating conjunctions prove useful when explaining the intent (**damit**), cause (**da**), or reason (**weil**) behind a person's behavior. Remember that the conjugated verb comes last in subordinate clauses: **Sie spielte die perfekte Hausfrau, weil sie das von ihrer Mutter oder vom Fernsehen so gelernt hatte**. You can also use adverbial expressions such as **deswegen/deshalb/daher** (*therefore, for this reason*) and **aus diesem Grunde** (*for this reason*) to explain behavior and its results, but then the conjugated verb remains in regular second position: **Sie machte alles für ihre Familie, und deshalb hatte sie kein eigenes Leben**. (See also **Tips zum Schreiben** for story 12). Be sure to use (but not overuse) conjunctions when writing on the following topics.

1. Schreiben Sie über die Frau in dieser Geschichte. Erklären Sie, warum sie so denkt und lebt.
2. Beschreiben Sie jemanden in *Ihrer* Familie „in Kürze". Warum handelt und benimmt sich (*behaves*) diese Person so?
3. Beschreiben Sie im Präsens das Familienleben, das Sie später einmal führen möchten.

# 5 San Salvador

*Peter Bichsel*

**Peter Bichsel** was born in 1935 in Lucerne, Switzerland. He taught elementary school in the canton of Solothurn until he turned to writing full time in 1968. Several remarkable short story collections and a novel, *Die Jahreszeiten* (1967), have established him as one of Switzerland's leading contemporary writers and earned him numerous literary awards. The simple yet subtle language of Bichsel's stories, like "Ein Tisch ist ein Tisch," "Die Erde ist rund," "Der Milchmann," "Der Erfinder," and "Stockwerke," accounts for their popularity in first- and second-year German textbooks. Taken from his collection *Eigentlich möchte Frau Blum den Milchmann kennenlernen* (1964), "San Salvador" blends subtlety with understatement. The most important things are left unsaid. How they are left unsaid, however, is what lends the story its depth and poignancy.

## Vor dem Lesen

### Titel und Bild

Was erwarten Sie von dieser Erzählung, wenn Sie den Titel lesen und sich das Bild auf Seite 37 ansehen? Diskutieren Sie mit anderen Personen im Kurs darüber.

Lesen Sie die Geschichte genau, nachdem Sie über Titel und Bild diskutiert haben. Achten Sie darauf, ob die Geschichte Ihren Erwartungen entspricht.

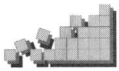

## San Salvador

Er hatte sich eine Füllfeder[1] gekauft.

Nachdem er mehrmals seine Unterschrift, dann seine Initialen, seine Adresse, einige Wellenlinien[2], dann die Adresse seiner Eltern auf ein Blatt gezeichnet hatte, nahm er einen neuen Bogen[3], faltete[4] ihn sorgfältig[5] und schrieb: „Mir ist es hier zu kalt", dann, „ich gehe nach Südamerika", dann hielt er inne[6], schraubte[7] die Kappe auf die Feder, betrachtete[8] den Bogen und sah, wie die Tinte eintrocknete und dunkel wurde (in der Papeterie[9] garantierte man, daß sie schwarz werde), dann nahm er seine Feder erneut[10] zur Hand und setzte noch großzügig[11] seinen Namen darunter.

verheiratet = to be married
Stammtisch = regulars' table



Dann saß er da.

Später räumte[12] er die Zeitungen vom Tisch, überflog[13] dabei die Kinoinserate[14], dachte an irgend etwas[15], schob den Aschenbecher beiseite, zerriß[16] den Zettel[17] mit den Wellenlinien, entleerte seine Feder und füllte sie wieder. Für die Kinovorstellung[18] war es jetzt zu spät.

Die Probe[19] des Kirchenchors dauerte bis neun Uhr, um halb zehn würde Hildegard zurück sein. Er wartete auf Hildegard. Zu all dem[20] Musik aus dem Radio. Jetzt drehte er das Radio ab[21].

Auf dem Tisch, mitten auf dem Tisch, lag nun der gefaltete Bogen, darauf stand in blauschwarzer Schrift sein Name Paul.

„Mir ist es hier zu kalt", stand auch darauf.

What are the verb forms?

Nun würde also Hildegard heimkommen, um halb zehn. Es war jetzt neun Uhr. Sie läse seine Mitteilung[22], erschräke[23] dabei, glaubte wohl das mit Südamerika nicht, würde dennoch[24] die Hemden im Kasten[25] zählen, etwas müßte ja geschehen sein.

Sie würde in den „Löwen"[26] telefonieren.

Der „Löwe" ist mittwochs geschlossen. Sie würde lächeln und verzweifeln[27] und sich damit abfinden[28], vielleicht.

Sie würde sich mehrmals die Haare aus dem Gesicht streichen[29], mit dem Ringfinger der linken Hand beidseitig der Schläfe[30] entlangfahren, dann langsam den Mantel aufknöpfen[31].

Dann saß er da, überlegte[32], wem er einen Brief schreiben könnte, las die Gebrauchsanweisung[33] für den Füller noch einmal – leicht nach rechts drehen – las auch den französischen Text, verglich[34] den englischen mit dem deutschen, sah wieder seinen Zettel, dachte an Palmen, dachte an Hildegard.

Saß da.

Und um halb zehn kam Hildegard und fragte: „Schlafen die Kinder?"

Sie strich sich die Haare aus dem Gesicht.

## Leseverständnis

1. **Schriftlich:** Mit ganz wenigen Worten sagt der Autor viel über das Eheleben von Paul und Hildegard, über ihre Gefühle, ihre Situation. Es gibt aber auch manches, was wir einfach nicht genau wissen. Schreiben Sie zu Hause Fragen über das, was wir *nicht* erfahren (mindestens sieben Fragen).

   **NOTE:** *Begin each question with a different interrogative word.*

**BEISPIELE:** **Wie lange** *sind Paul und Hildegard verheiratet?*
**Wo** *wohnen sie?*
**Warum** *ist es ihm zu kalt?*

2. **Mündlich:** Stellen Sie in der Unterrichtsstunde Ihre Fragen an andere Studenten. Notieren Sie die Antworten, die Sie bekommen.
3. **Partner- oder Gruppenarbeit:** Beschreiben Sie Paul, Hildegard und ihre Ehe mit Hilfe der Antworten, die Sie auf Ihre Fragen bekommen haben.

## In eigenen Worten

Drücken Sie die Stellen anders aus.

**NOTE:** *This is a paraphrase activity; you need not explain the passages.*

**BEISPIEL:** Dann . . . las [er] die Gebrauchsanweisung für den Füller noch einmal . . .
*Dann las er wieder, wie man die Füllfeder benutzt.*

1. [Er] nahm einen neuen Bogen . . . dann nahm er seine Feder erneut zur Hand und setzte großzügig seinen Namen darunter [d.h., unter den Satz „ich gehe nach Südamerika"].
2. Später räumte er die Zeitungen vom Tisch, überflog dabei die Kinoinserate . . .
3. Sie läse seine Mitteilung, erschräke dabei, glaubte wohl das mit Südamerika nicht, würde dennoch die Hemden im Kasten zählen, etwas müßte ja geschehen sein.

## Diskussion

1. Diskutieren Sie Pauls Wunschtraum. Warum ist es ihm jetzt zu kalt? In welchem Land lebt er, und inwiefern ist das hier vielleicht wichtig?
2. Der Name „San Salvador" kommt im Text nicht vor; Paul schreibt, daß er nach Südamerika geht, aber San Salvador ist die Hauptstadt von El Salvador in *Mittelamerika*. Die Insel San Salvador (von wem so genannt?!) befindet sich im Karibischen Meer und nicht in Südamerika. Hat der Autor sich geirrt? Warum nennt der Autor seine Geschichte so? Was bedeutet San Salvador?

3. Wir können im Text beobachten, wie Pauls Entschluß (*decision*) wegzugehen, sozusagen wie die Tinte auf dem Papier „eintrocknet". Der Autor sagt aber nicht mit Worten, warum Paul diesen Entschluß nicht ausführt. Was meinen Sie?
4. Diskutieren Sie die wiederholten Worte „Dann saß er da" und „Saß da" (ohne „er").
5. Erzählen Sie in einer Reihe von Aussagen, was beide Partner in dieser Ehe tun könnten, um eine solche „kalte" Situation zu vermeiden (*avoid*) oder zu ändern. Beginnen Sie Ihre Aussagen mit Formen wie z.B. „Sie könnten", „Sie müßten" und „Sie sollten".
6. Was meinen Sie?
   a. Meiner Meinung nach sollte Paul seine Familie verlassen (nicht verlassen) und (nicht) nach Südamerika fliehen, denn . . .
   b. Wenn ich Paul (oder Hildegard) wäre, dann würde ich . . .

## Wortschatzaufgaben

1. Machen Sie eine Liste von etwa zehn Verben im Text, mit denen der Autor beschreibt, was Paul tut, z.B. **räumen, innehalten**. Schreiben Sie zu jedem dieser Verben zwei oder drei Wörter oder Ausdrücke (aber keine aus dieser Geschichte), welche die Tätigkeit dieser Verben logisch ergänzen (*complete*).

Write to each of these verbs 2 or 3 words or expressions which logically supplement the activity of these verbs.

**BEISPIELE**: räumen
das Geschirr (*dishes*)/die Spielzeuge usw. vom Tisch **räumen**
innehalten
beim Lesen/Sprechen/Schreiben **innehalten**

2. Welche Substantive in der Geschichte haben mit Schreiben oder Lesen zu tun? Lernen Sie diese Wörter mit Artikel und Plural.

Which nouns have in the story to do w/ letter or harvest? Learn these words w/article & plural.

## Aufsatzthemen

**TIPS ZUM SCHREIBEN:** Using modal verbs for explanation; using subjunctive modals for opinions and conjecture

Modal verbs (**dürfen, können, nicht mögen, müssen, sollen, wollen**) can be used to express motivations, attitudes, or conditions surrounding certain actions. The sentence "**Paul geht nicht nach Südamerika**" is a simple statement of fact without any commentary. On the other hand, the sentences "**Paul kann nicht nach Südamerika gehen**" or "**Paul will/mag nicht wirklich nach Südamerika gehen**" are in effect commentary on *why* he does not go to South America.

When offering opinions on possible courses of action, consider using the following conditional subjunctive forms:[1]

| | |
|---|---|
| **er/sie könnte [tun]** | he/she could/would be able to [do] |
| **er/sie müßte [tun]** | he/she would have to [do] |
| **er/sie sollte [tun]** | he/she should/ought to [do] |

1. Beschreiben Sie die Ehe dieses Ehepaars. Erklären Sie, wie und warum es Paul kalt geworden ist.
2. Erzählen Sie, wie Paul und Hildegard ihre Ehekrise vielleicht überwinden könnten.
3. Träumen Sie manchmal von einem fernen Ort, wohin Sie auch reisen möchten? Erzählen Sie davon und auch von Ihren Gefühlen dabei.

---

[1] The subjunctive form **wollte** (*would want*) is very uncommon except in wishes. The subjunctive **möchte** (*would like*) is a polite form used mainly to express wishes or desires in present time: **Sie möchte jetzt gehen**. or **Ich möchte eine Tasse Tee**. The subjunctive **dürfte** (*might*) is only used in a few very specific idiomatic contexts: **Dürfte ich Sie etwas fragen?**

# 6 Neapel sehen

*Kurt Marti*

**Kurt Marti** was born in 1921 in Berne, Switzerland, and has been a pastor there for many years. His short stories, essays, and poetry have earned him several literary awards in his homeland and in Germany. "Neapel sehen" ("To See Naples") appeared in his first collection of short stories, *Dorfgeschichten* (1960). In terse style Marti offers a poignant portrait of a man locked into his own false perceptions and misspent life. Central to the story is the significance of its title. Other short and challenging selections from this collection are "Ein Leben in Villen," "Dora ißt Brot," "Lokalzug," and "Happy End."

## Vor dem Lesen

### Erwartungen vom Titel

Die Stadt Neapel in Süditalien ist für ihre Schönheit bekannt. Von dieser Stadt sagen die Italiener: „Vedi Napoli e poi muori!" („Neapel sehen und sterben."). Diskutieren Sie mit anderen Personen im Kurs darüber, was Sie von dem Titel „Neapel sehen" erwarten.

Lesen Sie die Geschichte genau, nachdem Sie den Titel mit jemandem im Kurs besprochen haben. Achten Sie darauf, was der Titel mit der Geschichte zu tun hat.

# Neapel sehen

Er hatte eine Bretterwand[1] gebaut. Die Bretterwand entfernte[2] die Fabrik aus seinem häuslichen Blickkreis[3]. Er haßte[4] die Fabrik. Er haßte seine Arbeit in der Fabrik. Er haßte die Maschine, an der er arbeitete. Er haßte das Tempo der Maschine, das er selber beschleunigte[5]. Er haßte die Hetze nach[6] Akkordprämien[7], durch welche er es zu einigem Wohlstand[8], zu Haus und Gärtchen gebracht[9] hatte. Er haßte seine Frau, so oft sie ihm sagte, heut nacht hast du wieder gezuckt[10]. Er haßte sie, bis sie es nicht mehr erwähnte[11]. Aber die Hände zuckten weiter im Schlaf, zuckten im schnellen Stakkato der Arbeit. Er haßte den Arzt, der ihm sagte, Sie müssen sich schonen[12], Akkord ist nichts mehr für Sie. Er haßte den Meister, der ihm sagte, ich gebe dir eine andere Arbeit, Akkord ist nichts mehr für dich. Er haßte so viele verlogene[13] Rücksicht[14], er wollte kein Greis[15] sein, er wollte keinen kleineren Zahltag, denn immer war das die Hinterseite[16] von so viel Rücksicht, ein kleinerer Zahltag. Dann wurde er krank, nach vierzig Jahren Arbeit und Haß zum ersten Mal krank. Er lag im Bett und blickte zum Fenster hinaus. Er sah sein Gärtchen. Er sah den Abschluß[17] des Gärtchens, die Bretterwand. Weiter sah er nicht. Die Fabrik sah er nicht, nur den Frühling im Gärtchen und eine Wand aus gebeizten[18] Brettern. Bald kannst du wieder hinaus, sagte die Frau, es steht alles in Blust[19]. Er glaubte ihr nicht. Geduld[20], nur Geduld, sagte der Arzt, das kommt schon wieder[21]. Er glaubte ihm nicht. Es ist ein Elend[22], sagte er nach drei Wochen zu seiner Frau, ich sehe immer das Gärtchen, sonst nichts, nur das Gärtchen, das ist mir zu langweilig[23], immer dasselbe Gärtchen, nehmt doch einmal zwei Bretter aus der verdammten Wand, damit[24] ich was anderes sehe. Die Frau erschrak[25]. Sie lief zum Nachbarn. Der Nachbar kam und löste[26] zwei Bretter aus der Wand. Der Kranke sah durch die Lücke[27] hindurch, sah einen Teil der Fabrik. Nach einer Woche beklagte er sich[28], ich sehe immer das gleiche Stück der Fabrik, das lenkt mich zu wenig ab[29]. Der Nachbar kam und legte die Bretterwand zur Hälfte nieder. Zärtlich[30] ruhte der Blick des Kranken auf seiner Fabrik, verfolgte das Spiel des Rauches über dem Schlot[31], das Ein und Aus der Autos im Hof, das Ein des Menschenstromes am Morgen, das Aus am Abend. Nach vierzehn Tagen befahl[32] er, die stehengebliebene Hälfte der Wand zu entfernen. Ich sehe unsere Büros nie und auch die Kantine nicht, beklagte er sich. Der Nachbar kam und tat, wie er wünschte. Als er die Büros sah, die Kantine und so das gesamte[33] Fabrikareal[34], entspannte[35] ein Lächeln die Züge[36] des Kranken. Er starb nach einigen Tagen.

## Leseverständnis

1. Gruppieren Sie um die auf Seite 46 angegebenen Wörter möglichst viele andere Wörter oder Informationen aus dem Text, an die Sie sich erinnern. Nehmen Sie dabei den Text nicht zu Hilfe. Arbeiten Sie allein oder mit anderen zusammen.
2. Erzählen Sie allein oder mit anderen Personen zusammen die Geschichte mit Hilfe dieser Wortassoziationen ausführlich (*in detail*) nach.

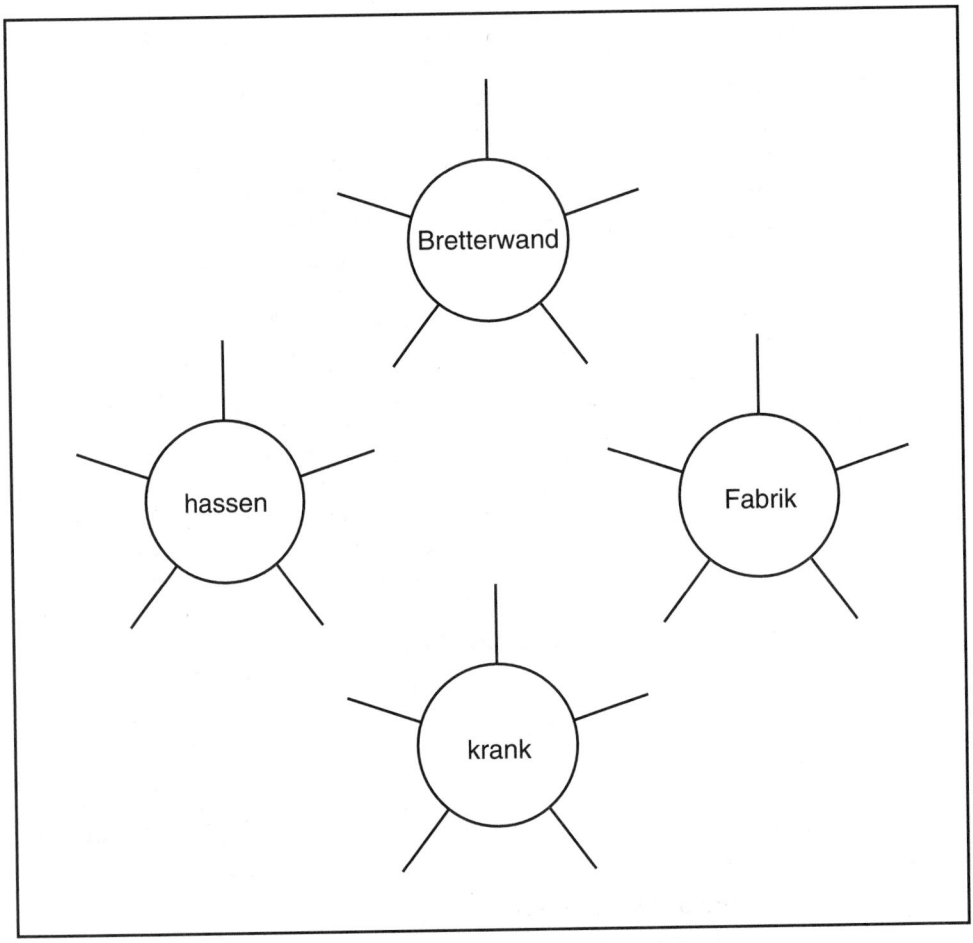


**NOTE:** *You could probably summarize the story in four or five sentences, but here you should try to expand the narrative as much as possible. When working in groups, every time another student makes a statement to which you can add more details or information, gain the floor and provide additional commentary. Note the following openers for adding comments.*

**Redemittel:**

Bitte, wir sollten noch etwas erwähnen (*mention*).

Man hat nicht erwähnt, daß . . .

Wir wollen auch nicht vergessen, daß/wie . . .

Es steht aber auch im Text, daß . . .

## In eigenen Worten

Drücken Sie die Stellen anders aus. paraphrasing in your own words.

**NOTE:** *This is a paraphrase activity; you need not explain the context.*

**BEISPIEL:** Die Bretterwand entfernte die Fabrik aus seinem häuslichen Blickkreis.

*Von seinem Haus aus konnte er die Fabrik nicht sehen. Er sah nur die Bretterwand.*

1. Er haßte die Hetze nach Akkordprämien, durch welche er es zu einigem Wohlstand, zu Haus und Gärtchen gebracht hatte.
2. Sie müssen sich schonen, Akkord ist nichts mehr für Sie.
3. Er haßte so viele verlogene Rücksicht, er wollte kein Greis sein, er wollte keinen kleineren Zahltag, denn immer war das die Hinterseite von so viel Rücksicht, ein kleinerer Zahltag.
4. Zärtlich ruhte der Blick des Kranken auf seiner Fabrik, verfolgte das Spiel des Rauches über dem Schlot.
5. Nach vierzehn Tagen befahl er, die stehengebliebene Hälfte der Wand zu entfernen.

## Diskussion

**NOTE:** *A* motif *is a simple element, usually a familiar situation, incident, attitude, etc., that serves as the basis or central idea for a story or poem. The more literature we read, the more familiar we become with such motifs because they tend to recur within our literary tradition, although in many different guises. Just think, for example, how many stories, musicals, and films have been built around the Cinderella motif of the poor girl who marries the rich prince.*

1. Welche Motive sehen Sie in dieser Geschichte?
2. Warum heißt die Geschichte „Neapel sehen"?
3. Die Geschichte besteht aus (*consists of*) *einem* langen Abschnitt. Warum nicht aus zwei oder drei Abschnitten?
4. Erklären Sie, welche Aspekte oder Probleme im Leben dieses Mannes und vielleicht im Leben vieler Menschen in unserem Zeitalter (*age, era*) durch die folgenden Dinge zum Ausdruck gebracht werden.

   die Bretterwand — das Ein und Aus der Autos im Hof

   das Gärtchen — Akkordprämien

   das Stakkato der Arbeit
5. Machen Sie eine Liste von Dingen, die Sie hassen. Was hassen Sie am allermeisten?

   **BEISPIEL:** Ich hasse den Krieg.

   Ich hasse es, wenn/daß . . .
6. Gibt es ein Neapel in Ihren Träumen? Erzählen Sie davon.

## Wortschatzaufgaben

10 words verbs, nouns, adjectives

1. Suchen Sie etwa zehn Wörter aus dem Text (Verben, Substantive, Adjektive), welche *Reaktionen, Gefühle, Meinungen* und *sprachliche Äußerungen* der Figuren in der Geschichte ausdrücken. Schreiben Sie mit diesen Wörtern Aussagen über sich selbst oder andere Menschen, die Sie kennen.

   · reaction
   · feelings
   · opinions

   **BEISPIEL:** sich beklagen

   Ich habe einen Freund, der **sich** über alles **beklagt**.

   write statements about yourself or
2. Machen Sie eine Liste aller Substantive im Text, die zur Welt der Arbeit und der Fabrik gehören. Lernen Sie diese Wörter mit Artikel und Plural.

   nouns belong to world of work & factory

## Aufsatzthemen

**TIPS ZUM SCHREIBEN:** Using the simple past tense in narratives; avoiding unnecessary tense shifts; varying the beginning of sentences.

When telling or retelling a story, you should use the simple past tense rather than the present perfect. Also, keep your tense usage consistent.

Some writers slip back and forth between present and past tense for no apparent reason at all. If you begin in the past tense, remain in the past tense, unless the time of your narrative shifts to the present. In addition, vary your style by beginning some sentences with adverbs and prepositional phrases rather than subjects.

1. Erzählen Sie die Geschichte nach. Verwenden Sie mindestens vier der folgenden Verben.

| | |
|---|---|
| müssen | können |
| sollen | lassen |
| wollen | (nicht) dürfen |

2. Haben Sie einmal eine Arbeit gehabt, die Sie haßten? Erzählen Sie davon. Beschreiben Sie auch die Gefühle, die Sie dabei hatten.
3. **Gruppenaufsatz zu dritt:** Drei Mitarbeiter des alten Mannes sitzen nach dem Begräbnis in einem Gasthaus und reden über ihren verstorbenen Kollegen. Setzen Sie sich mit zwei anderen Personen im Kurs zusammen. Diskutieren Sie darüber, was diese drei Arbeiter sagen könnten. Schreiben Sie dann eine dialogische Szene, in der jede(r) in Ihrer Gruppe für eine der drei Stimmen verantwortlich ist. Lesen Sie Ihre Szene im Kurs vor.

**Hörtext 2**

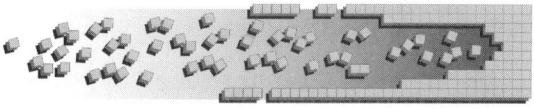

(never)

# Der Mann, der nie zu spät kam

*Paul Maar*

Like the "Erfindungsmaschine," this story by Paul Maar was also written for children and young adults. (See Maar's biography in story 3.)

## Höranweisung

Sie hören diese Geschichte zunächst ohne Ende. Obwohl es wohl Wörter gibt, die Sie nicht kennen, hören Sie sich die Geschichte zuerst *ohne den angegebenen Wortschatz* an. Sie können ja viel verstehen und manche Wörter leicht aus dem Kontext erraten (*guess*). Hören Sie sich die Geschichte dann ein zweites Mal an, diesmal *mit dem Wortschatz.*

## Wortschatz im Hörtext

*Schon als Kind . . .*

| | |
|---|---|
| **pünktlich** | punctual |
| **regelmäßig** | regular(ly) |
| das **Weckerklingeln** | ringing of the alarm clock |
| **angezogen** | dressed |
| **sich beeilen** | to hurry, make haste |
| der **Hausmeister, -** | building caretaker |
| **gähnend** | yawning |
| der **Schulhof, ¨e** | school yard |
| **schlurfen** | to shuffle |
| **aufschließen*** | to unlock, open up |
| **sich** (*dat.*) **etwas anschauen** | to look at s.th. |

*Später arbeitete Wilfried . . .*

| | |
|---|---|
| **trotzdem** | despite this |
| der **Bahnsteig, -e** | train platform |
| **jmdn. als ein Beispiel hinstellen** | to hold s.o. up as an example |
| **die lobe ich mir** | I like that; (*lit.*) I praise it |
| **sich** (*dat.*) **eine Scheibe abschneiden*** | (*coll.*) to learn from s.o.'s example; (*lit.*) to cut off a slice for oneself |
| **deswegen** | for this reason |

Sekt = betrunken.



| | |
|---|---|
| der **Vorteil, -e** | advantage |
| **sich verabreden mit** | to make an appointment, arrange to get together |
| die **Versammlung, -en** | gathering, meeting |
| die **Gelegenheit, -en** | occasion, opportunity |
| die **Gefahr, -en** | danger |
| **meiden*** | to avoid |

*Einmal glaubte ein Arbeitskollege . . .*

| | |
|---|---|
| **ertappen** | to catch (in the act) |
| die **Vorstellung, -en** | show |
| **sich tasten** | to feel one's way, grope |
| die **Reihe, -n** | row |
| der **Unsinn** | nonsense |
| **rechtzeitig** | on time |
| **auswendig** | from memory, by heart |
| **eine Feier veranstalten** | to organize a ceremony/ celebration |
| **ihm zu Ehren** | in his honor |
| **nach Dienstschluß** | after closing |
| die **Urkunde, -n** | certificate |
| **schwanken** | to totter, wobble |

ie → pronounce

*Am nächsten Morgen wachte er nicht . . .*

| | |
|---|---|
| **üblich** | customary, usual |
| **läuten** | to ring |
| **erwachen** | to awake |
| **entsetzt** | horrified |

*Das Ende der Geschichte:*

| | |
|---|---|
| **stolpern** | to stumble, trip |
| **abstellen** | to set down |
| die **Bahnsteigkante, -n** | edge of a train platform |
| **ins Leere treten*** | to step into empty space |
| **stürzen** | to plunge, fall |
| die **Schiene, -n** | track, rail |
| **folglich** | thus, accordingly |
| **planmäßig** | scheduled |
| **offensichtlich** | obvious(ly), apparent(ly) |
| **verdattert** | flabbergasted, confused and surprised |

er ist blau geworden.
he is drunk

| | |
|---|---|
| **klettern** | to climb |
| der **Bahnbeamte** (ein **Bahnbeamter**) | train official |
| **atemlos** | breathless(ly) |
| **nicken** | to nod |
| **begreifend** | comprehending(ly) |
| **überhaupt nicht** | not . . . at all |
| **erstaunt** | amazed |
| **inzwischen** | meanwhile, in the meantime |
| **feststellen** | to ascertain |
| **von Vorteil sein*** | to be beneficial |

## Hörprotokoll

Erzählen Sie auf deutsch oder auf englisch, was Sie gerade gehört haben.

## Wie endet die Geschichte?

1. Wie endet die Geschichte wohl? (Siehe den angegebenen Wortschatz für diesen Teil der Geschichte!)
2. Hören Sie sich das Ende der Geschichte an, nachdem Sie sich ein Ende ausgedacht haben.

## Diskussion

1. Kennen Sie einen Menschen, der wie Herr Kalk irgendeine (*some*) fixe Idee hat? Erzählen Sie davon.
2. Kommen Sie immer rechtzeitig? Warum? Warum nicht?
3. Soll man nie zu spät kommen?

## Wortschatzaufgabe

Die folgenden recht oft gebrauchten Verben aus dem Text beschreiben menschliche Tätigkeiten. Bilden Sie Sätze mit diesen Verben.

8 sentences use 1st person.

| | |
|---|---|
| (D) sich beeilen | sich tasten · feel around mich um. |
| sich etwas anschauen dative | veranstalten organize |
| sich verabreden mit (name person) | stolpern über (*acc.*) |
| meiden* acc. what? (word what?) | feststellen, (daß/ob) to notice |

describe human actions
· 1st person - reflective verbs.
(D) Ich beeile mich.

# Zur Wiederholung 2

## Texte 4–6

### Wortschatzaufgaben (Partnerarbeit oder Hausaufgabe)

**1. Verwenden Sie jedes der folgenden Wörter in kleinen Wendungen (*expressions*). Vergleichen Sie Ihre Wendungen mit denen anderer Personen im Kurs.**

**BEISPIELE:** überfliegen (5)
einen Text **überfliegen**

ein Zettel (6)
einen **Zettel** hinterlassen/schreiben

a. überweisen* (4)
b. befehlen* (6)
c. eine Gebrauchsanweisung (5)
d. sich beklagen (über) (6)
e. überlegen (4, 5)
f. dauern (5)
g. lösen (6)
h. eine Mitteilung (5)
i. entfernen (6)

**2. Drücken Sie die Sätze mit Hilfe der angegebenen Wörter und Ausdrücke anders aus.**

**NOTE:** *This exercise requires more than simple word substitution.*

**BEISPIEL:** Du darfst nicht soviel Geld ausgeben. (sparsam, 4)
Du mußt **sparsamer** leben.

a. Du mußt aufpassen, daß du beim Arbeiten keine Fehler machst. (sorgfältig, 5)

b. Ich kann diese Melodie einfach nicht vergessen. (jmdm. aus dem Sinn gehen, 4)

c. Die Tanzlehrerin wird euch zeigen, wie man diesen Tanzschritt macht. (jmdm. [etwas] vormachen, 4)

d. Kochen finde ich völlig uninteressant. (langweilig, 6)

e. Der Lehrer freut sich über seine guten Studenten und erzählt gern von ihnen. (stolz [auf], 4)

f. Für ein zweites Spiel war nicht genug Zeit. (reichen, 4)

g. Gib nicht alle Hoffnung auf! (verzweifeln, 5)

h. Du sollst auf deine Gesundheit aufpassen und nicht mehr schwer arbeiten. (sich schonen, 6)

i. Wenn jemand etwas Dummes tut, darf man nicht gleich böse werden. (Geduld haben/die Geduld verlieren, 6)

**3. Machen Sie für jede Geschichte eine „Erzählkarte" von 7 x 12 cm (3 x 5 in.) oder 10 x 15 cm (4 x 6 in.). Schreiben Sie auf eine Seite dieser Karte etwa zwölf bis fünfzehn deutsche Wörter. Ihr(e) Partner(in) soll eine der Karten ziehen und mit Ihren Wörtern und Ausdrücken Aussagen über diese Geschichte machen.**

## Diskussionsthemen/Aufsatzthemen

**1. Vergleichen Sie das (Ehe)leben der Frauen und Männer in den drei Geschichten. Verwenden Sie womöglich Wörter aus den Wortschatzaufgaben.**

**Redemittel:**

Ich finde die Frau/den Mann in [*Titel*] . . .

Meines Erachtens (*in my view*) führt er/sie ein Leben, das . . .

Besonders deutlich sieht man, daß/wie . . .

Auch in ihrer/seiner Ehe . . .

Es kann/könnte (auch) sein, daß er/sie . . .

Letzten Endes (*in the final analysis*) aber glaube ich, daß . . .

**2. Diskutieren Sie, was Arbeit und Beruf für die Männer in „Familie in Kürze" und „Neapel sehen" bedeuten.**

**3. Welche Geschichte hat Ihnen am besten oder am wenigsten gefallen? Warum?**

# 7 66 Fragen

*Franz Hohler*

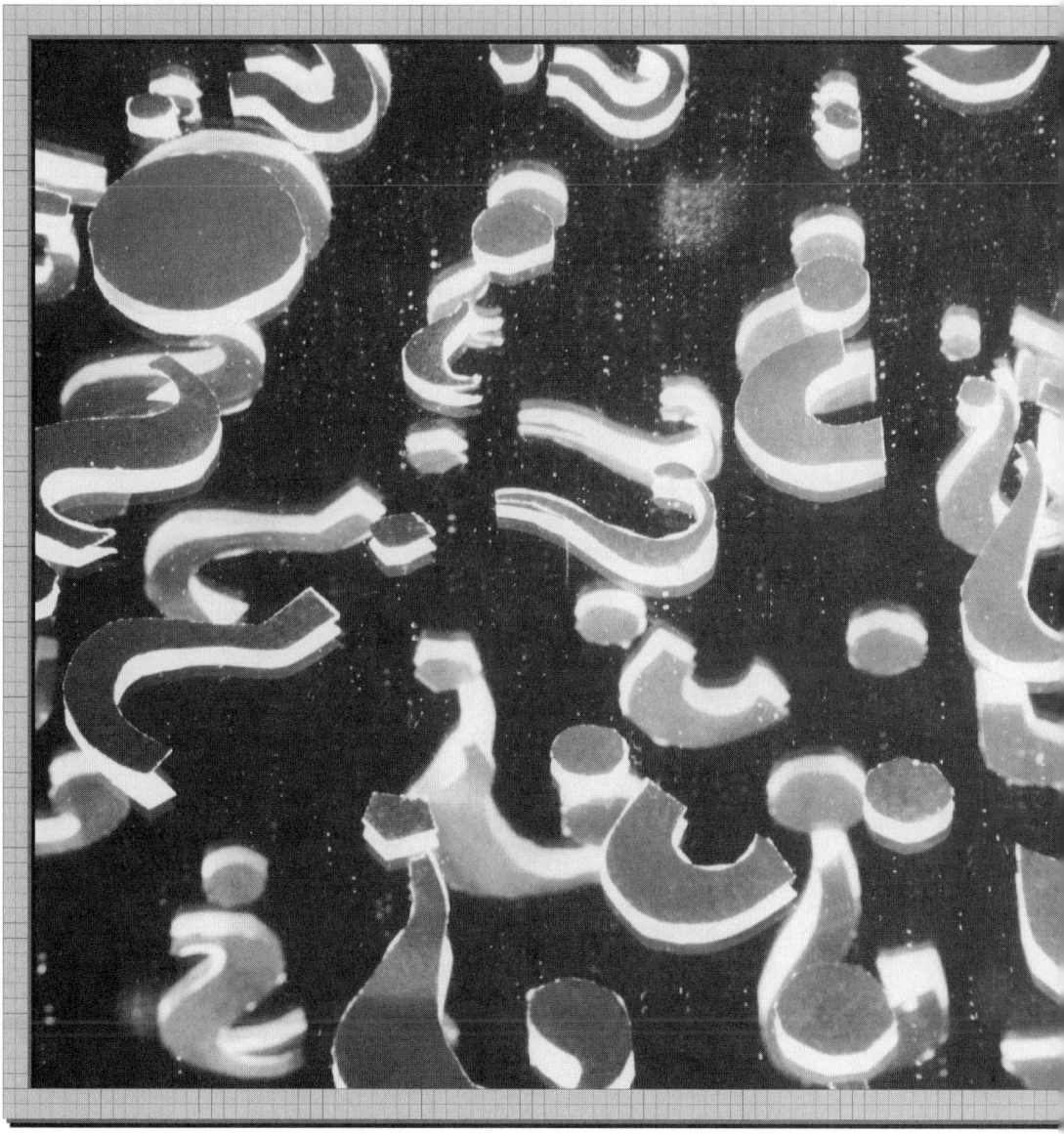

Like "Der Verkäufer und der Elch," Franz Hohler's "66 Fragen" comes from his collection *Ein eigenartiger Tag*. Although this text does not fall into any literary genre, it is intended as literature and should surely provoke creative responses from readers. (See Hohler's biography in Hörtext 1B.)

Der Text besteht aus Fragen. Sie brauchen keine Aufgabe vor dem Lesen zu machen. Beantworten Sie die Fragen, während Sie sie lesen. Bei einigen Fragen genügt ein Wort (oft *ja* oder *nein*) als Antwort.

# 66 Fragen

Wie groß sind Sie?

How long can you hold your breath?

Wie lange können Sie den Atem[1] anhalten?

Können Sie durch die Finger pfeifen?

Wann haben Sie das letztemal einen Purzelbaum[2] gemacht?

Wenn Sie in einem Restaurant sind und einen Kaffee trinken, und es gibt verpackten Zucker dazu, und Sie trinken den Kaffee ohne Zucker–nehmen Sie dann den Zucker mit?

Kennen Sie viele Apfelsorten?

Können Sie etwas über Nagetiere[3] sagen?

Worum ging es[4] im Ersten Weltkrieg?

Kennen Sie den Namen Ihres Briefträgers?

Glauben Sie an Impfungen[5]?

Wogegen?

Gibt es ein Gedicht[6], das Sie auswendig[7] können?

Gibt es ein unanständiges[8] Gedicht, das Sie auswendig können?

Von wem stammt die Kuh ab[9]?

Was finden Sie schwerer, aufhören[10] oder anfangen?

Wie heißen Sie?

Sind Sie mit Ihrem Namen zufrieden?

Wenn nicht, wie möchten Sie lieber heißen?

Können Sie ein Märchen erzählen?

Haben Sie zu Hause einen Luftbefeuchter[11]?

Worauf hoffen Sie?

Können Sie an einer Zoohandlung vorbeigehen, ohne hineinzuschauen?

Können Sie an einer Handlung für Damenwäsche vorbeigehen, ohne hineinzuschauen?

Sind Sie männlichen oder weiblichen Geschlechts[12]?

Was stellen Sie sich unter Bandenergie[13] vor[14]?

Waren Sie schon einmal in psychiatrischer Behandlung[15]?

Wem gehören Sie?

Glauben Sie, daß man Zeit gewinnen kann?

Schreiben Sie von Ihren Ferien Ansichtskarten[16]?

Wem?

Hassen[17] Sie Leute, die Witze im Kopf behalten können?

Denken Sie oft ja, wenn Sie nein sagen?

Gibt es einen Metzger[18], den Sie persönlich kennen?

Können Sie einen Blindgänger markieren[19]?

35 Dieses leichte Stechen[20] in der Nierengegend[21], haben Sie das schon lange?

Geben Sie alle Ihre Einkünfte[22] der Steuer[23] an[24]?

Wieso wehren Sie sich[25] gegen das Wort Hinterziehung[26]?

Hassen Sie die Pest[27]?

Wie geht es Ihnen?

40 Wissen Sie, was ein Moschusochse[28] ist?

Wenn Sie es nicht wissen, interessiert es Sie, zu wissen, was das ist?

Können Sie den Unterschied zwischen einer Aktie[29] und einer Obligation[30] erklären?

Benutzen Sie die Wörter „Dein, Ihr, Euer" am Schluß eines Briefes?

Schreiben Sie Briefe?

45 Glauben Sie daran, daß Sie einmal sterben müssen?

Glauben Sie das wirklich?

Kennen Sie jemanden, der gelb als Lieblingsfarbe hat?

Wie gut kennen Sie ihn?

Fürchten Sie sich[31] vor Verkäuferinnen?

50 Beginnen Sie Ihre Unterschrift oben oder unten?

Gehen Sie gern zu Fuß?

Wann sind Sie zum letztenmal rot geworden?

Gibt es ein Wort, das Ihnen zuwider ist[32]?

Wenn Sie einen Pfirsich anfassen[33], kriegen Sie da eine Hühnerhaut[34]?

55 Werfen Sie Schnüre[35] von Paketen, die Sie bekommen, weg?

Wo wohnen Sie?

Können Sie kochen?

Töten Sie gern Insekten?

Haben Sie ein Taschenmesser?

60 Wo liegt Ihrer Meinung nach Abu Dhabi?

Macht es Ihnen nichts aus, eine Salbe gegen Hämorrhoiden zu kaufen?

Gibt es etwas, das Sie noch nachholen[36] möchten?

Wie alt sind Sie?

Ist Ihnen der Gedanke an rohes Fleisch unangenehm?

65 Haben Sie diese Fragen nur gelesen oder auch beantwortet?

Wo denken Sie hin[37]?

## Leseverständnis

1. Wie viele der 66 Fragen konnten Sie beantworten?
2. Auf welche Fragen im Text wissen Sie keine Antwort? Fragen Sie andere Personen, ob sie die Antworten wissen.
3. Auf welche Fragen gibt es keine Antworten, weil Sie für sich die Fragen nicht relevant finden?

## Diskussion

1. Was sind Ihrer Meinung nach die fünf besten und die fünf dümmsten Fragen in diesem Text?
2. Gibt es im Text Fragen, die jeder Mensch sich stellen und beantworten sollte? Wenn ja, welche?

3. Gibt es im Text Fragen, worauf es keine Antworten gibt oder geben kann?
4. Was will der Autor mit seinen 66 Fragen?

## Wortschatzaufgaben

1. Unterstreichen Sie (*underline*) alle Wörter im Text, die Sie beim ersten Lesen nicht verstanden haben. Geben Sie Artikel und Plural für alle Substantive.
2. Entscheiden Sie darüber, welche dieser Wörter für den täglichen Sprachgebrauch nützlich sind. Lernen Sie diese Wörter.

## Aufsatzthemen

**TIPS ZUM SCHREIBEN:** Using interrogatives

Remember that there are two types of questions: yes/no questions, and those that are posed with interrogative words and thus require a specific informational answer. Use some of the following interrogatives when doing the writing assignments.

wer? wem? wen? wessen?

welcher/welche/welches?

wo? wohin? woher?

woran? worauf? wofür? womit? wovon? wozu? (*for what purpose?*)

wann?

wie? wieso? (*how is it that?*)

warum? weshalb?

questionaire w/ 10 questions

1. Stellen Sie einen Fragebogen (*questionnaire*) mit zehn Fragen zusammen. Lassen Sie andere Personen im Kurs (und auch den Professor/die Professorin) Ihren Fragebogen anonym ausfüllen. Berichten Sie die Ergebnisse (*results*).
2. Schreiben Sie einen Aufsatz mit dem Titel „Fragen".
3. Schreiben Sie einen Aufsatz über *eine* der Fragen in Franz Hohlers Text.

have 4 copies of questions

why these 10 quest?

questions about anything

# 8 Rotkäppchen '65

*Anneliese Meinert*

**Anneliese Meinert** (Alice Penkala) was born in 1902 in Vienna. She worked as an attorney for a number of years before becoming a freelance journalist and writer. After Hitler's annexation of Austria, she and her husband left the country and ended up in the international zone of Tangiers, where she survived through a variety of jobs and professions. At the end of World War II she settled in Southern France, where she was living as recently as 1988.

## Vor dem Lesen

### Überfliegen des Textes

Lesen Sie den ersten Satz in jedem Abschnitt, um einen ersten Eindruck von der Geschichte zu gewinnen.

Lesen Sie „Rotkäppchen '65" jetzt genau. Achten Sie dabei auf Parallelen zwischen diesem modernen „Rotkäppchen" und „Rotkäppchen" nach den Brüdern Grimm (siehe Hörtext 3).

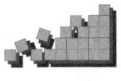

# Rotkäppchen '65

„Rotkäppchen", sagte die Mutter, „ich habe ein Körbchen[1] für die Oma zurechtgemacht[2]. Kuchen und Whisky. Ich habe eine dringende[3] Verabredung[4]. Sei lieb und bring es ihr."

Rotkäppchen freute das gar nicht[5]. Sie hatte ein Rendezvous. Aber da sie ein freundliches Mädchen war, knurrte[6] sie: „Gib her."

Rotkäppchen sprang in ihren Sportwagen. Sie sauste[7] durch den Wald. Das war keine Autobahn, aber der Verkehr war so schwach, daß man rasen[8] konnte. Vorbei an den Bäumen. Vorbei an den warnenden Tafeln[9] mit den Tiersilhouetten. Am Wegrand[10] stand ein grauer Schatten[11] und winkte[12]. Vorbei!

Die Oma schien durch den Besuch nicht gerade[13] beglückt[14] zu sein. „Du kommst ungelegen[15], mein Kind. Ich habe eine Bridgepartie. Und was fällt deiner Mutter ein[16], mir Kuchen und Whisky zu schicken? Ich bin in meiner Rohkostwoche[17]. Muß abnehmen[18]. Trag das Zeug[19] fort[20], ehe es mich in Versuchung[21] führt."

„Ja, Oma." Rotkäppchen ergriff das Körbchen, das sie auf den Tisch gestellt hatte. Dann fragte sie: „Oma, warum hast du so glänzende[22] Augen?"

„Damit[23] ich dich besser sehen kann." Die Oma lachte. „Kontaktglä-
20 ser[24]! Viel angenehmer als eine Brille."

„Warum trägst du so große Ohrgehänge?"

„Damit ich dich besser hören kann. Das ist die letzte Erfindung[25]. Man baut die Apparate in die Ohrclips ein."

Auch Rotkäppchen lachte. „Oma, dein Mund ist anders als sonst."
25 „Damit ich dich besser fressen kann? Nein. Ich habe ein neues Gebiß[26]. Der Zahnarzt hat es so konstruiert, daß die Mundwinkel[27] nicht mehr herunterhängen. Aber ich will dich nicht länger aufhalten, Kind . . ." Rotkäppchen hüpfte in den Wagen und fuhr los.

An der Normaluhr[28] wartete ihr Freund, der junge Jäger.
„Unpünktlich", grollte[29] er, während er einstieg. „Wo hast du dich wieder herumgetrieben[30]?"
„Überhaupt nicht[31]. Ich war bei der Oma. Und wenn du mir nicht glaubst: da ist das Körbchen, das sie mir gegeben hat."
Hans Jäger öffnete die Whiskyflasche. „Keine einzige Begegnung[32]?" fragte er. Dann nahm er einen kräftigen Schluck[33].
„I wo[34]! Der alte Herr Wolf wollte Autostopp machen. Ich hätte ihn beinahe[35] überfahren."
„Mmmm", machte Hans, denn er hatte den Mund voll Kuchen.
Sie fuhren über die Autobahn und durch den Wald. Daß Blumen am Straßenrand wuchsen und weiter drin, unter den Bäumen, noch schönere, sahen sie nicht, ebensowenig wie Rotkäppchen etwas davon gemerkt hatte, als sie allein im Wagen war. Wie könnte man auch! Bei 180 Stundengeschwindigkeit[36]!

## Leseverständnis

Hören Sie sich „Rotkäppchen" nach den Brüdern Grimm an (siehe Hörtext 3, Seite 77). Machen Sie eine Liste von allen möglichen Unterschieden zwischen diesen beiden Versionen von „Rotkäppchen". Vergleichen Sie Ihre Liste mit den Listen anderer Personen im Kurs.

| **Rotkäppchen** | **Rotkäppchen '65** |
|---|---|
| zu Fuß gehen | im Sportwagen fahren |
| Körbchen mit Kuchen und Wein usw. | Körbchen mit Kuchen und Whisky |

## In eigenen Worten

Suchen Sie fünf Sätze aus dem Text heraus, in denen weder *sein* noch *haben* das Hauptverb ist. Lesen Sie Ihre Sätze vor. Andere Personen sollen den Inhalt von diesen Sätzen in ihren eigenen Worten ausdrücken. Bücher zu!

**BEISPIEL:** Student(in) 1 liest:

Die Oma schien durch den Besuch nicht gerade beglückt zu sein.

Student(in) 2 drückt den Satz anders aus:

*Die Oma freute sich nicht besonders darüber, daß Rotkäppchen sie besuchte.*

oder: *Rotkäppchens Besuch machte die Oma nicht besonders froh.*

## Diskussion

1. Ein Märchen hat fast immer eine Moral, eine Lehre. Welche Lehre finden Sie im alten Märchen vom Rotkäppchen? Wie wird die Moral in dieser modernen Version variiert?
2. Was kritisiert die Autorin am deutschen Leben im Jahre 1965? Suchen Sie Belege (*proofs*) im Text.
3. Diskutieren Sie, wie ein „Rotkäppchen" heute aussehen müßte.

## Wortschatzaufgaben

1. Machen Sie eine Liste von allen Präfixverben, die Sie in der Geschichte finden. Teilen Sie diese Verben in die folgenden Kategorien ein. Lernen Sie diese Wörter.

| **Verben mit trennbarem Präfix** | **Verben mit untrennbarem Präfix** |
|---|---|

2. Welche Dinge (Substantive) in diesem modernen Märchen findet man gewöhnlich nicht in einem Märchen? Welche Dinge in diesem Märchen spielen eine Rolle in Ihrem Leben? Wieso? Lernen Sie diese Wörter mit Artikel und Plural.

## Aufsatzthemen

**TIPS ZUM SCHREIBEN:** Writing direct speech; using punctuation with quotation marks

Direct speech and dialogue can make a narrative livelier and more interesting. Normally, narrative and direct speech for each speaker are in separate paragraphs, as in the Meinert text. When direct speech is introduced by narrative, a colon precedes it. **Sie sagte: „Guten Tag."** If, however, a sentence begins with direct speech and is then interrupted by narrative, the continuing direct speech is preceded by a comma rather than a colon. **„Guten Tag", sagte sie, „darf ich herein?"** In German, the opening quotation mark is set at the bottom of the line, the concluding one at the top. The concluding quotation mark comes before commas but after periods, question marks, and exclamation marks (see above examples).

1. Schreiben Sie Ihre eigene Rotkäppchen-Variante oder ein neues Ende zum alten Märchen.

   So könnte es beginnen:

   Es war einmal ein hübsches kleines Mädchen. Das hieß Rotkäppchen, aber es war ein freches und faules Kind. Eines Tages sagte die Mutter: „Rotkäppchen, nimm diesen Korb und bringe ihn der kranken Großmutter."

   „Warum immer ich", maulte das Rotkäppchen, „ich soll jetzt Tennis spielen."

   . . .

   Wie sie durch den Wald kam, traf sie den hübschen jungen Wolf, den sie von der Schule kannte. „Grüß dich Wölfi", sagte das Rotkäppchen, „kannst du mir einen Gefallen tun und diesen Korb zur Oma tragen?" . . . usw.

2. Schreiben Sie eine moderne Märchenparodie.

3. **Gruppenarbeit:** Jede Gruppe schreibt eine Anekdote oder ein Märchen mit insgesamt (*altogether*) zehn der trennbaren und untrennbaren Verben in diesem Text (siehe Wortschatzaufgabe 1). Die Arbeiten werden im Kurs vorgelesen.

# 9 Das Märchen vom kleinen Herrn Moritz, der eine Glatze kriegte

*Wolf Biermann*

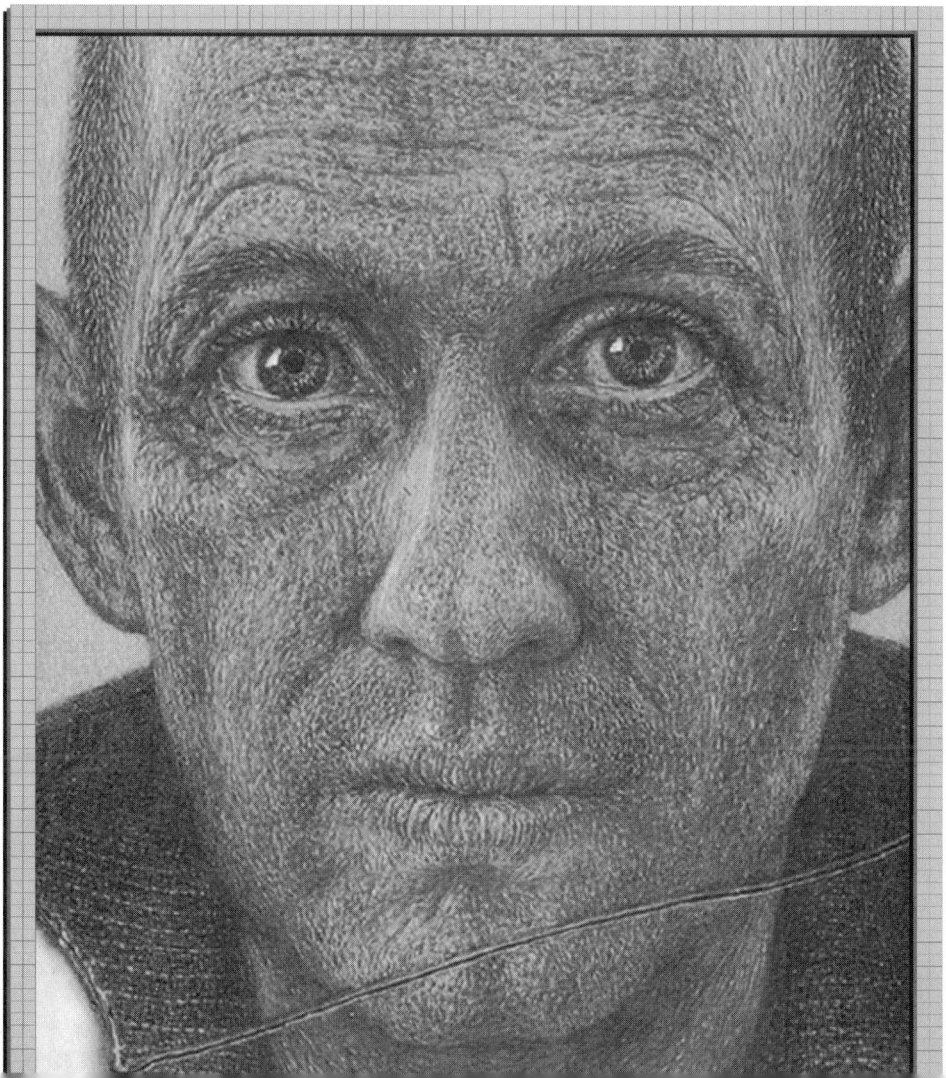

**Wolf Biermann** was born in Hamburg in 1936 and moved to the German Democratic Republic in 1953. He gained fame and notoriety as a **Liedermacher** and singer critical of the East German regime. In 1976, while Biermann was on tour in West Germany, the East German government revoked his citizenship, compelling him to stay in the West. Since then, Biermann has maintained visibility as a song writer, singer, and freelance journalist writing social and political commentary. Most songs from his GDR period require knowledge of the former East German political regime. However, "Die Ballade von dem Briefträger William L. Moore aus Baltimore" or "Kleinstadtsonntag" from his collection *Die Drahtharfe, Balladen, Gedichte, Lieder* (1965), and many of the selections in *Mit Marx- und Engelszungen* (1968) have broad appeal and are easy to read. The "Märchen vom kleinen Herrn Moritz" was written nearly two decades ago, when there were two Germanys and two Berlins. Which "Berlin" Biermann refers to should become clear as you read.

## Vor dem Lesen

### Lesen und berichten (Gruppenarbeit)

1. Bilden Sie zunächst Dreiergruppen (*groups of three*). Lesen Sie *einen* Teil dieses Märchens (entweder A, B oder C) rasch durch. Benutzen Sie die Glossen. Die anderen in Ihrer Gruppe lesen je (*each*) einen anderen Teil des Textes. Schreiben Sie dabei Stichworte und Notizen zum Nacherzählen Ihres Teils (15 Minuten).
2. Erzählen Sie den anderen in Ihrer Dreiergruppe kurz den Inhalt Ihres Teils. Für drei Berichte hat Ihre Gruppe etwa 15 Minuten.

   NOTE: *Here you have an opportunity to put your paraphrasing skills to work. Keep in mind that your partners may not understand some of the glossed words that you would like to use. In such instances you will have to explain in German what these words mean.*

3. Erzählen Sie in einer größeren Gruppe das ganze Märchen noch einmal nach (15 Minuten).

Lesen Sie die Geschichte genau, nachdem Sie die Gruppenaufgabe gemacht haben.

# Das Märchen vom kleinen Herrn Moritz, der eine Glatze[1] kriegte[2]

**A**

Es war einmal ein kleiner älterer Herr, der hieß Herr Moritz, und hatte sehr große Schuhe und einen schwarzen Mantel dazu[3] und einen langen schwarzen Regenschirmstock[4], und damit ging er oft spazieren.

Als nun der lange Winter kam, der längste Winter auf der Welt in Berlin, da wurden die Menschen allmählich[5] böse.

Die Autofahrer *schimpften*[6], weil die Straßen so glatt[7] waren, daß die Autos ausrutschten[8]. Die Verkehrspolizisten *schimpften,* weil sie immer auf der kalten Straße rumstehen mußten. Die Verkäuferinnen *schimpften,* weil ihre Verkaufsläden[9] so kalt waren. Die Männer von der Müllabfuhr[10] *schimpften,* weil der Schnee gar nicht alle[11] wurde. Der Milchmann *schimpfte,* weil ihm die Milch in den Milchkannen zu Eis gefror. Die Kinder *schimpften,* weil ihnen die Ohren ganz rot gefroren waren, und die Hunde *bellten*[12] vor Wut[13] über die Kälte schon gar nicht mehr, sondern zitterten[14] nur noch und klapperten mit den Zähnen[15] vor Kälte, und das sah auch sehr böse aus.

An einem solchen kalten Schneetag ging Herr Moritz mit seinem blauen Hut spazieren, und er dachte: „Wie böse die Menschen alle sind, es wird höchste Zeit, daß wieder Sommer wird und Blumen wachsen."

**B**

Und als er so durch die schimpfenden Leute in der Markthalle ging, wuchsen ganz schnell und ganz viel Krokusse, Tulpen und Maiglöckchen[16] und Rosen und Nelken[16], auch Löwenzahn[16] und Margeriten[16]. Er merkte es aber erst gar nicht, und dabei[17] war schon längst[18] sein Hut vom Kopf hochgegangen, weil die Blumen immer mehr wurden und auch immer länger.

Da blieb vor ihm eine Frau stehn und sagte: „Oh, Ihnen wachsen aber schöne Blumen auf dem Kopf!" „Mir Blumen auf dem Kopf!" sagte Herr Moritz, „so was[19] gibt es gar nicht!"

„Doch[20]! Schauen Sie hier in das Schaufenster[21], Sie können sich darin spiegeln. Darf ich eine Blume abpflücken?"

Und Herr Moritz sah im Schaufensterspiegelbild, daß wirklich Blumen auf seinem Kopf wuchsen, bunte[22] und große, vielerlei Art[23], und er sagte: „Aber bitte, wenn Sie eine wollen . . ."

„Ich möchte gerne eine kleine Rose", sagte die Frau und pflückte sich eine.

„Und ich eine Nelke für meinen Bruder", sagte ein kleines Mädchen, und Herr Moritz bückte sich[24], damit das Mädchen ihm auf den Kopf langen[25] konnte. Er brauchte sich aber nicht sehr tief zu bücken, denn er war etwas kleiner als andere Männer. Und viele Leute kamen und brachen sich Blumen vom Kopf des kleinen Herrn Moritz, und es tat ihm nicht weh, und die Blumen wuchsen immer gleich nach[26], und es kribbelte[27] so schön am Kopf, als ob ihn jemand freundlich streichelte[28], und Herr Moritz war froh, daß er den Leuten mitten im kalten Winter Blumen geben konnte. Immer mehr Menschen kamen zusammen und lachten und wunderten sich[29] und brachen sich Blumen vom Kopf des kleinen Herrn Moritz, und keiner, der eine Blume erwischt[30] hatte, sagte an diesem Tag noch ein böses Wort.

**C**

Aber da kam auf einmal[31] auch der Polizist Max Kunkel. Max Kunkel war schon seit zehn Jahren in der Markthalle als Markthallenpolizist tätig[32], aber so was hatte er noch nicht gesehn! Mann mit Blumen auf dem Kopf! Er drängelte sich[33] durch die vielen lauten Menschen, und als er vor dem kleinen Herrn Moritz stand, schrie er: „Wo gibt's denn so was! Blumen auf dem Kopf, mein Herr! Zeigen Sie doch[34] mal bitte sofort ihren Personalausweis[35]!"

Und der kleine Herr Moritz suchte und suchte und sagte verzweifelt[36]: „Ich habe ihn doch immer bei mir gehabt, ich habe ihn doch in der Tasche gehabt!"

Und je mehr er suchte, um so mehr[37] verschwanden[38] die Blumen auf seinem Kopf.

„Aha", sagte der Polizist Max Kunkel, „Blumen auf dem Kopf haben Sie, aber keinen Ausweis in der Tasche!"

Und Herr Moritz suchte immer ängstlicher seinen Ausweis und war ganz rot vor Verlegenheit[39], und je mehr er suchte – auch im Jackenfutter[40]–, um so mehr schrumpften die Blumen zusammen[41], und der Hut ging allmählich wieder runter auf den Kopf! In seiner Verzweiflung nahm Herr Moritz seinen Hut ab, und siehe da[42], unter dem Hut lag in der abgegriffenen[43] Gummihülle[44] der Personalausweis. Aber was noch!? Die Haare waren alle weg! Kein Haar mehr auf dem Kopf hatte der kleine Herr Moritz. Er strich[45] sich verlegen über den kahlen[46] Kopf und setzte dann schnell den Hut drauf.

„Na[47], da ist ja der Ausweis", sagte der Polizist Max Kunkel freundlich, „und Blumen haben Sie ja wohl[48] auch nicht mehr auf dem Kopf, wie[49]?!"

„Nein . . .", sagte Herr Moritz und steckte schnell seinen Ausweis ein[50] und lief, so schnell man auf den glatten Straßen laufen konnte, nach Hause. Dort stand er lange vor dem Spiegel und sagte zu sich: „Jetzt hast du eine Glatze, Herr Moritz!"

## Leseverständnis

1. Schreiben Sie für jeden Teil der Geschichte vier Sätze, die Sie zum Zusammenfassen der Handlung (*plot*) für notwendig halten (insgesamt nicht mehr als zwölf Sätze).
2. Vergleichen Sie Ihre Sätze mit denen Ihrer Mitstudenten. Wenn Sie mit einigen Ihrer Sätze daun nicht zufrieden sind, können Sie sie durch deren (*their*) Sätze ersetzen (*replace*).

## In eigenen Worten

Erklären Sie den Kontext (wer, was, mit wem, usw.).

1. Er merkte es aber erst gar nicht, und dabei war schon längst sein Hut vom Kopf hochgegangen, weil die Blumen immer mehr wurden und auch immer länger.
2. Max Kunkel war schon seit zehn Jahren in der Markthalle als Markthallenpolizist tätig, aber so was hatte er noch nicht gesehn.
3. Und der kleine Herr Moritz suchte und suchte und sagte verzweifelt: „Ich habe ihn doch immer bei mir gehabt, ich habe ihn doch in der Tasche gehabt!"
4. Dort stand er lange vor dem Spiegel und sagte zu sich: „Jetzt hast du eine Glatze, Herr Moritz."

## Diskussion

Oft beginnt ein Märchen mit einer bekannten, alltäglichen, aber oft unguten Situation: z. B., arme Familie, böse Mutter. Dann kommt die Hauptperson in eine unbekannte, nicht alltägliche oder „wunderbare" Situation: z. B., Hexe (*witch*) im Wald; ein Wald, in dem man die Sprache der Tiere versteht. Am Ende kehrt diese Person in die bekannte Welt oder Situation zurück und bringt dabei aus der wunderbaren Welt oft etwas Besonderes (Gold, Juwelen usw.) mit, wodurch die schlechte Ausgangssituation behoben (*eliminated*) wird.

1. Diskutieren Sie, inwiefern (*to what extent*) das Märchen vom kleinen Herrn Moritz eine solche Struktur hat. Was ist in diesem Märchen anders? Was bedeutet das?
2. In diesem Märchen steckt (*is, lies hidden*) wohl auch Politisches.

Besprechen Sie, was die folgenden Personen, Dinge und Situationen eigentlich bedeuten und was Biermann damit andeuten (*suggest*) will.

a. Herr Moritz

b. der längste Winter auf der Welt (in Berlin!)

c. Blumen im Winter

d. Max Kunkel

e. der Personalausweis

f. die Glatze

3. Leben Herr Moritz und Max Kunkel in West-Berlin oder Ost-Berlin? Begründen Sie Ihre Antwort.

4. Was meinen Sie?

a. Für mich sind Blumen . . .

b. Menschen mit einem Glatzkopf sind . . .

c. Meiner Meinung nach sind Polizisten . . .

## Wortschatzaufgaben

1. Welche Substantive aus dem Text passen zu den folgenden Sätzen? Vergessen Sie die Artikel nicht.

**BEISPIEL:** Der Müll wird weggebracht.
Das ist **die Müllabfuhr.**

a. Man wird im Regen nicht naß.

b. Das sieht man im Spiegel.

c. Dort stellen Geschäfte ihre Waren aus.

d. Du kannst damit beweisen, wer du bist.

e. Die Gastgeberin wird sich bestimmt darüber freuen.

2. Erzählen Sie, wann Sie Folgendes tun.

a. schimpfen

b. zittern

c. sich wundern

d. spazierengehen

e. vor Verlegenheit rot werden

## Aufsatzthemen

**TIPS ZUM SCHREIBEN:** Using conjunctions to structure narratives and link ideas

Conjunctions prove useful when structuring narratives, since they make it possible to link or combine two or more ideas or actions in a single sentence. Coordinating conjunctions (indicated in the following list by the letter c) link two clauses; they do not affect word order: **Sie ging nach Hause, denn es war sehr spät geworden.** Subordinating conjunctions (indicated by the letter s in the list) introduce subordinate clauses; conjugated verbs are placed at the end of the clause: **Sie ging nach Hause, da es sehr spät geworden war.**

| | |
|---|---|
| **aber** (*c*) | but, however |
| **als** (*s*) | when, as (*single occurrence in past or present time*) |
| **da** (*s*) | since (*indicating why*) |
| **denn** (*c*) | for (*indicating why*) |
| **obwohl** (*s*) | although |
| **und** (*c*) | and |
| **während** (*s*) | while |
| **weil** (*s*) | because |
| **wenn** (*s*) | whenever (*repeated occurence in past or present time*) |

Try to use several different conjunctions when writing on the following topics.

1. Bilden Sie aus Ihren zwölf Sätzen in **Leseverständnis** eine Zusammenfassung der Geschichte. Schreiben Sie höchstens zwölf Sätze!
2. Erzählen Sie, wie die Haare des Herrn Moritz wieder auf seinem Kopf zu wachsen begannen.
3. Weil die Frau von Herrn Moritz gegen Blumen stark allergisch ist, möchte er ihr nicht erzählen, was wirklich passiert ist. Welche andere Erklärung für den Verlust seiner Haare gibt es, die seine Frau ihm vielleicht glauben wird?

**Hörtext 3**

# Rotkäppchen

*nach den Brüdern Grimm*

The Grimm brothers' version of "Little Red Riding Hood" requires little introduction. What you hear, however, may not correspond exactly with the tale as you remember it. Note that the Brothers Grimm use the neuter pronouns **es/ihm** and the possessive adjective **sein** when referring to Little Red Riding Hood, since the word "Rotkäppchen" is a diminutive word and neuter.

## Höranweisung

Das Märchen „Rotkäppchen" und die Wörter darin kennen Sie wahrscheinlich schon mehr oder weniger. Im folgenden Wortschatz geben wir einige der Wörter in ihrem Kontext. Hören Sie sich das Märchen an. Versuchen Sie, beim Hören die Bedeutung aller angegebenen Wörter aus dem Kontext zu erraten (*guess*). Schreiben Sie die englischen Bedeutungen daneben.

## Wortschatz im Hörtext

der **Samt: aus Samt**
**sich aufmachen: Mach dich auf**
**begegnen: begegnete es dem Wolf**
die **Schürze, -n: unter der Schürze**
**sich stärken**
**erschnappen: ich will beide erschnappen**
der **Strauß, ¨e**
die **Klinke: auf die Klinke drücken**
**verschlingen*: verschlang sie**
die **Haube, -n: setzte ihre Haube auf**
**packen: dich besser packen kann**
das **Maul, ¨er: entsetzlich großes Maul**
**schnarchen**
die **Schere, -n**
der **Bauch, ¨e**
**atmen**
**dein Lebtag**

## Hörverständnis

Haben Sie alles verstanden? Wenn nicht, dann hören Sie sich den Text noch einmal an. Stoppen Sie die Kassette bei jeder Stelle, die Sie nicht verstehen. Hören Sie sich diese Stelle noch einmal an. Schreiben Sie alle unbekannten Wörter oder Satzteile auf. Fragen Sie dann andere Personen im Kurs, ob sie Ihnen mit Ihren „schwierigen Stellen" vielleicht helfen können.

## Wortschatzaufgaben

1. Hören Sie sich „Rotkäppchen" noch einmal an. Schreiben Sie beim Hören mindestens achtzehn trennbare (*separable*) Präfixverben auf, die Sie im Text hören.
2. Geben Sie einem Partner/einer Partnerin Ihre Liste. Er/sie soll versuchen, zu Ihren Verben passende Objekt-, Präpositional- oder Infinitivergänzungen (siehe Beispiele) aus dem Märchen zu schreiben. Machen Sie dasselbe mit seinen/ihren Verben. Vergleichen Sie am Ende Ihre Ergebnisse (*results*) mit denen Ihres Partners/Ihrer Partnerin.

**BEISPIELE:** mitbringen
einen Strauß **mitbringen** (*Objektergänzung*)

ablaufen
vom Weg **ablaufen** (*Präpositionalergänzung*)

anfangen
**anfangen** zu schnarchen (*Infinitivergänzung*)

## Eine Kettenerzählung[1]

Machen Sie mit allen anderen Personen im Kurs zusammen eine Liste möglichst vieler Substantive aus „Rotkäppchen". Alle Substantive werden an die Tafel geschrieben.

Jetzt geht es mit einer chronologischen Nacherzählung des Märchens los! Alle sitzen im Kreis, und einer nach dem anderen bildet Sätze. Dabei muß das letzte Substantiv im Satz der ersten Person das erste Substantiv im Satz der nächsten Person sein, usw.

| **BEISPIEL:** | Student(in) 1: | Es war einmal ein kleines **Mädchen**. |
|---|---|---|
| | Student(in) 2: | Dieses **Mädchen** trug immer ein rotes Käppchen. |
| | Student(in) 3: | Wegen dieses **Käppchens** nannten die Leute es Rotkäppchen. |

[1]For this activity I am indebted to Diethelm Kaminski and the other authors of *Märchen. Aufgaben und Übungen*, Goethe-Institut München, 1986.

Student(in) 4: **Rotkäppchen** hatte eine kranke Großmutter.
Student(in) 5: Die **Großmutter** wohnte in einem Haus im Wald.
Student(in) 6: Im **Wald** gab es natürlich keinen Arzt.
Student(in) 7: Weil es dort keinen **Arzt** gab, schickte die Mutter der Oma Wein und Kuchen.
Student(in) 8: **Den Wein und Kuchen** trug Rotkäppchen in einem Korb.
usw.

## Diskussion

1. Was glauben Sie? Warum gibt es Märchen überhaupt?
2. Welche Märchen haben Sie als Kind gehört? Welche hatten Sie besonders gern oder ungern? Warum?
3. Welche Rollen spielten Männer in den Märchen, die Sie als Kind gehört haben? Welche Rollen spielten Frauen?
4. Was macht ein Märchen zum Märchen? Das heißt, was sind die typischen Themen und Motive eines Märchens?
5. Kennen Sie ein modernes Märchen aus Radio, Film oder Fernsehen? Welche Thematik, welche Lehre und welche Motive hat dieses Märchen?
6. Kennen Sie ein Märchen aus einem anderen Land oder einer anderen Kultur als der deutschen, z.B. ein skandinavisches, russisches, chinesisches, usw.? Erzählen Sie kurz davon.

# Zur Wiederholung 3

## Texte 7–9

### Wortschatzaufgaben (Partnerarbeit oder Hausaufgabe)

**1. Geben Sie Bedeutungen und Stammformen (*principal parts*) dieser Verben an.**

| | |
|---|---|
| abnehmen* (8) | hineinschauen (7) |
| anhalten* (7) | losfahren* (8) |
| aufhören (7) | nachholen (7) |
| aussehen* (9) | spazierengehen* (9) |
| einsteigen* (8) | stehenbleiben* (9) |
| forttragen* (8) | vorbeirasen (8) |
| (he)rumstehen* (9) | zusammenkommen* (9) |

**2. Setzen Sie die obigen Verben ins Präteritum (*simple past*) und bilden Sie damit kurze Sätze.**

**BEISPIEL:** abnehmen (8)
Ihr Bruder **nahm** fünf Kilo **ab.**

**3. Was tut man mit den folgenden Dingen? Wozu braucht man sie?**

**BEISPIEL:** der Schatten (8)
Man sitzt im **Schatten**, wenn die Sonne zu heiß ist.

a. der Ausweis (9)
b. die Ansichtskarte (7)
c. die Impfung (7)
d. der Schatten (8)
e. das Schaufenster (9)
f. die Unterschrift (7)
g. der Luftbefeuchter (7)

**4. Nennen Sie ein Synonym und ein Antonym für jedes der folgenden Adjektive/Adverbien. Machen Sie wahre Aussagen mit diesen Wörtern.**

a. allmählich (9)
b. angenehm (7, 8)
c. ängstlich (9)
d. bunt (9)
e. kräftig (8)
f. zufrieden (7)

**5. Entwerfen Sie Erzählkarten von je zwölf bis fünfzehn Wörtern für die Texte „Rotkäppchen '65" und „Das Märchen vom kleinen Herrn Moritz, der eine Glatze kriegte". Ihr(e) Partner(in) soll eine der Karten ziehen und mit Ihren Wörtern und Ausdrücken diesen Text zusammenfassen.**

## Diskussionsthemen/Aufsatzthemen

**1. „Rotkäppchen '65" und „Das Märchen vom kleinen Herrn Moritz, der eine Glatze kriegte" sind beide moderne Märchen, aber beide verfolgen nicht denselben Zweck. Diskutieren Sie die Unterschiede. Verwenden Sie mindestens zwei der folgenden Redemittel.**

**Redemittel:**

[*Name des Autors/der Autorin*] schreibt . . . , während [*Name*] . . . erzählt . . .

Dieses Märchen spielt [*wo, wann usw.*] und zeigt . . .

In [*Titel*] aber geht es um etwas ganz anderes, nämlich um . . .

Damit will/möchte diese(r) Autor(in) zeigen, wie . . .

**2. Welche „Fragen" (siehe den Text von Franz Hohler) könnte man an die Hauptfiguren in den beiden modernen Märchentexten stellen?**

**3. Welcher von den vier Texten (einschließlich Hörtext „Rotkäppchen" nach den Brüdern Grimm) hat Ihnen am besten gefallen? Warum?**

# 10 Ohne Vorurteile

*Christine Nöstlinger*

**Christine Nöstlinger** was born in Vienna in 1936. In addition to writing for newspapers, radio, and television, she has gained critical acclaim as a prize-winning author of stories for children and young adults. A freelance writer, she currently divides her time between Vienna and the Waldviertel district of Austria. "Ohne Vorurteile" is taken from her best-seller *Das kleine Frau Mein Tagebuch* (1989), a collection of short sketches dealing with contemporary family and society. Similar sketches can be found in her 1987 collection *Haushaltsschnecken leben länger* (Household Snails Live Longer).

## Vor dem Lesen

### Vorurteile

Sind Sie ein Mensch mit oder ohne Vorurteil? Gibt es Vorurteile, die Sie besonders stören? Was erwarten Sie von einem Menschen ohne Vorurteile?

Lesen Sie diesen Text genau, nachdem Sie mit anderen Personen im Kurs über Vorurteile diskutiert haben.

# Ohne Vorurteile[1]

Der Chef von Frau M. ist ein Mann, der keine Vorurteile kennt. Und schon gar keine gegen Frauen! Frauen, sagt er immer, seien genauso tüchtig[2] und strebsam[3] im Beruf wie Männer. Im Grunde genommen[4], sagt er, hätte er überhaupt nichts dagegen, alle „höheren" Posten in seiner Firma mit Frauen zu besetzen[5].

Darum[6] war er auch schon vor zwanzig Jahren ehrlich[7] bekümmert[8], als er der damals noch sehr jungen Frau M. den „besseren" Posten nicht geben konnte und ihr einen sehr jungen Mann vorziehen[9] mußte.

„Schauen Sie", erklärte er damals der Frau M., „Sie sind jung verheiratet, Sie werden sicher demnächst[10] ein Kind bekommen. Dann fallen Sie für ein Jahr aus. Aber auf diesem Posten brauche ich eine Person, mit der ich rechnen[11] kann. So eine verantwortungsvolle[12] Stellung kann ich nicht ein Karenzjahr[13] lang mit einer Aushilfskraft[14] besetzen!"

zwei Kinder

Frau M. sah das ein[15], wurde – ganz wie der Chef vorausgesehen[16] hatte – schwanger[17], bekam Zwillinge[18], war ein Jahr daheim und arbeitete dann bei ihrem lieben Chef brav weiter. Die Zwillinge versorgte[19] die Oma. Als, nach etlichen[20] Jahren, wieder ein „besserer" Posten frei wurde, bewarb sich[21] Frau M. wieder, denn mit den Zwillingen war ihr Bedarf[22] an Nachwuchs[23] gedeckt, und sie konnte ihrem Chef versichern, daß kein Karenzjahr mehr drohe[24]. Aber der arme Chef konnte ihr den Posten wieder nicht geben.

„Schaun Sie", erklärte er ihr, „diese Stellung bedarf[25] ganzen Einsatzes[26]! Eine Mutter, das weiß man, hat keine Freude mit Überstunden. Und wenn die Kinder krank werden, gibt es auch immer Zores.[27] Ja, ja, die Oma hütet[28] die Kinder! Aber seien Sie doch ehrlich, eine Mutter ist mit ihrem halben Hirn[29] immer daheim bei den Kindern und nicht im Büro!"

Also arbeitete Frau M. weiter in ihrer alten Position. In achtzehn Jahren nahm sie insgesamt[30] vier Tage Pflegeurlaub[31]. Ob sie „mit halbem Hirn" nicht im Büro war, läßt sich schwer entscheiden[32], jedenfalls[33] war ihre Arbeitsleistung[34] nicht geringer[35] als die ihrer männlichen Kollegen.

Nun sind Frau M.s Zwillinge erwachsen, und in Frau M.s Firma ist wieder einmal ein „höherer" Posten zu besetzen. Den mußte ihr der Chef – leider, leider – wieder verweigern[36].

Gewiß, nun muß Frau M. auch nicht mehr mit dem „halben Hirn" bei den Kindern sein, auch Überstunden würden sie nicht mehr stören[37], aber nun erklärt ihr der Chef: „Ja doch! Eine Frau wäre mir sehr willkommen für diesen Posten. Eine vitale, dynamische Person. Aber in Ihrem Alter, liebe Frau M., schafft[38] man das doch nicht mehr!"

## Leseverständnis

Welche Aussagen sind richtig? Berichtigen Sie die falschen Aussagen.

1. Der Chef von Frau M. sagt, er findet Frauen genau so tüchtig und strebsam im Beruf wie Männer.
2. Der Chef möchte alle höheren Posten in der Firma mit Frauen besetzen.
3. Vor zwanzig Jahren konnte der Chef Frau M. den besseren Posten nicht geben, weil sie ein Kind erwartete und oft zu Hause bleiben mußte.
4. Als Frau M. dann Zwillinge bekam, mußte sie ein Jahr daheim bleiben.

5. Als nach etlichen Jahren wieder ein besserer Posten frei wurde, konnte der Chef Frau M. die Stelle nicht geben, weil sie keine Überstunden machen wollte.
6. In achtzehn Jahren mußte Frau M. selten wegen der Kinder zu Hause bleiben.
7. Als nach achtzehn Jahren jetzt wieder ein höherer Posten frei wird, sucht die Firma eine Frau, die jünger ist als Frau M.
8. Der Chef ist ein Mensch ohne Vorurteile.

## In eigenen Worten

Drücken Sie die Stellen anders aus.

**BEISPIEL:** Der Chef von Frau M. ist ein Mann, der keine Vorurteile kennt. Und schon gar keine gegen Frauen.

*Der Chef von Frau M. glaubt nicht, daß Frauen nicht so gut im Beruf sind wie Männer.*

1. So eine verantwortungsvolle Stellung kann ich nicht ein Karenzjahr lang mit einer Aushilfskraft besetzen.
2. Die Zwillinge versorgte die Oma.
3. [Frau M. bewarb sich wieder], denn mit den Zwillingen war ihr Bedarf an Nachwuchs gedeckt, und sie konnte dem Chef versichern, daß kein Karenzjahr mehr drohe.
4. „Schaun Sie", erklärte er ihr, „diese Stellung bedarf ganzen Einsatzes!"
5. Ob sie „mit halbem Hirn" nicht im Büro war, läßt sich schwer entscheiden, jedenfalls war ihre Arbeitsleistung nicht geringer als die ihrer männlichen Kollegen.

## Diskussion

1. Wie hätte Frau M. gegen die jeweiligen Begründungen des Chefs argumentieren können?
2. Glauben Sie, daß es in Ihrem Land Vorurteile gegen Frauen im Beruf gibt? Können Sie Beispiele geben?
3. Soll es immer gleichen Lohn (*wage*) für gleiche Arbeit geben?
4. In welchen Berufen haben Frauen die besten Chancen?

5. Was muß geschehen, damit Frauen die gleichen beruflichen Chancen haben wie Männer?
6. Haben Sie oder Bekannte von Ihnen ähnliche Vorurteile bei der Arbeit erlebt? Erzählen Sie davon.

## Wortschatzaufgaben

1. Suchen Sie aus dem Text alle Verben mit untrennbarem Präfix, die Sie vorher nicht gekannt haben. Machen Sie mit diesen Verben persönliche Aussagen.
2. Machen Sie eine Liste von etwa zehn Wörtern oder Ausdrücken im Text, die Sie unbedingt (*absolutely*) brauchen, um die Geschichte nachzuerzählen. Lernen Sie die Substantive darunter mit Artikel und Plural!

## Aufsatzthemen

**TIPS ZUM SCHREIBEN:** Using flavoring particles for emphasis and nuance

Several of the so-called "flavoring" particles can be used to lend emphasis, emotion, persuasion, or rhetorical flair to views about which you feel strongly. Place them within the sentence where you wish to add emphasis, but never before a verb in normal second position. Try to use two or three of the following flavoring particles when writing on the second or third topics.

**Denn** emphasizes questions, at the same time making them less abrupt and less formal.

Warum sollen Frauen denn immer die gleichen Chancen haben?
*Well, why should women always have the same opportunities?*

**Doch** is used for emphasis in a variety of situations. Its range of meanings includes *after all* and *really*. It can be used to emphasize

a. the obviousness of a statement:
Es ist doch ganz klar, daß . . .
*After all, it is quite clear that . . .*

b. surprise or disbelief:
Sie wollen mir doch nicht sagen, daß . . .
*You don't really want to tell me that . . .*

c. a sense that something did not happen as expected or hoped for:
Sie hat den besseren Posten doch nicht bekommen.
*She didn't get the better position after all.*

**Doch** intensifies the sense of impatience or urgency in imperatives. It is often followed by **mal**.
Hören Sie doch (mal) zu!
*Come on, (just) listen!*

**Ja** expresses the obviousness of a statement, or surprise. In this usage, it is slightly less emphatic than **doch**.
Das wissen Sie ja.
*You know that, of course. / You know that, after all.*
Da bist du ja!
*Well there you are!*

**Ja** adds a sense of urgency or warning to imperatives. It is often preceded by **nur** in this usage.
Tun Sie das (nur) ja nicht!
*Don't you dare do that!*

**Nun einmal** or **nun mal** implies somewhat resigned acceptance of the way things are in a particular situation.
Für Frauen im Beruf ist es nun einmal so.
*For women with a career, that's just the way it is.*

**Wohl** can suggest probability or likelihood.
Die Situation wird sich in Zukunft wohl nicht bessern.
*The situation will probably not get any better in the future.*

**Wohl**, when stressed, can indicate a sense of certainty.
Das weiß ich wohl.
*I know that full well.*

1. Erzählen Sie die Geschichte in Ihren eigenen Worten.
2. Im Beruf sollen Männer und Frauen gleichgestellt sein. Ja oder nein?
3. Kann oder soll eine Ehefrau und Mutter auch einen Beruf ausüben?

# 11 Keine Menschenfresser, bitte!

*H. C. Artmann*

**H. C. Artmann** is a Viennese original, bizarre and inventive both in person and in his works. He was born in Lower Austria (Niederösterreich) in 1921 and as a youth apparently dabbled in foreign languages and even wrote entries in Sanskrit in his diary. Drafted into the German army in 1940, he served on the Russian front and concluded his military career as a translator in an American prisoner of war camp in Regensburg. He was very active in avant-garde writers' circles after the war and gained considerable fame in 1958 with a volume of dialect poetry: *med ana schwoazzn dintn* ("with black ink"). In addition to many poems, plays, and sketches, he has translated literary works from a variety of languages including English, French, Spanish, and Swedish. His considerable popularity in Austria stems in part from his liberal use of dialect, as in "Keine Menschenfresser, bitte." It is one of many humorous stories in his collection *Im Schatten der Burenwurst. Skizzen aus Wien* (1983).

## Vor dem Lesen

### Zur Information

Frau Amtsrat[1] Reißfleisch wohnt in Wien. Sie spricht einen Wiener Dialekt, der in der Aussprache, in der Grammatik und in der Rechtschreibung (*orthography*) nicht immer der hochdeutschen Norm entspricht (*corresponds to*).

Lesen Sie die Geschichte genau. Kreuzen Sie (*mark with an X*) beim Lesen alle Dialektstellen an, damit Sie sie nachher leichter wiederfinden.

[1]Traditionally, Austrian government officers and civil-service employees have titles by which they are addressed. The title **Amtsrat** is a rather officious yet vague title for someone in a supervisory position. It is also not uncommon for wives of titled employees to use their husband's title, hence the appellation **Frau Amtsrat**, with which Artmann pokes fun at **Frau Reißfleisch**.

lustig?
rassistisch = racist

häme = Melanie Reissfleisch
wo wohnt sie? = Wien



Hochdeutsch = standardsprache

# Keine Menschenfresser, bitte!

(people eaters)

Frau Amtsrat (clerk) Reißfleisch wollte einen Untermieter[1] aufnehmen und hatte zu diesem Behuf[2] tags vorher die Studentenschaft angerufen. Vornehmes[3] Gassenkabinett[4], elektrisches Licht, Bett, Pendeluhr, Schreibtisch, Universitätsnähe usw. Für nur 900 Schilling, ab sofort beziehbar[5] . . . Nun aber, an diesem Nachmittag, war sie doch ein wenig bedrückt[6], da sie fürchtete, man möchte[7] ihr einen dunkelhäutigen[8] Herrn zuschicken. Und das wäre besonders peinlich[9] vor den Nachbarn und so weiter und so weiter. Vielleicht wären auch Kannibalen und Mädchenhändler[10] unter ihnen, wie man ja nur zu häufig[11] Im Lesezirkel erfahren[12] kann . . .

Frau Amtsrat Reißfleisch und ihre Freundin Adele saßen diesen Nachmittag bei Kaffee und Mohnstrudel[13] und warteten die kommenden Dinge etwas nervös ab. „Am liebsten", sagte Frau Amtsrat, „wär mir halt[14] so ein solider Amerikaner, der was alle Ersten pinktlich seinen Zins[15] zahlen tut und nicht schnarcht[16] . . ."

„Ganz recht, liebe Melanie", sagte Adele, „die Ameriganer sein die solidesten und Geld haben tuns auch. Auf keinen Fall darfst du dir ein Arawer, Perser oder gar ein Dürken nehmen. Die haben uns schon viermal belagert[17] . . ."

tuns = tun sie

Die Klingel der Wohnungstür schrillte scharf und kriegerisch. Frau Amtsrat Reißfleisch richtete sich würdig[18] auf, ging ins Vorzimmer, das zugleich[19] als Besenkammerl[20] diente, und öffnete einen Spalt[21] die Türe.

„Ich komm wegen Kabinett. Ist noch frei, bittschen? Mein Name ist Berislav Stojanović . . ."

„Sind Sie der Ameriganer, den was ich das Zimmer versprochen hab?" fragte die Frau Amtsrat durch den Türspalt. „Amerikaner?" meinte Stojanović verfremdet[22] . . .

„Dut mir leid", sagte Frau Amtsrat kurz, „aber das Zimmer is schon an ein Ameriganer vergeben!" Die Türe schlug kurz vor der Adlernase[23] des langen Kroaten zu.

„Wer war's denn?" fragte Adele. Aber bevor Frau Amtsrat Reißfleisch noch eine Antwort erstatten[24] konnte, klingelte es abermals.[25]

„Ich komme wegen Zimmer. Ist das Zimmer noch frei, bitte? Mein Name ist Wassilis Liolakis . . ."

„Sind Sie der Ameriganer, den was ich das Zimmer versprochen hab?" fragte Frau Amtsrat mit der gleichen diplomatischen Schläue wie vorher.

„Ich bin aus Ioannina und das is in Griechenland und . . ." Die Tür krachte ins Schloß[26].

Reissfleisch = to tear / rip meat (animal)



„Lauter[27] Tschuschen![28]" sagte Frau Amtsrat zu ihrer Freundin Adele und wollte seufzend[29] in ein Stück Mohnstrudel beißen, als es abermals, nun aber sanft und bescheiden[30] klingelte. Frau Amtsrat war jedoch schon gewitzigt[31] und sah dieses Mal nur durch das Guckloch[32] auf den Gang hinaus. Draußen stand ein gutaussehender Inder mit pechschwarzem[33] Vollbart und Turban, und in seinen dunklen Augen lag eine tiefe Traurigkeit. Er wußte wohl schon, daß er dieses billige Kabinett mit Gassenaussicht niemals bekommen würde.

„Wer war's denn?" fragte Adele mit klopfendem Herzen. Sie hatte keine Tür gehen gehört. Es mußte was Schreckliches draußen gestanden haben.

Frau Amtsrat seufzte jetzt wirklich, biß in das angefangene Stück Mohnstrudel und meinte pikiert: „Jetzt schicken s' einem sogar schon Mentschenfresser in d' Wohnung. Ich werd' mich bei der Vermittlung[34] gehörig[35] beschwern![36]" der

Nach einer Weile ging im Vorzimmer alias Besenkammer das Telephon. Frau Amtsrat Reißfleisch sprach eine Weile. Dann kam sie strahlend[37] und zufrieden zu Adele zurück, die ihrerseits ein neues Stück Mohnstrudel begonnen hatte und kaute[38].

„Wer war's denn, Melanie?" fragte Adele.

„Gott sei Dank", sagte Frau Amtsrat, „das nette Fräulein Elfi von der Studentenvermittlung hat angerufen. In einer halben Stunde kommt ein ameriganischer Herr wegen dem Zimmer. Und stell dir vor[39]: James Eisenhover heißt er! Ich hab natirlich fest zugesagt[40]. Der griegt das Zimmer und kein anderer, so wahr ich die Frau Amtsrat Melanie Reißfleisch geb.[41]" Krauthaupt bin!" haupt = kopf

madien name

Nach einer exakten halben Stunde läutete es an der Wohnungstür. Sanft, bescheiden, nicht ohne einer gewissen Distinktion. Frau Amtsrat erhob sich mit einem bärenzuckersüßen[42] Lächeln und öffnete weit und einladend die Tür . . . Ein freundliches „Grissgooooot!" erstarb in ihrer amtsrätlichen Kehle[43].

„My name is Eisenhover", sagte der dezent gekleidete Gentleman und trat ein. Aus seinem kohlschwarzen Gesicht blitzte[44] ein tadelloses[45], freundliches Gebiß . . .

„Ich kommen wegen das Zimmo . . .", sagte er.

komme (dative) Zimmer

komme dem Zimmer

## Leseverständnis

1. Suchen Sie Wörter oder Ausdrücke im Text, die die Vorurteile von Frau Amtsrat Reißfleisch– man achte auf den Namen der Frau!– gegen Ausländer zeigen.

**BEISPIEL:** dunkelhäutig

2. Was für Vorstellungen haben Frau Amtsrat Reißfleisch und ihre Freundin Adele von Amerikanern?

## In eigenen Worten

Drücken Sie die folgenden Dialektstellen auf hochdeutsch aus.

1. „. . . die Ameriganer sein die solidesten und Geld haben tuns auch."
2. „. . . ein solider Amerikaner, der was alle Ersten pinktlich seinen Zins zahlen tut und nicht schnarcht . . ."
3. „Sind Sie der Ameriganer, den was ich das Zimmer versprochen hab?"

Suchen Sie drei bis vier weitere Stellen dieser Art in der Geschichte. Schreiben Sie diese Stellen auch um.

## Diskussion

1. Was für Vorurteile gibt es in *Ihrem* Land gegen andere Menschentypen und Sozialgruppen? Halten Sie solche Vorurteile für berechtigt (*justified*)?
2. Haben Sie erlebt, daß andere Menschen gegen *Sie* Vorurteile hatten? Erzählen Sie davon.

## Wortschatzaufgaben

1. Suchen Sie alle Adjektive im Text, welche Folgendes ausdrücken:

   a. positive Eindrücke oder Gefühle: z.B. solid

   b. negative Eindrücke oder Gefühle: z.B. peinlich

   Machen Sie wahre Aussagen mit diesen Adjektiven. Verwenden Sie einige dieser Adjektive in attributiver Stellung (d.h., vor einem Substantiv).

   **BEISPIEL:** Es ist für mich immer **peinlich**, wenn ich meine Aufgabe nicht gemacht habe.

   *oder attributiv:* Es ist für mich immer eine **peinliche** Situation, wenn ich meine Aufgabe nicht gemacht habe.

2. Bilden Sie mit den folgenden Präfixverben Sätze im Präteritum (*past*

*tense*) oder im Perfekt (*present perfect tense*), die mit der Geschichte nichts zu tun haben.

| | |
|---|---|
| aufnehmen* | sich beschweren |
| erfahren* | sich (*dat.*) vorstellen |
| abwarten | zusagen |
| sich aufrichten | sich erheben* |

## Aufsatzthemen

**TIPS ZUM SCHREIBEN:** Paraphrasing through indirect speech

When summarizing what others have said, you will find it useful to put their comments into your own words—a process known as paraphrasing: *He/she says (said), believes (believed), thinks (thought), claims (claimed) that . . .* followed by what the other person says, believes, thinks, or claims. This construction is known as indirect discourse (**indirekte Rede**). If there is no reason to doubt the veracity of the information being reported, Germans nowadays tend to use the *indicative* mood in the **daß**-clause, particularly when speaking: **Sie sagt(e), daß er sie liebt**. However, if the person relaying the information doubts its veracity and wishes to make it clear that he or she is only reporting what someone else says or believes and may not even agree with the statement, then this neutral stance or doubt is implied by using *subjunctive* mood in the **daß**-clause: **Sie sagt(e), daß er sie liebe** (but in fact, perhaps he does not love her). Indirect discourse subjunctive occurs primarily in *written* German. In *spoken* German, it is on the wane and will probably vanish one day (Hurrah!). There are two sets of subjunctive in German; for an explanation of their forms and uses, you should consult a grammar book. You may, however, find the following guidelines concerning use of the two subjunctives in *written* indirect discourse helpful.

1. In written indirect discourse, subjunctive I forms (**er/sie/sei/habe/werde/müsse/gehe** etc.) are the rule.

   **Sie sagt(e), daß ihr Nachbar faule Kinder <u>habe</u>.**

   **Er meint(e), daß sie mit ihm nicht ausgehen <u>wolle</u>.**

2. If a subjunctive I form is identical with the indicative, a subjunctive II form (**er/sie wäre/hätte/würde/müßte/ginge** etc.) is used instead. (Thus all verbs except **sein**, which is irregular, always take subjunctive II in the first and third person plural, since their subjunctive I and indicative forms are identical.)

**Sie meint(e), daß manche Leute einfach zu viele Kinder hätten.**

**Er sagt(e), daß arme Leute immer große, teure Autos führen.**

3. If both subjunctive I and II are identical with indicative forms, subjunctive II should be used.

   **Sie sagt(e), daß junge Leute heutzutage nicht mehr fleißig arbeiten wollten.**

   **Er behauptet(e) auch, daß junge Leute heutzutage nicht mehr fleißig lernten.**

Whichever of the following topics you choose, try to include at least two instances of indirect speech.

1. Wie geht es weiter? Schreiben Sie eine Fortsetzung für die Geschichte „Keine Menschenfresser, bitte".
2. Kennen Sie jemanden, der einmal Schwierigkeiten hatte, ein Zimmer oder eine Wohnung zu bekommen, weil andere Leute Vorurteile gegen ihn/sie hatten? Erzählen Sie davon.
3. Gibt es Vorurteile, die Sie besonders stören? Erzählen Sie von ein paar solchen Vorurteilen. Welche Argumente haben Sie gegen diese Vorurteile?

# 12 Ali Stern

*Alev Tekinay*

**Alev Tekinay** was born in Turkey in 1951 but moved to West Germany in 1971. She earned a doctorate in German and has been teaching German as a foreign language at the University of Augsburg since 1983. An award-winning author, she has written stories, novels, and a collection of fairy tales. Ms. Tekinay writes about Turks and other foreign residents in Germany. She is one of the best known of those writers who, as foreigners living in Germany, offer unique perspectives on what it means to belong to a minority culture in present-day German society. "Ali Stern" is taken from *In zwei Sprachen leben. Berichte, Erzählungen, Gedichte von Ausländern* (1983).

# DIESE WOCHE

**Drinnen vor der Tür**[1]

**Türken in Deutschland: Sie sind Bergarbeiter, Müllmänner, Putzfrauen. Deutsche Staatsbürger sind sie nicht. Seit dreißig Jahren leben sie unter uns – in ihrer eigenen Welt. Erst seit ihre Häuser brennen, nehmen wir sie wahr.**

**DOSSIER 7, 8**

[1]The expression **Drinnen vor der Tür** is a literary allusion to *Draußen vor der Tür* (1946), Wolfgang Borchert's powerful drama about the despair and disillusion of a soldier upon returning home after the German defeat in World War II. See story 13.

## Vor dem Lesen

### Türken in Deutschland

In den 60er, 70er und 80er Jahren kamen viele Türken (und auch Griechen, Jugoslawen, Italiener usw.) als „Gastarbeiter" nach Deutschland. Die meisten bekamen Arbeit in Fabriken, im Bauwesen (*construction*) und im Dienstleistungssektor (*service jobs*). Viele solche Gastarbeiter, vor allem türkische Familien, sind geblieben, und heute wohnen mehr als 1.6 Millionen Türken in Deutschland. Für manche Türken ist das Leben in Deutschland recht problematisch. Die Sprache ist anders, die Kultur ist anders, die Mentalität ist anders, ja sogar das Wetter ist anders. Der Türke in dieser Geschichte mußte in Deutschland Deutsch lernen, bevor er arbeiten durfte. Seine Deutschlehrerin erzählt die Geschichte.

Lesen Sie die Geschichte genau. Achten Sie beim Lesen darauf, wie der Türke Ali sein Gastland sieht. Was tut er, um sich in die deutsche Gesellschaft und Kultur zu integrieren?

# Ali Stern

„Frau Lehrerin, meine Lehrerin", ruft jemand in der überfüllten U-Bahn, während ich versuche, mich irgendwo festzuhalten. Ich schaue mich um[1] und sehe einen jungen Mann, der mir freundlich zulächelt. Ich muß ihn kennen, er kommt mir irgendwie bekannt vor[2]. Die U-Bahn rast[3] durch dunkle irrgänge[4], die Luft ist stickig[5], die Gesichter sind neurotisch. Aber dieses Gesicht, das freundlich lächelt. . . Dieselben nachtschwarzen Augen, die aber nicht wie damals leuchten[6], die jetzt rote Ränder[7] haben. Das ist doch Ali, Ali Stern.

Nein, das ist nicht möglich, denke ich. Ali war ein Kind, verspielt[8], träumerisch, heiter[9] und fröhlich. Aber dieser junge Mann, der mich begrüßt, ist viel älter als Ali. Sein Gesichtsausdruck ist ernst und verantwortungsvoll[10].

Ali war ein Schüler, der Deutsch lernte. Aber dieser junge Mann ist ein Arbeiter, er trägt einen blauen Arbeitskittel[11] und hält einen Apparat in der Hand, eine Bohrmaschine, glaube ich.

Was ist das?

Das ist ein Schraubstock[12].

Hol den Hammer, bring die Feile.

Das ist eine Bohrmaschine. Wie funktioniert die?

Mit beiden Händen festhalten. Stecker[13] rein. Auf den Knopf[14] dürücken. Nicht „dürücken", Ali, „drücken". Sprich mir nach, Ali.

Bereits die ersten Stunden damals im Intensivkurs. Und damals wußte Ali nicht, was eine Bohrmaschine ist. Jetzt hält er sie aber in der Hand und drückt sie fest an die Brust im Menschengewühl[15] der U-Bahn. Und der U-Bahnfahrer ruft in sein Mikrophon: Nächster Halt Marienplatz. Einstieg bitte, Bahnsteig Mitte.

„Kennen Sie mich nicht mehr, meine Lehrerin?" fragt Ali enttäuscht[16].

„Ach ja, jetzt erkenne ich dich, Ali. Aber du bist so –, so, wie soll ich sagen, du bist so verändert, Ali. Obwohl es nicht so lange her[17] ist. Der Deutschkurs damals, wann war das?"

„Vor einem Jahr, meine Lehrerin. Im letzten Sommer."

„Ja, ja, Ali."

„Ich hab Sie gleich erkannt. Sie haben sich gar nicht verändert."

Ali spricht Deutsch mit mir. Fast akzentfrei. Recht hat er auch, mit mir Deutsch zu sprechen, denn damals im Intensivkurs sprach ich mit ihm nur Deutsch. Es war ja Vorschrift[18]. Das tue ich gewöhnlich mit allen meinen neuen Schülern. Jetzt besteht[19] aber kein Grund mehr dafür. Alis Deutschkurs ist schon längst vorbei. Vorschriften gibt es jetzt nicht mehr. Deshalb versuche ich, mit ihm in unserer Muttersprache zu reden. Ich finde es unnatürlich, wenn zwei Türken miteinander Deutsch reden. Aber Ali ist trotzig. Er gibt nicht nach[20]. Die Fragen, die ich ihm auf türkisch stelle, beantwortet er auf deutsch.

„Hast du deine Muttersprache verlernt, Ali?" frage ich. Er lächelt schüchtern[21]. Eine Reihe nikotingelber Zähne. Damals rauchte Ali nicht.

„Na ja, wissen Sie", murmelt er, „verlernt habe ich sie natürlich nicht. Aber türkische Wörter fallen mir manchmal nicht ein. Außerdem bin ich der Meinung, daß man die Sprache des Landes sprechen muß, in dem man lebt."

Ali hat Ansichten[22]. Damals schon war er ein Integrationsfanatiker. Das muß man ihm lassen[23]. Die Ausländerfeindlichkeit, über die sich die anderen Schüler so aufregten[24], berührte[25] Ali kaum. Er schimpfte nie mit den Gastgebern. „Das ist ihr Land", sagte er, „man muß sich nach ihren Bestimmungen[26] richten[27]."

Vielleicht war Ali der friedlichste Schüler, den ich je gehabt habe.

„Und was machst du jetzt, Ali?"

„Ich bin Arbeiter!"

„Gefällt es dir noch hier?"

„Ja, das heißt – ich meine nur, damals im Deutschkurs war's doch viel schöner."

Damals im Deutschkurs . . . Ali war erst vor einigen Wochen nach Deutschland gekommen und konnte kein Wort Deutsch, als der Intensivkurs begann. Ein Fall[28] wie viele andere, dieser Ali, der nichts anderes im Kopf hatte als so schnell wie möglich Gastarbeiter zu werden. Ein werdender Gastarbeiter also, wenn alles klappte[29] mit der Aufenthalts- und Arbeitserlaubnis[30]. Ein junger Türke in den Fußstapfen seines Vaters.

Ali war damals siebzehn Jahre alt. Wir hatten den neuen Intensivkurs in zwei Gruppen geteilt, weil wir homogene Klassen haben wollten: Anfänger mit wenig Deutschkenntnissen und Anfänger mit Nullkenntnissen. Die letzteren bekam ich natürlich. Manchmal habe ich's satt[31], bei jedem Intensivkurs bei Adam und Eva anfangen[32] zu müssen, das deutsche Alphabet, die deutsche Aussprache, die deutsche Orthographie.

Aber ich bin eben[33] eine Türkin, und für die Schulleitung[34] liegt der Gedanke nahe[35], daß ich die schwere deutsche Grammatik meinen jungen Landsleuten mit Nullkenntnissen vergleichend und besser erklären kann als die deutschen Kollegen.

Ali wurde damals meiner Klasse zugeteilt[36]. Er war ein braver und aufmerksamer[37] Schüler.

Damals im Intensivkurs . . . Mai, Juni, Juli. Die Hälfte vom August. Dreieinhalb Monate lang. Tag für Tag. Auch an Wochenenden. Unterricht unter der Woche, kulturelle Veranstaltungen[38] am Wochenende. Sommer in München. Tropisch heiß und naß[39], kalt und häßlich zugleich[40].

Jeden Tag eine Portion deutsche Grammatik und an den Wochenenden eine Portion deutsche Kultur. Deutsches Museum, das Stadtmuseum, das Jugendtheater, das BMW-Museum . . .

Die Mädchen (im damaligen Intensivkurs waren's nur drei) saßen eng nebeneinander, weit entfernt von den Buben. Emine trug stets[41] ein Kopftuch, die anderen zwei nicht. Sabiha hatte immer ein rotes Gesicht. Sie weinte viel. Heimweh[42] oder Schwierigkeiten mit den Eltern? Ich bin nie dahinter gekommen[43], weil sie zu schüchtern war und – im Gegensatz zu[44] meinen Schülerinnen von anderen Intensivkursen – mir niemals ihr Herz ausgeschüttet[45] hat. Meral war ein modernes Mädchen. Sie war auch viel begabter[46] als die anderen Mädchen in bezug[47] auf das Thema „Anpassung[48]". Aber am wenigsten begabt für die deutsche Aussprache. Manchmal dauerte es Minuten, bis sie „Hausaufgaben" oder „Bügeleisen[49]" sagen konnte.

Die Schwierigkeit der deutschen Grammatik hatte die anfängliche Begeisterung[50] der Mädchen vertrieben. Auch die Buben hatten ihr anfängliches Interesse verloren. Nur Ali nicht.

Und irgendwann tauchte das Wort „Stern" auf[51], in der siebten Lektion, glaube ich, als ich ihnen die Bezeichnungen[52] für Himmelskörper und Naturerscheinungen[53] beibrachte[54]. Und Ali sagte:

„Stern, das heißt also Yildiz wie mein Familienname. Einen schönen Namen habe ich. Ali Stern."

Er taufte sich um[55]. Von Yildiz in Stern. Von dem Tag an unterschrieb er die Übungen und Klassenarbeiten mit dem neuen Namen: Ali Stern. (Ich hab noch diese Übungsblätter und Schularbeiten irgendwo in einer Mappe[56].) Und „Ali Stern" antwortete er stolz, wenn man ihn fragte: Wie heißt du?

„Nächster Halt Sendlinger Torplatz", ruft der U-Bahnfahrer in sein Mikrophon, und ich zucke zusammen[57], weil ich in die Erinnerungen an den damaligen Intensivkurs versunken war.

Nun kann man etwas freier atmen. Die Hälfte der Fahrgäste ist ausgestiegen. Es sind sogar Sitzplätze frei geworden. Und wir setzen uns.

„Hast du etwas von den anderen gehört?" frage ich Ali.

„Sabiha weint immer noch", erzählt er, „und Emine ist in die Türkei zurückgegangen, weil ihre Eltern sie mit einem Landsmann verheiraten wollen. Meral ist – na ja[58]. Sie kann nun die deutsche Aussprache etwas besser und lebt wie eine Deutsche. Reden wir lieber nicht über sie."

„Und die Jungs?" möchte ich wissen. „Adnan zum Beispiel, oder Omer und Metin?"

„Adnan putzt die Toiletten am Stachus[59]", berichtet Ali, „Omer arbeitet auf einer Baustelle. Metin ist in die Türkei zurückgekehrt. Er will das Abitur nachholen[60]. Und studieren. Was für ein verrückter Traum!"

„Und du, Ali? Du bist mit deiner Arbeit nicht zufrieden, hab ich den Eindruck."

„Das habe ich nicht gesagt. Aber –"

„Wo arbeitest du?"

„In einer Fabrik. Aber dort gibt es viel Gift[61], wissen Sie. Und meine Augen, die tun so weh."

„Warst du nicht beim Arzt?"

„Doch. Ich bin ja nun versichert[62]."

„Etwas stimmt[63] bei dir nicht, Ali."

„Es ist so, ich – nun – ach, ist ja auch nicht so wichtig."

Ein achtzehnjähriger alter Mann steht vor mir, zusammengeschrumpft[64], schmale[65] Schultern, nikotingelbe Zähne, ernst, sorgsam[66], reif, zu reif für sein Alter.

„Nächster Halt: Goetheplatz", ertönt es wieder im U-Bahnabteil.

„Ich muß hier aussteigen", meldet Ali, „ich muß zum Betrieb[67]. Ich hab die Bohrmaschine reparieren lassen. Nun muß ich sie zurückbringen. Man wartet schon auf mich. Schön, daß ich Sie gesehen habe. Ich verdanke[68] Ihnen viel. Auf Wiedersehn, meine Lehrerin."

„Wiedersehn, Ali Stern", flüstere[69] ich nachdenklich[70].

Als er diesen Namen hört, hält er inne[71], dreht sich um, während die U-Bahntüren aufgehen.

„Ali Stern. So nennen mich die deutschen Kollegen im Betrieb. Ich habe einen deutschen Namen!"

Er versucht zu lächeln. Krampfhaft. Sein achtzehn Jahre altes Gesicht zieht sich in Falten. Dann steigt er aus. Die Türen werden geschlossen. Die U-Bahn fährt weiter. Ohne Ali Stern. Aber ich rede weiter mit Ali. Ich sage ihm jetzt alles, was ich ihm während der kurzen Begegnung[72] in der überfüllten U-Bahn nicht sagen konnte:

Selbst wenn ich wollte, könnte ich mich nicht so verändern wie du, Ali. Denn ich sitze ja nicht täglich acht Stunden am Fließband[73] wie du. Ich atme auch weniger Gift als du, nur Kreidestaub, von Abgasen abgesehen[74]. Zugegeben[75], auch meine Arbeit ist schwer. Oft habe ich einen trockenen Hals nach acht Stunden Unterricht, und hab meistens keine Kraft[76] mehr, den Mund aufzumachen. Manchmal tun auch mir die Knochen[77] weh, als ob ich Steine geschleppt hätte wie Omer auf der Baustelle. Aber ich bin glücklich, denn ich habe euch. Und ich bin traurig wegen euch. Ihr kommt zu mir, um Deutsch zu lernen. Und ihr geht von mir, um Gastarbeiter zu werden. Das ist euer Wunsch, ich weiß. Euch zuliebe[78] spiele ich mit. Und am Anfang seid ihr noch Kinder, jung, verspielt, träumerisch und fröhlich. Ich gebe euch die deutsche Grammatik, ihr gebt mir eure Jugend und Hoffnungen. Ihr verdankt mir viel, ich verdanke euch mehr.

Ihr macht Wandlungen[79] durch[80], aber ich bleibe gleich, an der Tafel, am Tageslichtprojektor, und wiederhole dieselben Sätze wie ein Automat: Ist das eine Rohrzange[81]? Nein, das ist keine Rohrzange, das ist ein Hammer (*der* Hammer, deshalb *ein, die* Rohrzangen, deshalb *eine* und *keine*) . . .

Leb wohl, Ali Stern.

Es ist für mich ein schmerzhaftes Gefühl, meinen ehemaligen[82] Schülern zu begegnen.

## Leseverständnis

1. Suchen Sie Stellen im Text, die zeigen, daß Ali Stern sich seit seinem Intensivkurs in Deutsch verändert hat.
2. Machen Sie eine Liste der türkischen Kursteilnehmer im Intensivkurs. Schreiben Sie eine kurze Charakterschilderung für jede dieser Figuren. Erzählen Sie, was aus ihnen geworden ist.
3. Suchen Sie Stellen, wo die Lehrerin ihre Gefühle nach der Begegnung mit Ali zum Ausdruck bringt. Welche Adjektive verwendet sie?

## In eigenen Worten

Erklären Sie den Kontext und die Bedeutung der Stellen.

**BEISPIEL:** Er taufte sich um. Von Yildiz in Stern. Von dem Tag an unterschrieb er die Übungen und Klassenarbeiten mit dem neuen Namen.

*Yildiz heißt Stern auf türkisch. Ali Yildiz wollte einen deutschen Namen haben und nannte sich jetzt Ali Stern.*

1. Damals schon war er ein Integrationsfanatiker. Das muß man ihm lassen. Die Ausländerfeindlichkeit, über die sich die anderen Schüler so aufregten, berührte ihn kaum. Er schimpfte nie mit den Gastgebern. „Das ist ihr Land", sagte er, „man muß sich nach ihren Bestimmungen richten."
2. Was ist das?
   Hol den Hammer, bring die Feile.
   Das ist eine Bohrmaschine. Wie funktioniert die?
   Mit beiden Händen festhalten. Stecker rein. Auf den Knopf dürücken. Nicht „dürücken", „drücken". Sprich mir nach, Ali.
3. Ich sitze ja nicht täglich acht Stunden am Fließband wie du. Ich atme auch weniger Gift als du, nur Kreidestaub, von Abgasen abgesehen. Zugegeben, auch meine Arbeit ist schwer.
4. Manchmal habe ich's satt, bei jedem Intensivkurs bei Adam und Eva anfangen zu müssen.
5. „Hast du deine Muttersprache verlernt?"

## Diskussion

1. Warum schreibt die Erzählerin am Ende, es sei für sie ein schmerzhaftes Gefühl, ihren ehemaligen Schülern zu begegnen?
2. Diskutieren Sie die Haltung der Erzählerin Deutschlands gegenüber im Vergleich zur Haltung Alis.
3. Auf welche Weise kontrastiert die Erzählerin die türkische und die deutsche Welt?
4. Vielleicht gibt es in Ihrem Deutschkurs jemanden, der in Ihr Land eingewandert ist. Mit welchen Problemen und kulturellen Unterschieden fand er/sie sich konfrontiert? Berichten Sie darüber.

## Wortschatzaufgaben

1. Dieser Text enthält eine Anzahl recht brauchbarer Substantive, die aus zwei oder mehreren Wörtern zusammengesetzt sind. (Es gibt sogar ein Wort mit zweiundzwanzig Buchstaben!) Ein solches Wort bezeichnet man als ein *Kompositum*, Pl. *Komposita*. Suchen Sie aus dem Text acht bis zehn solche Wörter. Geben Sie Artikel und englische Bedeutungen für diese Wörter an. Vergleichen Sie Ihre Wörter mit denen anderer Personen im Kurs.

   Bilden Sie mit *einem* Teil jeder Ihrer Wörter neue Komposita. Vergessen Sie nicht, daß der Artikel vom letzten Wort im Kompositum bestimmt (*determined*) wird.

   **BEISPIEL:** die Bohrmaschine
   die Näh**maschine** (*sewing machine*)
   *oder:* die **Bohr**stelle (*drilling spot*)

2. Die folgenden Adjektive kommen im Text vor. Welche beschreiben Ali Stern während des Intensivkurses? Welche beschreiben ihn später als Arbeiter?

| | **im Intensivkurs** | **als Arbeiter** |
|---|---|---|
| aufmerksam | _____ | _____ |
| brav | _____ | _____ |
| ernst | _____ | _____ |
| freundlich | _____ | _____ |
| friedlich | _____ | _____ |
| fröhlich | _____ | _____ |
| heiter | _____ | _____ |
| reif | _____ | _____ |
| sorgsam | _____ | _____ |
| träumerisch | _____ | _____ |

## Aufsatzthemen

**TIPS ZUM SCHREIBEN:** Using linking adverbs

Effective writers link important statements and explanations with conjunctions (see **Tips zum Schreiben** for stories 4 and 9). One can also use certain adverbs as connectors. Such adverbs often occupy first position in the explanatory clause, followed by the verb in regular second position: **Ali ist ein vorzüglicher Arbeiter. Deswegen kann ich ihn aufs stärkste empfehlen.** They may, however, also occupy a position later in an explanation: **Ali hat allerdings wenig Arbeitserfahrung. Ich würde ihn aber dennoch empfehlen.** Try to use two or three such words in your composition.

Some adverbial connectors:

| | |
|---|---|
| **außerdem** | moreover, furthermore |
| **daher**<br>**darum**<br>**deshalb**<br>**deswegen** | therefore, for this/that reason |
| **dennoch** | nevertheless |
| **stattdessen** | instead |
| **trotzdem** | in spite of this/that |

1. Ali möchte jetzt länger in Deutschland bleiben, aber er braucht eine verlängerte Aufenthaltserlaubnis (*extended residency permit*). Sie sind Vorarbeiter(in) in der Fabrik, in der Ali arbeitet, und er bittet Sie um ein Empfehlungsschreiben.
2. Zur Zeit wandern sehr viele Ausländer aus anderen Völkergruppen in die Vereinigten Staaten ein. Kennen Sie vielleicht solche Leute persönlich oder vom Hörensagen? Können Sie von den Erlebnissen und/oder Problemen dieser Menschen erzählen?
3. Stellen Sie sich vor, Ihre Eltern ziehen für zwei Jahre nach Deutschland oder Österreich und nehmen Sie mit. Sie möchten sich völlig in das Leben und die Kultur Ihres Gastlandes integrieren. Wie machen Sie das?

**Hörtext 4**

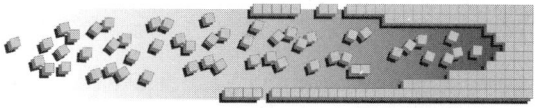

# Supermarkt

*Jiri Kral*

**Jiri Kral** was born in Czechoslovakia in 1952. He was granted political asylum in Germany in 1980 and worked in the 1980's in Munich as an engineer. His story "Supermarkt" is taken from the anthology *In zwei Sprachen leben. Berichte, Erzählungen, Gedichte von Ausländern.* Kral's story depicts particular biases and assumptions encountered by many foreigners doing menial jobs in Germany.

## Höranweisung

Der Erzähler der folgenden Geschichte ist Ausländer und macht abends Reinigungsarbeit im Supermarkt. Versuchen Sie, beim Hören folgende Informationen zu bekommen:

1. Welche Arbeit der Erzähler und Hedvika zuerst machen.
2. Wann der Erzähler und Hedvika die Wurst- und Obstabteilung putzen können.
3. Was für Arbeit Frau Hoffmann im Geschäft macht.
4. Was alle Verkäuferinnen von der Arbeit vom Erzähler und Hedvika halten.
5. Was der Erzähler und Hedvika in der Viertelstunde Zeit tun, bevor sie die Wurst- und Obstabteilung putzen können.
6. Was für ein Mensch der Leiter im Geschäft ist.
7. Wie der Erzähler dem Geschäftsleiter erklärt, warum er und Hedvika im Moment nichts tun.
8. Welche Sprachen Hedvika spricht oder versteht.
9. Wie der Leiter des Geschäfts heißt.
10. Wie der Lehrling auf das Gespräch zwischen dem Erzähler und dem Geschäftsleiter reagiert.

## Wortschatz im Hörtext

***Es ist 17 Uhr. Unsere Schicht fängt an . . .***

| | |
|---|---|
| die **Schicht, -en** | shift |
| **schaffen** | to (manage to) do, accomplish |
| **nach Stundenlohn** | paid by the hour |
| **verbringen*** | to spend (time) |

| | |
|---|---|
| **kehren** | to sweep |
| der **Besen, -** | broom |
| das **Regal, -e** | row of shelves |
| der **Kassenraum, ¨-e** | cashier area |
| **wählen** | to choose, select |
| die **Abteilung, -en** | department, section |
| **überflüssig** | superfluous |
| **nicken** | to nod |
| **beim besten Willen** | try as I might |
| **sich** (*dat.*) **vorstellen** | to imagine |
| **fortfahren* (zu tun)** | to continue (to do) |
| das **Irrenhaus, ¨-er** | madhouse |
| **sorglos** | light-heartedly, without worry |
| **zusammenrechnen** | to add up, total |
| **übrigens** | incidentally |
| **einstimmig** | unanimously |
| **behaupten** | to claim, maintain |
| **genießen*** | to enjoy |
| **erledigen** | to do, finish |

*Wir gehen deshalb in die Zeitungsabteilung . . .*

| | |
|---|---|
| **sich vertiefen in** (*acc.*) | to become engrossed in |
| *Der Spiegel* | (*German weekly news magazine*) |
| der **Leiter, -** | manager, director |
| **beleidigen** | to insult |
| das **Benehmen** | behavior |
| **uns gegenüber** | towards us |
| **sich beherrschen** | to control oneself |
| **daß es zu einem Krach kommt** | that there will be a scene |
| **höflich** | politely |
| **toben** | to rage; *here*: to boil |
| **die Zähne zusammenbeißen*** | to clench one's teeth |
| das **Gedächtnis, -se** | memory |
| **gleichzeitig** | at the same time |
| **erwischen** | to catch (s.o. doing s.th.) |
| **deutlich** | clear(ly) |
| die **Überraschung, -en** | surprise |
| **jmdm. einfallen*** | to come to mind |

| | |
|---|---|
| **hinzufügen** | to add, make an additional remark |
| **zeigen auf** | to point to |
| **ganz zu schweigen** | not to mention |
| die **Überlegenheit** | superiority |
| **verschwinden*** | to disappear |
| **sich verkleinern** | to grow smaller |
| **verwirrt** | confused |
| **sich unterhalten* mit** | to converse with |
| **erkennen*** | to recognize, know |

*Jetzt sehe ich, daß er . . .*

| | |
|---|---|
| der **Widerstand** | resistance |
| **in eine Falle geraten*** | to fall into a trap |
| **tönen** | to make a sound |
| **wechseln** | to exchange |
| **blitzend** | flashing, sparkling |
| der **Lehrling, -e** | apprentice |
| **hochgehoben** | raised |
| der **Daumen, -** | thumb |
| **anerkennend** | approvingly |
| **die Schultern heben*** | to shrug one's shoulders |
| **vollkommen** | completely |

## Hörprotokoll

Fassen Sie, was Sie gehört haben, in acht bis zehn Sätzen auf englisch oder auf deutsch zusammen. Sprechen Sie mit anderen Personen im Kurs darüber.

## Information sammeln

Arbeiten Sie allein oder in Gruppen. Machen Sie möglichst viele Aussagen über jede der Figuren im Text. *Vorschlag:* Jede Gruppe sammelt Information über nur eine Person, und dann berichten alle Gruppen.

## Diskussion

1. Besprechen Sie das Verhältnis Hedvikas und des Erzählers zu den anderen Arbeitern im Supermarkt.
2. Warum spricht der Leiter des Geschäfts so unfreundlich mit den ausländischen Arbeitern?

3. Haben Sie je bei einem Job Schwierigkeiten mit Ihrem Chef/Ihrer Chefin gehabt? Erzählen Sie davon.

## Wortschatzaufgabe

Die folgenden Ausdrücke kommen im Text vor. Verwenden Sie diese Verben mit anderen Substantiven.

**BEISPIEL:** [unser Eis] genießen
Wir haben unseren Urlaub **genossen**.

a. [den ganzen Tag] verbringen*
b. es kommt zu einem [Krach]
c. sich [in Hefte] vertiefen
d. [Widerstand] erwarten
e. in [eine Falle] geraten*

# Zur Wiederholung 4

## Texte 10–12

### Wortschatzaufgaben (Partnerarbeit oder Hausaufgabe)

**1. Drücken Sie die Sätze anders aus. Achten Sie dabei besonders auf die fettgedruckten Präfixverben aus den Geschichten.**

a. Alle **erhoben sich** (11) von ihren Plätzen.

b. Sie hat ihm ihre Hilfe **verweigert** (10).

c. Ich **sehe** nicht **ein** (10), warum sie die Stelle nicht bekommen kann.

d. Wir haben nichts Neues **erfahren** (11).

e. Im Moment **fällt** mir zu diesem Thema nichts **ein** (12).

f. Wir **ziehen** es **vor** (10), hier zu bleiben.

g. Na ja, **beschweren** soll man **sich** (11) nicht immer über alles.

h. Ich habe Ihnen alles zu **verdanken** (12).

i. Ich **gebe zu** (12), daß Deutsch nicht immer einfach ist.

j. **Regen** Sie **sich** doch nicht soviel **auf** (12)!

**2. Beantworten Sie die Fragen.**

**BEISPIEL:** Was oder wen kann man **enttäuschen** (12)?

*Man kann einen Menschen oder seine Hoffnungen* ***enttäuschen****.*

a. Was kann man **besetzen** (10)?

b. Worum **bewirbt** man **sich** (10)?

c. Was kann man **sich vorstellen** (11)?

d. Was kann man **reparieren lassen** (12)?

e. Was kann man **nachholen** (12)?

f. Was kann man **verlernen** (12)?

g. Was kann man jemandem **beibringen** (12)?

**3. Stellen Sie jedes der folgenden Adjektive aus der ersten Liste attributiv vor ein passendes Substantiv aus der zweiten Liste. Bilden Sie dann Sätze mit diesen Kombinationen. Vergessen Sie die Adjektivendungen nicht!**

**NOTE:** *Try to use your combinations in various cases, not just in the nominative.*

**BEISPIEL:** heiter (12)
eine heitere Stimmung
Es herrschte auf der Party **eine heitere Stimmung**.

| | |
|---|---|
| a. tüchtig (10) | (1.) die Position |
| b. vornehm (11) | (2.) das Benehmen |
| c. bescheiden (11) | (3.) der Arbeiter |
| d. tadellos (11) | (4.) das Geschäft |
| e. schüchtern (12) | (5.) das Gefühl |
| f. schmerzhaft (12) | (6.) die Summe Geld |
| g. verantwortungsvoll (10) | (7.) der Mensch |

**4. Machen Sie eine Erzählkarte für jede Geschichte (etwa zehn bis fünfzehn Wörter). Lesen Sie einem Partner/einer Partnerin die Wörter für eine Geschichte vor. Er/sie soll mit jedem Wort eine Aussage über diese Geschichte machen.**

## Diskussionsthemen/Aufsatzthemen

**1. Erfinden Sie einen neuen Titel für jede Geschichte (auch für den Hörtext). Erklären Sie, warum Sie diese Titel gewählt haben.**

**2. Erfinden Sie ein „Nachspiel" (*epilogue*) für eine der Geschichten. Teilen Sie anderen Personen oder Gruppen Ihr Nachspiel mit.**

**3. Was haben die drei Geschichten und der Hörtext in diesem Teil gemeinsam (*in common*)? Könnten diese Geschichten sich in Ihrem Land abspielen? Begründen Sie Ihre Antwort.**

# 13 Die Küchenuhr

*Wolfgang Borchert*

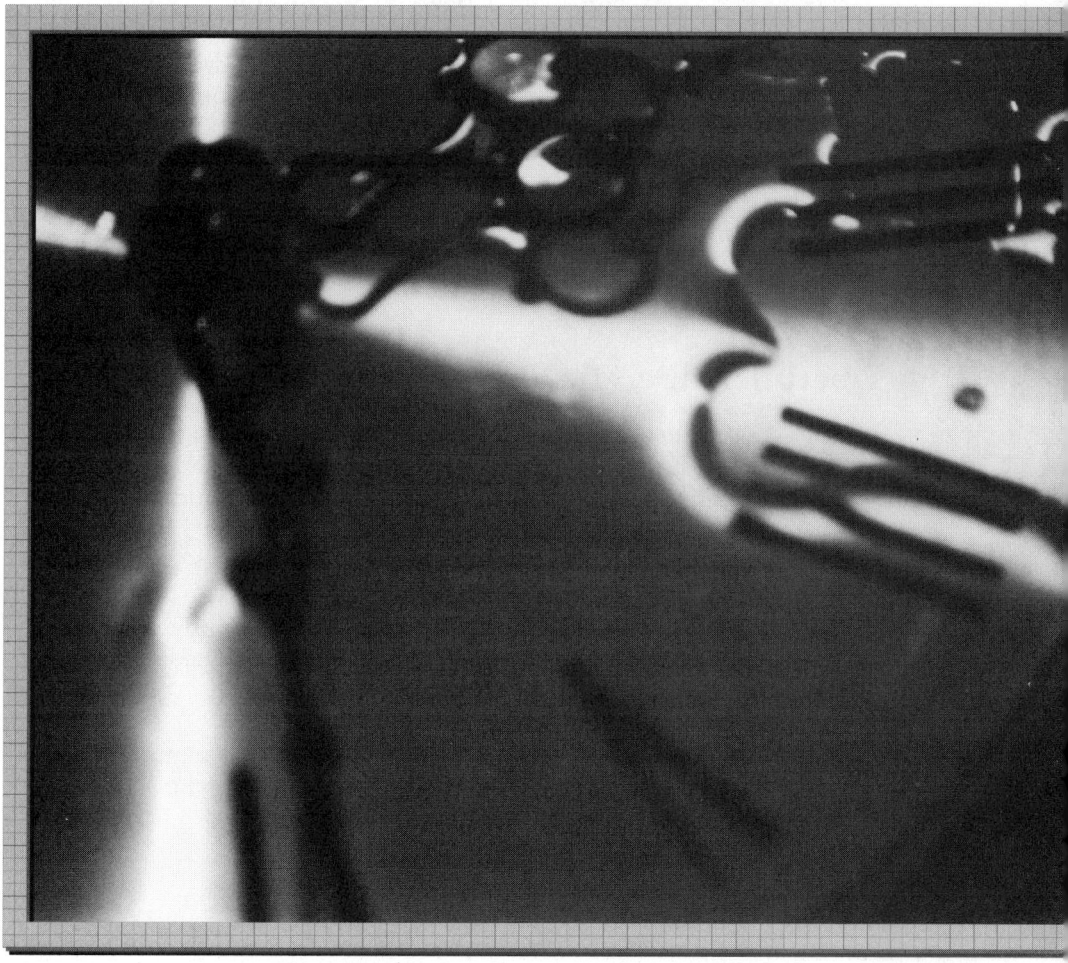

**Wolfgang Borchert** was born in Hamburg in 1921. He died in 1947, his early death the result of illness contracted during his military service and aggravated through long periods of incarceration by the Nazis during World War II. "Die Küchenuhr" belongs to the **Trümmerliteratur** ("literature of the ruins") in which Borchert and other German authors depicted in stark yet symbolic language the physical and spiritual devastation of Germany at the end of the war. Although Borchert's text is linguistically simple, its metaphoric and symbolic dimensions should not be overlooked. His stories "An diesem Dienstag," "Die drei dunklen Könige," "Das Brot," and "Nachts schlafen die Ratten doch" also deal with the war years and are quite easy to read.

## Vor dem Lesen

### Überblick über die Geschichte

Wir drucken diese Geschichte in Teilen, damit Sie leichter einen Überblick gewinnen. Lesen Sie die ersten und die letzten zwei bis drei Zeilen (*lines*) von jedem Teil schnell durch. Diskutieren Sie mit anderen Personen, warum die Geschichte wohl „Die Küchenuhr" heißt.

**Alternative Gruppenaufgabe:** Arbeiten Sie in Gruppen von drei bis fünf Personen. Jeder/jede liest einen Abschnitt, notiert einige wichtige Informationen über diesen Abschnitt und berichtet den anderen in der Gruppe davon.

Lesen Sie die ganze Geschichte genau, nachdem Sie einen Überblick gewonnen haben. Achten Sie besonders darauf, welche Teile der Erzählung vor dem Krieg spielen und welche nachher.

# Die Küchenuhr

**A**

Sie sahen ihn schon von weitem[1] auf sich zukommen[2], denn er fiel auf[3]. Er hatte ein ganz altes Gesicht, aber wie er ging, daran sah man[4], daß er erst zwanzig war. Er setzte sich mit seinem alten Gesicht zu ihnen auf die Bank[5]. Und dann zeigte er ihnen, was er in der Hand trug.

Der Mann ist 20.



Kitchenclock

Das war unsere Küchenuhr, sagte er und sah sie alle der Reihe nach[6] an, die auf der Bank in der Sonne saßen. Ja, ich habe sie noch gefunden. Sie ist übriggeblieben[7].

she survived: (the kitchen clock)

**B**

Er hielt eine runde tellerweiße Küchenuhr vor sich hin[8] und tupfte mit dem Finger die blaugemalten Zahlen ab[9].

Sie hat weiter keinen Wert, meinte er entschuldigend, das weiß ich auch. Und sie ist auch nicht so besonders schön. Sie ist nur wie ein Teller, so mit weißem Lack[10]. Aber die blauen Zahlen sehen doch ganz hübsch aus, finde ich. Die Zeiger sind natürlich nur aus Blech[11]. Und nun gehen sie auch nicht mehr. Nein. Innerlich ist sie kaputt, das steht fest[12]. Aber sie sieht noch aus wie immer. Auch wenn[13] sie jetzt nicht mehr geht.

Er machte mit der Fingerspitze einen vorsichtigen[14] Kreis auf dem Rand[15] der Telleruhr entlang. Und er sagte leise[16]: Und sie ist übriggeblieben.

**C**

Die auf der Bank in der Sonne saßen, sahen ihn nicht an. Einer sah auf seine Schuhe, und die Frau sah in ihren Kinderwagen. Dann sagte jemand:

Sie haben wohl alles verloren?

Ja, ja, sagte er freudig[17], denken Sie, aber auch alles! Nur sie hier, sie ist übrig. Und er hob die Uhr wieder hoch, als ob die anderen sie noch nicht kannten.

Aber sie geht doch[18] nicht mehr, sagte die Frau.

Nein, nein, das nicht. Kaputt ist sie, das weiß ich wohl. Aber sonst ist sie doch noch ganz wie immer: weiß und blau. Und wieder zeigte er ihnen seine Uhr. Und was das Schönste ist, fuhr er aufgeregt[19] fort[20], das habe ich Ihnen ja[21] noch überhaupt nicht[22] erzählt. Das Schönste kommt nämlich noch: Denken Sie mal[23], sie ist um halb drei stehengeblieben. Ausgerechnet[24] um halb drei, denken Sie mal.

**D**

Dann wurde Ihr Haus sicher um halb drei getroffen, sagte der Mann und schob wichtig die Unterlippe vor. Das habe ich schon oft gehört. Wenn die Bombe runtergeht, bleiben die Uhren stehen. Das kommt von dem Druck[25].

Er sah seine Uhr an und schüttelte[26] überlegen[27] den Kopf. Nein, lieber Herr, nein, da irren Sie sich[28]. Das hat mit den Bomben nichts zu tun. Sie müssen nicht immer von den Bomben reden. Nein. Um halb drei war ganz etwas anderes, das wissen Sie nur nicht. Das ist nämlich der Witz[29], daß sie gerade[30] um halb drei stehengeblieben ist. Und nicht um Viertel nach vier oder um sieben. Um halb drei kam ich nämlich immer nach Hause. Nachts, meine ich. Fast immer um halb drei. Das ist ja gerade der Witz.

**E**

Er sah die anderen an, aber die hatten ihre Augen von ihm weggenommen. Er fand sie nicht. Da nickte er seiner Uhr zu[31]: Dann hatte ich natürlich Hunger, nicht wahr? Und ich ging immer gleich in die Küche. Da war es dann fast immer halb drei. Und dann, dann kam nämlich meine Mutter. Ich konnte noch so leise die Tür aufmachen, sie hat mich immer gehört. Und wenn ich in der dunklen Küche etwas zu essen suchte, ging plötzlich das Licht an. Dann stand sie da in ihrer Wolljacke und mit einem roten Schal um. Und barfuß. Immer barfuß. Und dabei[32] war unsere Küche gekachelt[33]. Und sie machte ihre Augen ganz klein, weil ihr das Licht so hell war. Denn sie hatte ja schon geschlafen. Es war ja Nacht.

**F**

Selbstverständlich

it was just understood

So spät wieder, sagte sie dann. Mehr sagte sie nie. Nur: So spät wieder. Und dann machte sie mir das Abendbrot warm und sah zu[34], wie ich aß. Dabei[35] scheuerte[36] sie immer die Füße aneinander, weil die Kacheln so kalt waren. Schuhe zog sie nachts nie an. Und sie saß so lange bei mir, bis ich satt[37] war. Und dann hörte ich sie noch die Teller wegsetzen, wenn ich in meinem Zimmer schon das Licht ausgemacht hatte. Jede Nacht war es so. Und meistens immer um halb drei. Das war ganz selbstverständlich[38], fand ich, daß sie mir nachts um halb drei in der Küche das Essen machte. Ich fand das ganz selbstverständlich. Sie tat das ja immer. Und sie hat nie mehr gesagt als: So spät wieder. Aber das sagte sie jedesmal. Und ich dachte, das könnte nie aufhören[39]. Es war mir so selbstverständlich. Das alles. Es war doch[40] immer so gewesen.

**G**

Einen Atemzug[41] lang war es ganz still auf der Bank. Dann sagte er leise: Und jetzt? Er sah die anderen an. Aber er fand sie nicht. Da sagte er der Uhr leise ins weißblaue runde Gesicht: Jetzt, jetzt weiß ich, daß es das Paradies war. Das richtige Paradies.

Auf der Bank war es ganz still. Dann fragte die Frau: Und Ihre Familie?

Er lächelte sie verlegen[42] an[43]: Ach, Sie meinen meine Eltern? Ja, die sind auch mit weg[44]. Alles ist weg. Alles, stellen Sie sich vor[45]. Alles weg.

Er lächelte verlegen von einem zum anderen. Aber sie sahen ihn nicht an.

Da hob er wieder die Uhr hoch, und er lachte. Er lachte: Nur sie hier. Sie ist übrig. Und das Schönste ist ja, daß sie ausgerechnet um halb drei stehengeblieben ist. Ausgerechnet um halb drei.

Dann sagte er nichts mehr. Aber er hatte ein ganz altes Gesicht. Und der Mann, der neben ihm saß, sah auf seine Schuhe. Aber er sah seine Schuhe nicht. Er dachte immerzu[46] an das Wort Paradies.

## Leseverständnis

Machen Sie allein oder mit anderen Personen zusammen möglichst viele kleine Inhalts- oder Meinungsaussagen über diese Erzählung. Eine chronologische Folge ist hier nicht wichtig. Produzieren Sie Aussagen, bis Sie möglichst viel über die Geschichte gesagt haben. Nehmen Sie den Text nicht zu Hilfe.

## In eigenen Worten

Suchen Sie im Text vier Stellen von jeweils zwei bis drei Sätzen, in denen Gespräche geführt werden. Lesen Sie einer anderen Person im Kurs diese Stellen vor. Er/sie soll den Zusammenhang erklären (Wer spricht? Mit wem? Worüber?), ohne den Text zu Hilfe zu nehmen.

**BEISPIEL:** Student(in) 1 liest:

Das habe ich schon oft gehört. Wenn die Bombe runtergeht, bleiben die Uhren stehen.

Student(in) 2 erklärt:

*Der Mann auf der Bank spricht. Er erklärt dem jungen Mann, warum seine Küchenuhr stehengeblieben ist. Das kommt vom Druck der Bomben.*

## Diskussion

NOTE: ***Offene Stellen.*** *In any literary text there are many things that are left unsaid, things about which readers can only conjecture. We can call them* ***offene Stellen*** *or* ***Leerstellen****. Some of these things are unimportant and would only detract from the tightness of the text. For* *example, in this story the color of the young man's hair, his height, and his weight are not significant. There are, however, other pieces of information that might indeed be useful and about which we should conjecture—for example, why the young man always came home at 2:30 in the morning and what he was doing the night the bomb fell. Such withheld information prompts us to fill in gaps in the text* the way we see them *and thus become partners in the creative encounter of text and reader. When "filling in the gaps," we find no absolutely right or wrong solutions, although some may be more plausible than others, given the specific context of the story.*

1. Versuchen Sie, durch drei Fragen über jede der folgenden Personen Informationen zu bekommen, die nicht im Text stehen.

   der Mann, der an das Wort „Paradies" dachte

   die Frau mit dem Kinderwagen

   der junge Mann mit der Küchenuhr

   die Mutter

2. Antworten Sie auf die Fragen anderer Studenten.

**NOTE:** ***Symbole.*** *Scholars will not always agree on how to define a symbol in a literary text. At the least, a symbol in a text, be it an object, a person, or an event, points to meanings or significance that the author wishes to convey but not in so many words. Symbols are usually filled with potential associations, but the reader has to tap them.*

3. Der junge Mann erzählt, was „halb drei" für ihn symbolisch bedeutet. Nämlich was? Was bedeutet es, daß eine *Uhr* kaputt ist und nicht ein Spiegel (*mirror*) oder ein Radio?

4. Überlegen (*ponder*) Sie, was in der Geschichte Symbolcharakter haben könnte. Geben Sie mindestens drei Beispiele. Was will der Autor durch solche Symbole zum Ausdruck bringen?

| Dieses Symbol | bringt vielleicht zum Ausdruck, daß . . . |
|---|---|
| | (a) _____ |
| (1) _____ | (b) _____ |
| | (c) _____ |

(2) _____ (a) _____
(b) _____
(c) _____

(3) _____ (a) _____
(b) _____
(c) _____

5. Suchen Sie Wörter und Wendungen (*expressions*), die sich im Text wiederholen. Diskutieren Sie, was Borchert durch solche Wiederholungen ausdrücken will.
6. Zeigen Sie am Verhalten (*behavior*) des jungen Mannes, daß er nicht mehr ganz normal ist.
7. Diskutieren Sie, was das „Paradies" für den jungen Mann und für den anderen Mann auf der Bank war.

## Wortschatzaufgaben

1. Im Gespräch verwendet man oft Modalpartikel (*modal particles*) (siehe **Tips zum Schreiben**, Text 10) und gewisse Adverbien, um einer Aussage oder einer Meinung besonderen Ausdruck zu verleihen (*lend*). Solche Wörter intensivieren oder nuancieren eine Aussage. Unterstreichen Sie in Borcherts Text die folgenden Wörter.

| | |
|---|---|
| ausgerechnet | mal |
| doch | nämlich |
| ganz | nur |
| gerade | überhaupt (nicht) |
| ja | wohl |

Lesen Sie diese Stellen einmal mit diesen Wörtern und einmal ohne sie. Hören Sie den Unterschied?

2. Was sagen oder fragen Sie in diesen Situationen? Verwenden Sie Vokabeln und Ausdrücke aus der Liste.
   a. Sie haben viel gegessen und wollen nichts mehr.
   b. Was Sie gesagt haben, stimmt nicht.
   c. Ihre Mutter will spazierengehen, aber Sie wissen, daß die Wege vereist und deswegen sehr gefährlich sind.

d. Die Leute neben Ihnen in der Unversitätsbibliothek reden dauernd, während Sie zu lesen versuchen.

e. Sie möchten wissen, ob die Professorin den Termin für die nächste Deutschprüfung schon festgelegt hat.

| | |
|---|---|
| aufhören (zu tun) | sich irren |
| auffallen* | satt sein* |
| feststehen* | vorsichtig sein* |
| fortfahren* (zu tun) | |

## Aufsatzthemen

**TIPS ZUM SCHREIBEN:** Using adjectives

Adjectives can help you convey how you view or react to the persons, things, or occurrences about which you write. First, compile a list of adjectives you find important for the topic and your reactions to it. Next, write your first draft without adjectives, checking to see that all articles and nouns are in the proper cases. Finally, write a second draft, inserting adjectives where they enhance your narrative. Remember to use the simple past tense in narratives and to avoid repeated use of the verbs **haben** and **sein**.

1. Fassen Sie *die Handlung* der Geschichte in einem Abschnitt kurz zusammen. Schreiben Sie dann einen weiteren Abschnitt über *die Bedeutung* der Geschichte.
2. Beschreiben Sie einen Gegenstand (*object*) und erklären Sie, warum dieser Gegenstand für Sie besondere Bedeutung hat.
3. Erinnern Sie sich an ein besonders schönes Erlebnis oder an eine schöne Zeit aus Ihrer Jugend? Erzählen Sie davon und auch von Ihren Gefühlen dabei.

# 14 Wenn die Haifische Menschen wären

*Bertolt Brecht*

**Bertolt Brecht** was born in 1898 in Augsburg, Germany. He spent most of World War II in exile in Denmark, Finland, and the United States. He later moved to Switzerland and in 1949 to East Berlin, where he founded his own theater, the famous Berliner Ensemble. He achieved literary prominence through one of his early plays, the "Dreigroschenoper" (1928), for which Kurt Weill composed the music. Best known for his stage works, Brecht also wrote short didactic plays (**Lehrstücke**), novels, short stories, calendar tales, screenplays, poetry, essays, and theoretical treatises on the theater. "Wenn die Haifische Menschen wären" comes from *Geschichten vom Herrn Keuner*, a remarkable collection of more than eighty anecdotes written by Brecht over many years and published in 1956, the year he died. These anecdotes are very short, often less than a hundred words, and show Brecht at his witty and at times philosophical best. Many of these selections are easy to read and fun to discuss.

## Vor dem Lesen

### Haifische

Was für ein Tier ist ein Haifisch? Welche Eigenschaften hat er? Diskutieren Sie mit anderen Personen im Kurs darüber.

Lesen Sie die ganze Geschichte jetzt genau.

**NOTE:** *This story does not lend itself to skimming or quick reading.*

# Wenn die Haifische[1] Menschen wären

„Wenn die Haifische Menschen wären", fragte Herrn K. die kleine Tochter seiner Wirtin[2], „wären sie dann netter zu den kleinen Fischen?" „Sicher", sagte er. „Wenn die Haifische Menschen wären, würden sie im Meer für die kleinen Fische gewaltige[3] Kästen[4] bauen lassen, mit allerhand[5] Nahrung[6] drin, sowohl Pflanzen als auch Tierzeug[7]. Sie würden sorgen[8], daß die Kästen immer frisches Wasser hätten, und sie würden überhaupt[9] allerhand sanitäre Maßnahmen treffen[10]. Wenn zum Beispiel ein Fischlein sich die Flosse[11] verletzen[12] würde, dann würde ihm sogleich[13] ein Verband[14] gemacht, damit es den Haifischen nicht wegstürbe vor der Zeit. Damit die Fischlein nicht trübsinnig[15] würden, gäbe es ab und zu[16] große Wasserfeste; denn lustige Fischlein schmecken besser als trübsinnige. Es gäbe natürlich auch Schulen in den großen Kästen. In diesen Schulen würden die Fischlein lernen, wie man in den Rachen[17] der Haifische schwimmt. Sie würden zum Beispiel Geographie brauchen, damit sie die großen Haifische, die faul irgendwo liegen, finden könnten. Die Hauptsache wäre natürlich die moralische Ausbildung[18] der Fischlein. Sie würden unterrichtet werden, daß es das Größte und Schönste sei, wenn ein Fischlein sich freudig aufopfert[19], und daß sie alle an die Haifische glauben müßten, vor allem[20], wenn sie sagten, sie würden für eine schöne Zukunft[21] sorgen. Man würde den Fischlein beibringen[22], daß diese Zukunft nur gesichert sei, wenn sie Gehorsam[23] lernten. Vor allen niedrigen[24], materialistischen, egoistischen und marxistischen Neigungen[25] müßten sich die Fischlein hüten[26] und es sofort den Haifischen melden[27], wenn eines von ihnen solche Neigungen verriete[28]. Wenn die Haifische Menschen wären, würden sie natürlich auch untereinander Kriege führen, um fremde[29] Fischkästen und fremde Fischlein zu erobern[30]. Die Kriege würden sie von ihren eigenen Fischlein führen lassen. Sie würden die Fischlein lehren, daß zwischen ihnen und den Fischlein der anderen Haifische ein riesiger[31] Unterschied bestehe[32]. Die Fischlein, würden sie verkünden[33], sind bekanntlich stumm[34], aber sie schweigen in ganz verschiedenen Sprachen und können einander daher[35] unmöglich verstehen. Jedem Fischlein, das im Krieg ein paar andere Fischlein, feindliche, in anderer Sprache schweigende Fischlein tötete, würden sie einen kleinen Orden[36] aus Seetang[37] anheften[38] und den Titel Held[39] verleihen[40]. Wenn die Haifische Menschen wären, gäbe es bei ihnen natürlich auch eine Kunst[41]. Es gäbe schöne Bilder, auf denen die Zähne der Haifische in prächtigen[42] Farben, ihre Rachen als reine Lustgärten[43], in denen es sich prächtig tummeln läßt[44], dargestellt[45] wären. Die Theater auf dem Meeresgrund würden zeigen, wie heldenmütige[46] Fischlein begeistert[47] in die Haifischrachen schwimmen, und die Musik wäre so schön, daß die Fischlein unter ihren Klängen[48], die Kapelle[49] voran, träumerisch und in allerangenehmste Gedanken eingelullt, in die Haifischrachen strömten. Auch eine Religion gäbe es da, wenn die Haifische Menschen wären. Sie würde lehren, daß die Fischlein erst im Bauch[50] der Haifische richtig zu leben begännen. Übrigens[51] würde es auch aufhören[52], wenn die Haifische Menschen wären, daß alle Fischlein, wie es jetzt ist, gleich sind. Einige von ihnen würden Ämter[53] bekommen und über die anderen gesetzt werden. Die ein wenig größeren dürften sogar die kleineren auffressen. Das wäre für die Haifische nur angenehm, da sie dann selber öfter größere Brocken[54] zu fressen bekämen. Und die größeren, Posten habenden Fischlein würden für die Ordnung unter den Fischlein sorgen, Lehrer, Offiziere, Ingenieure im Kastenbau usw. werden. Kurz, es gäbe überhaupt erst eine Kultur im Meer, wenn die Haifische Menschen wären."

## Leseverständnis

Für welche der folgenden Lebensbereiche (*areas of life*) würden die Haifische etwas tun? Geben Sie Beispiele. Erklären Sie auch, warum die Haifische das alles tun würden. (Gründe und Absichten können Sie mit den Konjunktionen **damit**, **weil**, und **um . . . zu** erklären.)

a. Religion
b. Gesundheit
c. Kunst
d. Politik
e. Militär
f. Verwaltung/Beamtentum (*administration*)
g. Haus- und Wohnungsbau
h. Schule
i. Lebensmittelversorgung (*food supply*)
j. Sport

## In eigenen Worten

Drücken Sie die Stellen anders aus. Bitte achten Sie darauf, daß alle Stellen im Konjunktiv (*subjunctive*) sind.

**BEISPIEL:** Die Kriege würden sie [die Haifische] von ihren eigenen Fischlein führen lassen.

*Die Fischlein müßten im Krieg für die Haifische kämpfen.*

1. Sie [die Haifische] würden sorgen, daß die Kästen immer frisches Wasser hätten, und sie würden überhaupt allerhand sanitäre Maßnahmen treffen.

2. Die Hauptsache wäre natürlich die moralische Ausbildung der Fischlein.
3. Sie [die Fischlein] würden unterrichtet werden, daß es das Größte und Schönste sei, wenn ein Fischlein sich freudig aufopfert, und daß sie alle an die Haifische glauben müßten, vor allem, wenn sie sagten, sie würden für eine schöne Zukunft sorgen.
4. Man würde den Fischlein beibringen, daß diese Zukunft nur gesichert sei, wenn sie Gehorsam lernten.
5. Übrigens würde es auch aufhören, wenn die Haifische Menschen wären, daß alle Fischlein, wie es jetzt ist, gleich sind.
6. Sie würden die Fischlein lehren, daß zwischen ihnen und den Fischlein der anderen Haifische ein riesiger Unterschied bestehe.

## Diskussion

1. Brecht war Kommunist. Diskutieren Sie, ob er hier an bestimmte Gesellschaftssysteme denkt, wie z.B. den Kapitalismus, oder an die Menschen überhaupt. An welche Beispiele in der Geschichte Europas oder Amerikas denkt Brecht vielleicht?
2. Halten Sie seine Meinung für richtig? Begründen Sie Ihre Antwort. Geben Sie konkrete Beispiele von Haifischen in Ihrer Kultur, wenn Sie glauben, daß es solche gibt.
3. Möchten Sie lieber ein Fischlein oder ein Haifisch sein? Warum?
4. Was sollten die Fischlein Ihrer Meinung nach tun, um ihre Situation zu verstehen und zu verbessern? Können Sie an konkrete Beispiele in unserer Welt denken, wo die Fischlein versuchen sollten, ihre Situation zu ändern? Wie sollen sie das tun?
5. Besprechen Sie die Rolle der Religion in der Welt der Haifische. Denken Sie dabei an das Wort von Karl Marx, Religion sei das Opium des Volkes. Was meinte Marx wohl damit?
6. Vielleicht kennen Sie George Orwells *Animal Farm*. Finden Sie Parallelen im Denken von Brecht und Orwell?

## Die Moritat[1] von Mackie Messer

**NOTE:** *This song has been translated into English and sung by such famous personalities as Louis Armstrong and Bobby Darin. Perhaps you can find the recordings and compare the English translations with the German original.*

---

*Und der Haifisch, der hat Zähne*
*Und die trägt er im Gesicht*
*Und Macheath, der hat ein Messer*
*Doch das Messer sieht man nicht.*

*Ach, es sind des Haifischs Flossen*
*Rot, wenn dieser Blut vergießt[2]!*
*Mackie Messer trägt 'nen Handschuh*
*Drauf man keine Untat[3] liest.*

*An der Themse grünem Wasser*
*Fallen plötzlich Leute um!*
*Es ist weder Pest[4] noch Cholera*
*Doch es heißt: Macheath geht um.*

*An 'nem schönen blauen Sonntag*
*Liegt ein toter Mann am Strand*
*Und ein Mensch geht um die Ecke*
*Den man Mackie Messer nennt.*

*Und Schmul[5] Meier bleibt verschwunden*
*Und so mancher reiche Mann*
*Und sein Geld hat Mackie Messer*
*Dem man nichts beweisen kann.*

*Jenny Towler ward[6] gefunden*
*Mit 'nem Messer in der Brust*
*Und am Kai geht Mackie Messer*
*Der von allem nichts gewußt.*

*Wo ist Alfons Glite, der Fuhrherr[7]?*
*Kommt das je ans Sonnenlicht?*
*Wer es immer wissen könnte –*
*Mackie Messer weiß es nicht.*

---

[1] die **Moritat** organ-grinder song about terrible deeds [2] **vergießen*** shed [3] die **Untat** misdeed [4] die **Pest** plague [5] **Schmul** Samuel [6] **ward: wurde** [7] der **Fuhrherr** carter

*Und das große Feuer in Soho*[8]
*Sieben Kinder und ein Greis –*
*In der Menge Mackie Messer, den*
*Man nichts fragt und der nichts weiß.*

*Und die minderjährige*[9] *Witwe*[10]
*Deren Namen jeder weiß*
*Wachte auf und war geschändet*[11] *–*
*Mackie, welches war dein Preis?*

*Und die Fische, sie verschwinden*
*Doch zum Kummer*[12] *des Gerichts*[13]*:*
*Man zitiert*[14] *am End den Haifisch*
*Doch der Haifisch weiß von nichts.*

*Und er kann sich nicht erinnern*
*Und man kann nicht an ihn ran*[15]*:*
*Denn ein Haifisch ist kein Haifisch*
*Wenn man's nicht beweisen kann.*

---

BERTOLT BRECHT, *Die Dreigroschenoper*

---

[8] **Soho** *ein Stadtteil von London* [9] **minderjährig** underage [10] die **Witwe** widow [11] **schänden** violate, rape [12] der **Kummer** concern, worry [13] das **Gericht** court of law [14] **zitieren** order to appear [15] **kann nicht an ihn ran** can't get to him (i.e., can't prosecute him)

## Wortschatzaufgaben

1. Suchen Sie Verben im Text, die ungefähr Folgendes ausdrücken. Bilden Sie Sätze mit diesen Verben.
   a. jmdn. etwas lehren (2 verschiedene Verben!)
   b. sich weh tun
   c. nicht sprechen
   d. sein
   e. nicht mehr sein
   f. feierlich überreichen
   g. bekanntgeben, erklären
   h. aufpassen, daß . . .
   i. selbstlos für eine andere Person oder für eine Idee arbeiten

2. Suchen Sie fünf Substantive aus dem Text, die Ideen ausdrücken. Suchen Sie in einem deutsch-englischen Wörterbuch mindestens zwei englische Bedeutungen für jedes Wort und unterstreichen Sie die Bedeutung, die das Wort in dem Text von Brecht hat.

   **BEISPIEL:** die Ausbildung

   development; formation, education; instruction, training

## Aufsatzthemen

**TIPS ZUM SCHREIBEN:** Using the conditional subjunctive for conjecture

Facts are presented in the indicative, hypotheses in the subjunctive. When conjecturing, use the conditional subjunctive (often called subjunctive II, since it is formed from the past tense, i.e., the *second* principal part of a verb). In modern German, and in the Brecht text, there is a strong tendency to use **würde(n)** plus main verb infinitive instead of a subjunctive II form of the main verb: **Man *würde* den Fischlein *beibringen*, daß . . .** However, with common verbs such as **sein (wäre), haben (hätte), geben (es gäbe), bekommen (bekämen)**, and the modals (**müßten, dürften**) Brecht (and most Germans) use the subjunctive II forms of these verbs themselves: **Auch eine Religion *gäbe* es da, wenn die Haifische Menschen *wären***. Choose the forms you wish, but generally avoid **würde(n)** + infinitive in a **wenn**-clause.

1. Erzählen Sie, wie es wäre, wenn *Sie* ein Haifisch im Meer wären.
2. Erzählen Sie, was Sie als Fischlein tun würden, um die Welt im Meer der Haifische zu ändern.
3. Kennen Sie einen Haifisch in Menschengestalt? Gibt es bekannte Haifisch-Menschen in Ihrem Land? Erzählen Sie davon.

# 15 Die Parabel von den drei Ringen

*Gotthold Ephraim Lessing*

**Gotthold Ephraim Lessing** (1729–1781) was one of the major German literary and intellectual figures of the eighteenth century. As a drama critic in Hamburg and as a dramatist in his own right, he helped found and shape the theater tradition in Germany. More than 200 years later, his most notable plays, *Minna von Barnhelm* (1767), *Emilia Galotti* (1772), and *Nathan der Weise* (1779) are still performed on the German stage. *Nathan der Weise* is Lessing's response to the question "What is religion?" It is also a statement about religious and racial tolerance. Lessing adapted the parable of the three rings from a story in Giovanni Boccaccio's *Decamerone* (1348–1353).

## Vor dem Lesen

### Zur Information

Lessings Drama „Nathan der Weise" spielt im Jahre 1192, im Zeitalter der Kreuzzüge (*crusades*). Der Sultan Saladin, islamischer Herrscher Jerusalems, braucht Geld. Er will den reichen Juden Nathan, den er noch nicht persönlich kennt, durch eine Fangfrage (*question designed to trap someone*) in eine Falle locken und ihm sein Geld abnehmen. Mit der folgenden Parabel antwortet der weise Nathan auf Saladins Frage, welche Religion (das Christentum, das Judentum oder der Islam) die „wahre" sei. Der Text ist im Blankvers, dem Vers Shakespeares, geschrieben. Solche Verse haben fünf Hebungen (*stressed syllables*), aber keinen Endreim.

> **NOTE:** *Lessing's parable does not lend itself to skimming or quick reading, but it can be previewed effectively by reading aloud in small groups or in the class as a whole, with listeners referring to the glosses. The text has been neither modernized nor simplified. For the sake of meter and rhythm, Lessing takes liberty with endings: for example,* ***ergießend[es] Herz*** *(line 27). Occasionally he employs words or expressions at variance with current usage: for example:* ***in Osten (im Osten)*** *(line 1). In addition, sometimes poetic sensitivity dictates that words be omitted, as in the following elliptic sentence:* ***Wie auch wahr! (Wie es auch wahr war!)*** *(line 95).*

Lesen Sie den Text jetzt genau. Unterstreichen Sie dabei die Sätze, die Sie nicht verstehen. Nachher können Sie diese Stellen mit Hilfe Ihres

Aufklärung = enlightment



Professors/Ihrer Professorin oder anderer Personen im Kurs noch einmal lesen. Siehe auch **In eigenen Worten**.

## Die Parabel von den drei Ringen

NATHAN Vor grauen[1] Jahren lebt' ein Mann in[2] Osten, East
der einen Ring von unschätzbarem[3] Wert inestimable
aus lieber Hand besaß. Der Stein war ein
Opal, der hundert schöne Farben spielte[4],
und hatte die geheime[5] Kraft[6], vor Gott secrete power
und Menschen angenehm zu machen, wer[7]
in dieser Zuversicht[8] ihn trug. Was Wunder[9],
daß ihn der Mann in Osten darum nie
vom Finger ließ; und die Verfügung traf[10],
auf ewig ihn bei seinem Hause zu
erhalten[11]? Nämlich so. Er ließ den Ring
von seinen Söhnen dem geliebtesten; most beloved
und setzte fest[12], daß dieser wiederum
den Ring von seinen Söhnen dem vermache[13],
der ihm der liebste sei; und stets[14] der liebste,
ohn' Ansehn[15] der Geburt, in Kraft[16] allein
des Rings, das Haupt[17], der Fürst[18] des Hauses werde. –
Versteh mich, Sultan.

the ring gives great power.

was breaking tradition of all three religions – should always go to the oldest son not the belored son.

to keep the ring in his family.

always the most belored son gets the ring

SALADIN Ich versteh' dich. Weiter!

NATHAN So kam nun dieser Ring, von Sohn zu Sohn,
auf einen Vater endlich von drei Söhnen;
die alle drei ihm gleich gehorsam[19] waren,
die alle drei er folglich gleich zu lieben
sich nicht entbrechen[20] konnte. Nur von Zeit
zu Zeit schien ihm bald der, bald dieser, bald
der Dritte, – so wie jeder sich mit ihm
allein befand, und sein ergießend[21] Herz
die andern zwei nicht teilten, – würdiger
des Ringes; den er denn auch einem jeden[22]
die fromme[23] Schwachheit hatte, zu versprechen.
Das ging nun so, solang es ging. – Allein[24]
es kam zum Sterben, und der gute Vater
kommt in Verlegenheit[25]. Es schmerzt ihn, zwei
von seinen Söhnen, die sich auf sein Wort
verlassen[26], so zu kränken[27]. – Was zu tun? –
Er sendet in geheim[28] zu einem Künstler[29],
bei dem er, nach dem Muster[30] seines Ringes,

All 3 sons are ~~obeidient~~ obedient und Vater loves them all.

he had different favorites at different times

zwei andere bestellt, und weder Kosten
noch Mühe sparen heißt[31], sie jenem gleich,
vollkommen[32] gleich zu machen. Das gelingt[33]
dem Künstler. Da er ihm die Ringe bringt,
kann selbst der Vater seinen Musterring
nicht unterscheiden. Froh und freudig ruft
er seine Söhne, jeden insbesondre[34];
gibt jedem insbesondre seinen Segen[35], –
und seinen Ring, – und stirbt. – Du hörst doch, Sultan?

makes two other rings that look the same – an Artist makes them

he gives the sons the rings w/ his blessings – he dies

SALADIN (*der sich betroffen[36] von ihm gewandt*)
Ich hör', ich höre! – Komm mit deinem Märchen
nur bald zu Ende. – Wird's[37]?

NATHAN Ich bin zu Ende.
Denn was noch folgt, versteht sich ja von selbst. –
Kaum war der Vater tot, so kommt ein jeder
mit seinem Ring, und jeder will der Fürst
des Hauses sein. Man untersucht[38], man zankt[39],
man klagt[40]. Umsonst[41]; der rechte Ring war nicht
erweislich; –
(*nach einer Pause, in welcher er des Sultans Antwort erwartet*)
Fast so unerweislich, als
uns jetzt – der rechte Glaube.

SALADIN Wie! das soll
die Antwort sein auf meine Frage? . . .

NATHAN Soll
mich bloß entschuldigen, wenn ich die Ringe
mir nicht getrau'[42] zu unterscheiden, die
der Vater in der Absicht[43] machen ließ,
damit sie nicht zu unterscheiden wären.

SALADIN Die Ringe! – Spiele nicht mit mir! – Ich dächte,
daß die Religionen, die ich dir
genannt, doch wohl zu unterscheiden wären.
Bis auf[44] die Kleidung, bis auf Speis' und Trank!

NATHAN Und nur von Seiten ihrer Gründe[45] nicht.
Denn gründen alle sich nicht auf Geschichte?
Geschrieben oder überliefert[46]! – Und
Geschichte muß doch wohl allein auf Treu
und Glauben[47] angenommen werden? – Nicht? –
Nun, wessen Treu und Glauben zieht man denn
am wenigsten in Zweifel[48]? Doch der Seinen?
Doch deren Blut wir sind[49]? doch deren, die
von Kindheit an uns Proben[50] ihrer Liebe
gegeben? die uns nie getäuscht[51], als wo[52]

getäuscht zu werden uns heilsamer[53] war? –
Wie kann ich meinen Vätern weniger
als du den deinen glauben? Oder umgekehrt[54]. –
Kann ich von dir verlangen[55], daß du deine
Vorfahren[56] Lügen strafst[57], um meinen nicht
zu widersprechen? Oder umgekehrt.
Das nämliche gilt[58] von den Christen. Nicht? –

SALADIN (Bei dem Lebendigen[59]! Der Mann hat recht.
Ich muß verstummen.)

NATHAN Laß auf unsre Ring'
uns wieder kommen. Wie gesagt: die Söhne
verklagten sich[60], und jeder schwur dem Richter,
unmittelbar[61] aus seines Vaters Hand
den Ring zu haben. – Wie auch wahr! – Nachdem
er von ihm lange das Versprechen schon
gehabt, des Ringes Vorrecht[62] einmal zu
genießen. – Wie nicht minder[63] wahr! – Der Vater,
beteu'rte[64] jeder, könne gegen ihn
nicht falsch gewesen sein, und eh' er dieses
von ihm, von einem solchen lieben Vater,
argwohnen[65] lass': eh' müss' er seine Brüder,
so gern er sonst von ihnen nur das Beste
bereit zu glauben sei, des falschen Spiels
bezeihen[66]; und er wolle[67] die Verräter[68]
schon auszufinden wissen; sich schon rächen[69].

SALADIN Und nun, der Richter[70]? – Mich verlangt zu hören
was du den Richter sagen lässest. Sprich!

NATHAN Der Richter sprach: Wenn ihr mir nun den Vater
nicht bald zur Stelle schafft[71], so weis'[72] ich euch
von meinem Stuhle. Denkt ihr, daß ich Rätsel[73]
zu lösen da bin? Oder harret[74] ihr,
bis daß der rechte Ring den Mund eröffne? –
Doch halt! Ich höre ja, der rechte Ring
besitzt die Wunderkraft beliebt zu machen;
vor Gott und Menschen angenehm. Das muß
entscheiden! Denn die falschen Ringe werden
doch das nicht können! – Nun; wen lieben zwei
von euch am meisten? – Macht, sagt an[75]! Ihr schweigt?
Die Ringe wirken nur zurück[76]? und nicht
nach außen? Jeder liebt sich selber nur
am meisten? – O, so seid ihr alle drei
betrogene Betrüger[77]! Eure Ringe
sind alle drei nicht echt. Der echte Ring
vermutlich[78] ging verloren. Den Verlust

zu bergen[79], zu ersetzen, ließ der Vater
die drei für einen machen.

SALADIN Herrlich! herrlich!

NATHAN Und also; fuhr der Richter fort[80], wenn ihr
nicht meinen Rat[81], statt meines Spruches[82] wollt:
geht nur! – Mein Rat ist aber der: ihr nehmt
die Sache völlig wie sie liegt. Hat von
euch jeder seinen Ring von seinem Vater:
so glaube jeder sicher seinen Ring
den echten. – Möglich, daß der Vater nun
die Tyrannei des *einen* Rings nicht länger
in seinem Hause dulden wollen[83]! – Und gewiß;
daß er euch alle drei geliebt, und gleich
geliebt: indem er zwei nicht drücken mögen[84],
um einen zu begünstigen[85]. – Wohlan[86]!
Es eifre jeder seiner unbestochnen
von Vorurteilen freien Liebe nach[87].
Es strebe von euch jeder um die Wette[88],
die Kraft des Steins in seinem Ring an Tag
zu legen[89]! komme dieser Kraft mit Sanftmut[90],
mit herzlicher Verträglichkeit[91], mit Wohltun,
mit innigster Ergebenheit[92] in Gott
zu Hilf'! Und wenn sich dann der Steine Kräfte
bei euren Kindes-Kindeskindern äußern[93]:
so lad' ich über tausend tausend Jahre
sie wiederum vor diesen Stuhl. Da wird
ein weisrer Mann auf diesem Stuhle sitzen
als ich; und sprechen. Geht! – So sagte der
bescheidne[94] Richter.

SALADIN Gott! Gott!

NATHAN Saladin,
wenn du dich fühlest, dieser weisere
versprochne Mann zu sein . . .

SALADIN *(der auf ihn zustürzt[95] und seine Hand ergreift, die
er bis zu Ende nicht wieder fahren läßt[96])*
Ich Staub[97]? Ich Nichts?
O Gott!

NATHAN Was ist dir, Sultan?

SALADIN Nathan, lieber Nathan! –
Die tausend tausend Jahre deines Richters
sind noch nicht um[98]. – Sein Richterstuhl ist nicht
der meine. – Geh! – Geh! – Aber sei mein Freund.

## Leseverständnis

Haben Sie die Parabel verstanden? Fassen Sie jeden der folgenden Teile der Parabel in höchstens drei bis fünf Sätzen zusammen. Arbeiten Sie allein oder mit einer anderen Person im Kurs zusammen. Vergleichen Sie Ihre Zusammenfassungen mit denen anderer Personen oder Gruppen.

1. Der Ring (1–17)
2. Der Vater mit drei Söhnen (20–46)
3. Der Tod des Vaters (51–56)
4. Die Klage vor dem Richter (91–106)
5. Die Frage des Richters (109–127)
6. Der Rat des Richters (129–154)

## In eigenen Worten

Die folgenden Sätze im Text sind wegen des komplexen Satzbaus recht schwierig. Drücken Sie die Ideen in diesen Sätzen durch mehrere kleinere Sätze und in *Ihren* Worten einfacher aus.

**BEISPIEL:** Der Stein war ein Opal, der hundert schöne Farben spielte, und hatte die geheime Kraft, vor Gott und Menschen angenehm zu machen, wer in dieser Zuversicht ihn trug.

*Der Stein war ein Opal. Er spiegelte/glänzte in hundert schönen Farben. Der Ring sollte den Träger vor allen Menschen und vor Gott angenehm machen, aber der Träger mußte an diese Wirkung glauben.*

**NOTE:** *Some of the more difficult structures in the following sentences are explained in the glosses.*

1. Er ließ den Ring von seinen Söhnen dem geliebtesten; und setzte fest, daß dieser wiederum den Ring von seinen Söhnen dem vermache, der ihm der liebste sei; und stets der liebste ohn' Ansehn der Geburt, in Kraft allein des Rings, das Haupt, der Fürst des Hauses werde.
2. Nur von Zeit zu Zeit schien ihm bald der, bald dieser, bald der Dritte, – so wie jeder sich mit ihm allein befand, und sein ergießend Herz die andern zwei nicht teilten, – würdiger des Ringes; den er denn auch einem jeden die fromme Schwachheit hatte, zu versprechen.

3. Der Vater, beteu'rte jeder, könne gegen ihn nicht falsch gewesen sein, und eh' er dieses von ihm, von einem solchen lieben Vater, argwohnen lass': eh' müss' er seine Brüder, so gern er sonst von ihnen das Beste bereit zu glauben sei, des falschen Spiels bezeihen;
4. Möglich, daß der Vater nun die Tyrannei des *einen* Rings nicht länger in seinem Hause [hat] dulden wollen! – Und gewiß; daß er euch alle drei geliebt, und gleich geliebt: indem er zwei nicht [hat] drücken mögen, um einen zu begünstigen.
5. Es strebe von euch jeder um die Wette, die Kraft des Steins in seinem Ring an Tag zu legen! komme dieser Kraft mit Sanftmut, mit herzlicher Verträglichkeit, mit Wohltun, mit innigster Ergebenheit in Gott zu Hilf'!

## Diskussion

1. Worin sind nach Nathans Ansicht alle Religionen gleich? Worin sind sie nicht mehr gleich?
2. Woher haben die meisten Menschen nach Nathans Ansicht ihre Religion?
3. Durch welche Tugenden (*virtues*) soll jeder Sohn nach Ansicht des Richters die Echtheit seines Ringes (d.h., seiner Religion) beweisen? Halten Sie das für richtig? Würden Sie auch noch andere Tugenden nennen?
4. Machen gute Menschen eine Religion, oder macht eine Religion gute Menschen?
5. Wozu braucht man Religionen?
6. Haben Sie eine Religion? Wenn ja, woher haben Sie diesen Glauben? Was ist für Sie die wichtigste Aufgabe einer Religion?

## Wortschatzaufgaben

1. Suchen Sie im Text acht Adjektive oder adverbial gebrauchte Adjektive, die Sie vorher nicht gekannt haben. Schreiben Sie die Ausdrücke oder Stellen, in denen diese Wörter stehen, ab. Bilden Sie eigene Sätze mit diesen Wörtern.

Choose 6 adjectives that you don't know yet

**BEISPIEL:** die geheime Kraft (Vers 5)

Der Spion hatte eine **geheime** Mission.

Write phrase – Use that adjective in own sentence.

2. Was bedeuten die folgenden Ausdrücke und Redewendungen aus dem Text auf englisch? Bilden Sie Sätze damit.

   sich [in einer Situation] befinden* (27)

   in Verlegenheit kommen* (33)

   keine Mühe sparen (39)

   etwas [tun] lassen* (66)

   in Zweifel ziehen* (78)

   zur Stelle schaffen (110)

   [eine Sache] so nehmen*, wie sie liegt (131–132)

   um die Wette [streben*, laufen*, fahren* usw.] (143)

   etwas an den Tag legen (144–145)

## Aufsatzthemen

**TIPS ZUM SCHREIBEN:** Using new vocabulary

Always write a first draft using vocabulary and expressions with which you feel comfortable. Then select a few verbs or expressions in your composition that might be expressed more precisely or with greater sophistication. When you encounter such a word, there are several strategies you can follow. Perhaps you recall a synonymous expression. You can also consult a German-German dictionary such as Wahrig's *Deutsches Wörterbuch*, Bertelsmann Verlag, or Langenscheidt's *Großwörterbuch Deutsch als Fremdsprache*, a dictionary with explanations written for learners of German. Thinking of an alternate expression in English and consulting an English-German dictionary may also work sometimes, but be sure to cross-reference the German word you find to verify its meaning.

1. Erzählen Sie die Parabel von den drei Ringen in höchstens zwanzig Sätzen nach.
2. Schreiben Sie darüber, was Ihre Religion für Sie bedeutet und warum sie für Sie wichtig ist.
3. Kennen Sie eine Parabel, die Ihnen besonders gut gefällt? Erzählen Sie diese Parabel.

**Hörtext 5A**

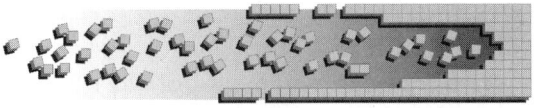

# Der gute Mann

*Barbara Gappmaier*

**Barbara Gappmaier** was born in 1968. She died in a fall in 1984, shortly before she was to be awarded first prize for this story in a nationwide writing contest sponsored by the **Österreichischer Bundesverlag**. Out of more than 800 entries, 23 texts, including "Der gute Mann" were chosen for publication in the anthology *Junge Literatur aus Österreich 83/84.*

## Höranweisung

Der erste Teil dieses Hörtexts erzählt von einem „guten" Mann, der für die anderen Bewohner im Haus viel Gutes tat und sehr beliebt war. Hören Sie sich die erste Hälfte (bis zur Pause auf der Kassette) an. Sehen Sie sich dann den Wortschatz für die zweite Hälfte der Geschichte an und besprechen Sie mit einem Partner/einer Partnerin, wie die Geschichte wahrscheinlich zu Ende geht. Hören Sie sich nachher das Ende der Geschichte an.

## Wortschatz im Hörtext

*Er war ein guter Mann . . . (erste Hälfte)*

| | |
|---|---|
| **einziehen*** | to move in |
| der **Teppich, -e** | carpet |
| die **Teppichstange, -n** | bar over which a carpet is draped for cleaning |
| **renovieren** | to renovate, remodel |
| **keinen Sinn haben** | to not make any sense |
| **wetteifern um** | to compete, vie (with one another) for |
| die **Vergangenheit** | past, past history |

*Eines Tages starb . . . (zweite Hälfte)*

| | |
|---|---|
| **sich eingewöhnen** | to become used to new surroundings |
| **sich mit jmdm. anfreunden** | to become friends with s.o. |
| **beim Teppichklopfen:** | (*Many people still clean carpets by hanging them on a line and beating them.*) |
| die **Verfolgung, -en** | persecution |
| **erfahren*** | to discover, learn, find out |

| | |
|---|---|
| die **Führung** | command, leadership |
| **vernichten** | to exterminate |
| das **Begräbnis, -se** | burial, funeral |
| die **Grube, -n** | pit, hole |
| **zuschütten** | to fill in (a hole) |
| die **Sau** (*derogatory*) | pig, swine |
| **zu schade für** | too good for |
| die **Trauergemeinde** | mourners |
| **sich einfinden*** | to show up |
| der **Friedhof, ¨e** | cemetery |
| die **Erlaubnis** | permission |
| der **Totengräber, -** | grave digger |

## Hörverständnis

1. Machen Sie eine Liste der Dinge, die der gute Mann für die anderen Hausbewohner tat.
2. Was erfuhr man nach seinem Tod von der Vergangenheit des guten Mannes?
3. Wie reagierten die Hausbewohner, als sie von der Vergangenheit des Mannes erfuhren?

## Diskussion

1. Was halten Sie von dem Urteil der anderen Hausbewohner über den guten Mann? Wie hätten *Sie* reagiert?
2. Warum ging das jüdische Ehepaar zum Begräbnis? Wären *Sie* zum Begräbnis des guten Mannes gegangen?
3. Was wissen wir oder die anderen Hausbewohner *nicht* über die Nazi-Vergangenheit des Mannes?
4. Ist dieses Thema heute noch aktuell? Welche Filme und Bücher kennen Sie, die dieses Thema behandeln? Erzählen Sie davon.

**Hörtext 5B**

# *Sonntagvormittag*

*Clemens Hausmann*

**Clemens Hausmann** was born in 1966 in Gmunden am Traunsee in the province of Upper Austria (Oberösterreich). He wrote "Sonntagvormittag" at the age of fifteen and was encouraged by his German teacher to enter it in the Österreichischer Bundesverlag's writing competition. Like the Gappmaier text (**Hörtext 5A**) it was chosen for the anthology *Junge Literatur aus Österreich 83/84.*

## Höranweisung

Dieser Text besteht aus (*consists of*) einem langen **als**-Satz, gefolgt von einem kurzen **da**-Abschluß. Sehen Sie sich vor dem Hören das Hörschema an.

## Hörschema

Als . . .

Mutter [in der Küche stand] und . . .

Vater . . .

der Bruder des Erzählers . . .

die Schwester . . .

die beiden Onkel . . .

die zwei Tanten . . .

die kleine Cousine des Erzählers . . .

der Bruder der Cousine . . .

der Hund . . .

der Erzähler (ich) . . .

Bienen (*bees*) . . .

Schmetterlinge (*butterflies*) . . .

da . . .

## Wortschatz im Hörtext

| | |
|---|---|
| **bereiten** | to prepare |
| der **Zaun, ¨e** | fence |
| **plaudern** | to chat |
| **gegenseitig** | (to) each other, mutually |

| | |
|---|---|
| **Witz erzählen** | to tell a joke |
| **schallend lachen** | to laugh very loud(ly) |
| **genießen*** | to enjoy |
| **stricken** | to knit |
| **herrlich** | magnificent |
| **in den entlegensten Winkel** | into the farthest corner |
| **sich verdrücken** | to sneak off, hide |
| **ab und zu** | now and then |
| **verschlafen** | sleepily |
| die **Entfernung, -en** | distance |
| **hocken** | to crouch, squat |
| **im Begriff sein* [zu tun]** | to be about [to do] |
| **summen** | to hum |
| **rauschen** | to rustle, rush |
| die **Verschnaufspause, -n** | breather, break |
| der **Alltagstrott** | daily humdrum |
| **einschlagen*** | to hit, strike |
| **schaffen*** | to create |
| **ewig** | eternal |
| der **Friede(n), (-ns), -n** | peace |

## Hörverständnis

Ergänzen Sie die fehlenden Informationen im Hörschema.

**NOTE:** *Ignore the* ***als****, and place verbs in regular second position.*

## Wortschatzaufgabe

Welche der folgenden Tätigkeiten machen Sie *manchmal, oft* oder *sehr oft*? Welche machen Sie *selten* oder *nie*? Drücken Sie Ihre Antworten in Sätzen aus.

**BEISPIELE:** Ich bereite das Essen manchmal.
Ich rauche nie.

das Essen bereiten

rauchen

mit Mädchen/Jungs plaudern

Witze erzählen

stricken

sich Tier-/Horror-/Liebesfilme ansehen

faul im Gras liegen

photographieren

## Diskussion

1. **Gruppenarbeit:** „Kettenreaktion" (*chain reaction*): „Bei diesem Thema denke ich an . . ."

   **BEISPIEL:** Bei diesem Thema denke ich . . .

   Student(in) 1: an kaputte Städte und Länder

   Student(in) 2: an den Krieg in . . .

   Student(in) 3: an Atombomben

   usw.

2. Halten Sie dieses Thema in der neuen Weltordnung nach 1990 für wichtig? Warum? Warum nicht?

# Zur Wiederholung 5

## Texte 13–15

### Wortschatzaufgaben (Partnerarbeit oder Hausaufgabe)

**1. Drücken Sie die Sätze mit den angegebenen Verben anders aus.**

**NOTE:** *Simple word substitutions will not work in this activity; you will have to rephrase the sentences.*

**BEISPIEL:** Ich glaube, du siehst ihn falsch.
Ich glaube, du **irrst dich** in ihm.

a. Du bist dafür verantwortlich, daß alle in der Gruppe ihre Eintrittskarten bekommen.

b. Sprechen Sie bitte nicht weiter!

c. Arbeiten Sie nur weiter!

d. Nein, das ist nicht richtig, was du denkst.

e. Kinder müssen aufpassen, daß sie nicht mit fremden Menschen sprechen.

f. Der Richter sagt dem Gerichtsdiener, daß er andere Dokumente holen soll.

g. Du kannst sicher sein, daß sie kommt.

h. Was du über ihn sagst, das gleiche kann man auch über sie sagen.

aufhören (zu tun) *or* aufhören mit (13)

fortfahren* (zu tun) (13, 15)

gelten* von (15)

sich hüten vor *(dat.)*/davor, daß (14)

sich irren (in) *(dat.)* (13)

jmdn. [tun] lassen* (15)

sorgen für/dafür, daß (14)

sich verlassen* auf *(acc.)*/darauf, daß (15)

**2. Ergänzen Sie die Sätze mit den angegebenen Verben.**

a. Die Möglichkeit _____, daß wir nächstes Jahr in die tschechische Republik reisen.

b. Wer nichts zu sagen hat, der soll lieber _____.

c. Ihr wurde von der Universität Mainz der Titel „Dr. h.c." (honoris causa) _____.

d. Der Bundeskanzler _____ eine neue Ära in den Beziehungen zwischen Deutschland und Rußland.

e. Der schöne Schein kann manchmal _____.

f. Für das Auto hat der Händler einen zu hohen Preis _____.

g. Ein solches Benehmen der Zuhörer, so sagte die Professorin, wolle sie in ihren Unterrichtsstunden nicht weiter _____.

h. Viele Traditionen werden von einer Generation an die nächste _____.

bestehen* (14)

dulden (15)

schweigen* (14)

täuschen (15)

überliefern (15)

verkünden, (daß) (14)

verlangen (15)

verleihen* (14)

**3. Zu welchen abstrakten Substantiven passen die Erklärungen?**

a. man befindet sich in einer peinlichen Situation

b. man hat Lust zu etwas

c. man bereitet sich auf einen Beruf vor

d. das Gefühl, daß etwas nicht wahr oder richtig sein könnte

e. negative Meinung über Menschen oder Dinge, die man nicht gut kennt

f. man tut das, um ein bestimmtes Ziel zu erreichen

g. alle Dinge sind an ihrem Platz
h. man tut, was einem befohlen wird

die Ausbildung (14)
die Neigung (14)
die Ordnung (14)
die Verlegenheit (15)
der Zweifel (15)
das Vorurteil (15)
der Gehorsam (14)
die Maßnahme (treffen*, ergreifen*) (14)

4. **Machen Sie eine Erzählkarte für Geschichte 13. Tauschen Sie Ihre Karte mit jemandem im Kurs. Erzählen Sie die Geschichte mit den darauf enthaltenen Wörtern nach.**
5. **Geschichte 14 eignet sich nicht zu einer Nacherzählung. Schreiben Sie daher auf Ihre Erzählkarten jeweils zwölf Wörter, die diese Geschichte besonders charakterisieren. Ihr(e) Partner(in) soll mit Ihren Wörtern Aussagen über diese Geschichte machen.**

## Diskussionsthemen/Aufsatzthemen

1. **Viele Deutschlehrer(innen) meinen, ihre Schüler(innen) und Student(innen) verstünden nichts vom Zweiten Weltkrieg und möchten auch nichts darüber lesen. Teilen Sie diese Meinung? Finden Sie das Thema „Krieg" heute nicht mehr relevant? Warum? Warum nicht?**
2. **Erzählen Sie, welche Bedeutung „menschliche Haifische" heutzutage in Ihrer Gesellschaft haben.**
3. **Was haben Sie aus der Parabel Lessings gelernt? Diskutieren Sie darüber.**

# 16 In der Gondel

*Hans Bender*

**Hans Bender** was born in 1919 in Mühlhausen in the Kraichgau area, just south of Heidelberg, and began his writing career after World War II. In addition to publishing two novels, poems, essays, and short stories, Bender was for many years chief editor of *Akzente* (1954–1980), one of Germany's leading literary journals. He now lives in Cologne. Bender is a master of the short story, and some of his finest prose deals with war — his experiences on the Eastern front and later as a Russian POW — and the early postwar years in Germany. Set in Italy, "In der Gondel" displays the stylistic clarity, ambivalent dialogue, and gentle irony that are Bender's trademarks. Most of his short stories, including "In der Gondel," have been reprinted in his collection *Der Hund von Torcello. 32 Geschichten* (1980). Some other excellent short stories are "Der Automat," "Mit dem Postschiff," "Fondue oder Der Freitisch," and "La Paloma oder Der Liebe Nahrung."

**ZUR INFORMATION:** *Italienische Namen und Ausdrücke werden am Ende der Geschichte erläutert (explained).*

## Vor dem Lesen

### Information suchen

Überfliegen Sie die Geschichte, um herauszufinden:

1. wo die Geschichte stattfindet
2. woher der Gondoliere (Francesco) und der deutsche Tourist (Enrico = Heinrich) sich schon kennen
3. wer Marlen ist
4. wer Noëlly ist
5. was aus Noëlly geworden ist

Lesen Sie die Geschichte jetzt genau, nachdem Sie die gesuchte Information gefunden haben.

# In der Gondel

Der Gondoliere schwieg und ruderte, bis wir mitten im Canal Grande waren, unter vielen anderen Gondeln, schaukelnd[1] in den Wellen[2] des Vaporettos, das zur Ca'd'Oro hinüberpflügte[3].

Vor dem Rialto erklärte er die Brücke: Sie sei an Stelle einer früheren Holzbrücke von Antonio da Ponte erbaut, bestehe aus[4] einem einzigen Bogen[5], und jeder Pfeiler[6] ruhe auf sechstausend Pfählen[7].

Als ich Marlen übersetzte, wußte er, daß sie kein Italienisch verstand.

„Ich habe Sie gleich wiedererkannt, als Sie uns ansprachen", sagte ich.

„Ich auch. Fünf Jahre sind es her – und dieses ist der Palazzo Bembo, ein gotischer Bau des 15. Jahrhunderts von großem ornamentalem Reichtum[8]!"

Marlen konnte sich an den Spitzbögen nicht sattsehen[9].

„Es war der schönste Sommer Venedigs. Hat es einen Tag geregnet damals?"

„Nein, nie hat es geregnet."

„Dieser Sommer ist kalt. Immerfort[10] Regen, der die Fremden vertreibt."

„Was sagt er jetzt?" fragte Marlen.

„Er spricht vom Wetter. Er ist unzufrieden mit dem Wetter."

„Sind Sie verheiratet?" fragte er.

„Ja."

„Und zur Hochzeitsreise in Venedig?"

„Nein, es ist nicht die Hochzeitsreise. Die war vor drei Jahren schon."

„Was sagt er jetzt?" fragte Marlen.

„Der Gondoliere meint, wir wären Hochzeitsreisende."

„Er ist kein Psychologe", sagte Marlen. „Er soll lieber erklären. Ich hätte den Baedeker[11] einstecken sollen."

„Wozu?"

„Ich will wissen, wie die Paläste heißen."

„Du wirst sie doch wieder vergessen."

Er zeigte und erklärte: „Palazzo Dandolo, Palazzo Loredan, Palazzo Farsetti, Palazzo Grimani – "

Ich glaube, er vergaß nicht einen.

„Sie heißen Enrico?"

„Ja."

Da fiel auch mir sein Name wieder ein, gerade im richtigen Moment. „Und Sie heißen Francesco!"

„Mamma mia! Sie wissen es noch!"

„Ein schöner Sommer damals – "

„Palazzo Papadopoli, Palazzo della Madonetta, Palazzo Bernado, Palazzo Corner-Spinelli!"

„Die Namen brauchst du mir nicht zu übersetzen, die verstehe ich von allein; aber was sagt er dazwischen?"

„Er erzählt von anderen, die er früher gerudert hat."

„Interessiert dich das?"

„Ich kann ihm nicht verbieten zu erzählen."

„Hat er nicht gesagt, er wird singen?"

„Meine Frau wünscht, daß Sie singen, Francesco!"

„Eine strenge[12] Frau", sagte er. „Ihre Freundin lachte immerfort. Nie hatte ich ein Mädchen in der Gondel, das so viel lachte! Sie konnte über alles lachen, und die Palazzi haben sie einen Dreck interessiert[13]."

Er sang „O sole mio".

Die Gondolieri in den Venedig-Filmen haben strahlendere[14] Tenöre. Sie singen in ein Mikrophon, und die Ateliers[15] haben eine bessere Akustik als der Canal Grande.

„Hoffentlich hört er bald auf[16]", sagte Marlen.

„Du hast es dir doch gewünscht."

„Ein Caruso ist er nicht."

Francesco hatte verstanden. Er sagte: „Ihrer Freundin damals hat meine Stimme gefallen, weil sie glücklich war, weil ihr die Welt überhaupt[17] gefallen hat. Und dir, Enrico, hat sie auch gefallen."

„Mir gefällt deine Stimme auch heute."

„Weißt du noch, wie eifersüchtig[18] du warst?"

„Ich, eifersüchtig?"

„Nun, sie sprach besser italienisch als du. Sie sagte so witzige Dinge, die du gar nicht alle verstehen konntest. Ihre Mutter war Italienerin."

„Aus Messina war ihre Mutter. Ihr Vater Franzose."

„Du wolltest ins Wasser springen", sagte Francesco.

Ich erinnerte mich. Ich spielte den Eifersüchtigen, weil sie allzu verliebt zu Francesco hinaufblickte, sich allzu gern mit ihm unterhielt[19]. Sie schürte[20] das Feuer. So war ich. Ich sagte, ich ersäufe[21] mich, wenn du nicht augenblicklich[22] geradeaus siehst und mich umarmst, wie man sich in Gondeln zu umarmen hat. Ich sprang auf den Sitz, und sie hielt mich fest, umarmte mich –

„Was macht er jetzt?" fragte Marlen.

Ich drehte mich um und sah, wie Francesco das Ruder ins Wasser stellte, zu beweisen[23], daß die Lagune nicht tiefer als fünfzig Zentimeter war.

Nichts hatte Francesco vergessen! Alles holte er aus der Erinnerung!

„Er will uns zeigen, wie seicht[24] die Lagune ist."
„Warum zeigt er das?"
„Wir sollen sehen, in der Lagune kann sich nicht einmal[25] ein Nichtschwimmer ertränken."
„Willst du dich ertränken?"
„Nein", sagte ich. „Mir ist zu kalt dazu."
„Vor fünf Jahren wollte sich einmal einer ertränken", sagte Francesco und lachte.
„Gehört das auch zur Gondelfahrt?" fragte Marlen.
„Francesco ist besonders aufmerksam[26]."
„Und wird alle Aufmerksamkeiten auf die Rechnung setzen!"
„Warum bist du so böse auf ihn?"
„Er spricht mir zuviel."
Damals hatte Francesco die dreitausend Lire, die wir vor der Fahrt vereinbart[27] hatten, abgelehnt[28].
Ein Märchen aus Venedig könnte so anfangen: Es war einmal ein Gondoliere, der ruderte ein Liebespaar durch den Canal Grande und die Mäanderwindungen der vielen kleinen Kanäle. Er hatte seine Gondel mit Lampions behängt, er sang „O sole mio", er ruderte zwei Stunden und wies die dreitausend Lire, die ihm der junge Mann zahlen wollte, zurück[29], weil dessen[30] Freundin so hübsch war und wie ein Glockenspiel lachen konnte. Ja, zuletzt ruderte er die beiden zu einer Osteria[31], in die sonst keine Touristen hinkamen, lud sie ein, die halbe Nacht Chianti mit ihm zu trinken, zu lachen, zu tanzen –
„Warum bist du so schweigsam auf einmal[32]?" fragte Marlen.
„Ich?"
„Auch dein Gondoliere scheint zu schlafen."
„Meine Frau wünscht, daß du ihr sagst, wie die Palazzi rechts und links heißen."
Francesco erklärte mit gewohntem[33] Pathos: „Links sehen Sie den Campo und die Chiesa San Samuele mit dem typisch venezianisch-byzantinischen Glockenturm[34] aus dem 12. Jahrhundert. Der Palazzo Grassi folgt, ein besonders schöner Bau, im Innern mit berühmten Deckengemälden[35] Alessandro Longhis geschmückt[36] – "
Während ich übersetzte, sagte Francesco: „Warum bist du nicht mit ihr gekommen, einen Ring am Finger?"
„Und der Palast dort rechts?"
Diesmal war ich dankbar für Marlens Einwurf[37].
„Meine Frau will wissen, wie der Palazzo dort heißt."
„Es ist der Palazzo Rezzonico, ein Werk Longhenas."
Wir waren nun fast am Ende des Kanals. Es war dunkel geworden, dunkler durch Regenwolken, die vom Westen heraufzogen. Die Kuppel von Santa Maria della Salute strahlten Scheinwerfer[38] an[39].

„Steigen wir am Markusplatz aus?" fragte Marlen.
„Wenn du willst –"
„Ich friere, und es sieht aus, als regne es gleich."
„Hier hielten wir damals lange, weißt du noch Enrico?"
„Ich weiß –"
„Alle Liebespaare halten hier an, die Kuppel von Santa Maria della Salute zu betrachten[40]. Auch Noëlly wollte, daß –"
Francesco biß sich auf die Zunge, weil ihm der Name, den wir bisher vermieden[41] hatten, entfallen[42] war.
„Noëlly –"
„Wer ist Noëlly?" fragte Marlen.
„Noëlly: Es ist der Name eines Mädchens –"
„Welchen Mädchens?"
„Seiner Frau vielleicht", sagte ich schlagfertig[43].
„Noëlly è mia moglie[44]", sagte Francesco.
„Nein, das ist nicht wahr!"
„Es ist wahr. – Sie ist ein Jahr später wiedergekommen. Allein."
„Was sagt der gräßliche[45] Mensch?"
„Von seiner Frau erzählt er."
„Immer erzählt er Dinge, die uns nichts angehen[46]. – Sind wir nicht bald da?"
„Bald, Marlen."

**Canal Grande:** main canal and traffic artery in Venice

**Vaporetto:** small passenger motorboat

**Ca'd'Oro:** "the golden house," a magnificent palace on the Canal Grande

**Rialto:** famous bridge over the Canal Grande, one of the most photographed settings in Europe

**Ponte, Antonio da:** builder of the Rialto bridge (sixteenth century)

**Palazzo Dandolo . . . Grimani:** beautiful houses built by wealthy families along the Canal Grande

**"Mamma mia!":** an exclamation of surprise; it literally means "My mother!"

**"O sole mio":** "Oh my sun," a Neapolitan love song

**Caruso, Enrico:** famous Italian singer (1873–1921)

**Campo:** small square, usually in front of a church

**Chiesa San Samuele:** Church of St. Samuel

**Longhi, Alessandro:** Italian painter and engraver (1733–1813)

**Longhena, Baldassare:** Italian architect (1598–1682)

**Santa Maria della Salute:** famous church directly across the Canal Grande from St. Mark's Square

**Markusplatz:** St. Mark's Square, world-famous square at the open end of the Canal Grande

## Leseverständnis

Suchen Sie im Text mindestens sieben Unterschiede zwischen dieser Gondelfahrt und der Gondelfahrt vor fünf Jahren. Beschreiben Sie diese Unterschiede in Ihren eigenen Worten.

**BEISPIEL:** Damals war das Wetter wunderschön. Jetzt ist es kalt, und es regnet jeden Tag.

## In eigenen Worten

Kommentieren Sie jede Stelle in Ihren eigenen Worten. Erklären Sie, wer mit wem spricht. Erklären Sie auch die *Bedeutung* dieser Stellen.

1. Da fiel auch mir sein Name wieder ein, gerade im richtigen Moment. „Und Sie heißen Francesco!"
2. „Eine strenge Frau", sagte er. „Ihre Freundin lachte immerfort. Nie hatte ich ein Mädchen in der Gondel, das so viel lachte! Sie konnte über alles lachen, und die Palazzi haben sie einen Dreck interessiert."
3. „Er will uns zeigen, wie seicht die Lagune ist."

   „Warum zeigt er das?"

   „Wir sollen sehen, in der Lagune kann sich nicht einmal ein Nichtschwimmer ertränken."

   „Willst du dich ertränken?"

   „Nein", sagte ich. „Mir ist zu kalt dazu."
4. „Was sagt der gräßliche Mensch?"

   „Von seiner Frau erzählt er."

   „Immer erzählt er Dinge, die uns nichts angehen."
5. Ich sagte, ich ersäufe mich, wenn du nicht augenblicklich geradeaus siehst und mich umarmst, wie man sich in Gondeln zu umarmen hat.

6. Während ich übersetzte, sagte Francesco: „Warum bist du nicht mit ihr gekommen, einen Ring am Finger?"

   „Und der Palast dort rechts?"

   Diesmal war ich dankbar für Marlens Einwurf.

7. „Francesco ist besonders aufmerksam."

   „Und wird alle Aufmerksamkeiten auf die Rechnung setzen!"

## Diskussion

1. Die starke Wirkung (*effect*) dieser Geschichte liegt zum Teil darin, daß Marlen nicht versteht, worüber (und über wen) der Gondelfahrer Francesco und „Enrico" (Heinrich) sich eigentlich unterhalten. Manchmal sagt und meint Marlen etwas, was im Kontext des Gesprächs zwischen Francesco und dem Erzähler eine andere, sogar ironische Bedeutung haben kann. Suchen Sie mindestens drei solche Stellen und erklären Sie sie.
2. Vergleichen Sie die beiden Frauen. Zum Beispiel, die eine Frau ist „streng", während die andere damals „witzige Dinge" sagte. Erklären Sie, wie jede dieser beiden Frauen Venedig erlebt. Finden Sie es wichtig, daß sie aus verschiedenen Ländern stammen? Erzählen Sie, ob und warum eine dieser Frauen Ihnen besser gefällt.
3. Kommentieren Sie:

   „Mir ist zu kalt dazu" (der Erzähler zu Marlen).

   „Mir ist es hier zu kalt" (Paul in "San Salvador").
4. Beschreiben Sie die Stimmung des Erzählers auf der zweiten Gondelfahrt. Ist er glücklich verheiratet? Wäre er mit Noëlly glücklicher gewesen?
5. Finden Sie Francescos Benehmen (*behavior*) glaubhaft? Warum erinnert er den Erzähler immer wieder an die Gondelfahrt vor fünf Jahren? Er hätte doch schweigen können. Ist Noëlly wirklich Francescos Frau geworden? Ändert es etwas an der Geschichte, wenn Francesco hier lügt?
6. Erzählen Sie, was *Sie* in Venedig sehen und tun würden. Wenn Sie nichts von Venedig wissen, dann sollten Sie ein Buch darüber aus der Bibliothek holen und sich über diese Stadt informieren.

## Wortschatzaufgaben

1. Mit welchen Personen im Text assoziieren Sie die folgenden Wörter und Ausdrücke? Machen Sie mit diesen Wörtern Aussagen über die Geschichte. Sie sollen nicht Wort für Wort wiederholen, was im Text steht, sondern Ihre eigenen Sätze bilden.

| | |
|---|---|
| mit Pathos | sich an etwas sattsehen* |
| einstecken | streng (sein) |
| ablehnen | aufmerksam (sein) |
| vereinbaren | wiedererkennen* |
| eifersüchtig (sein) | betrachten |
| umarmen | |

2. Suchen Sie sechs Substantive aus dem Text, die mit der Stadt Venedig zu tun haben. Lernen Sie diese Wörter mit Artikel und Plural.

   **BEISPIELE:** der Bau, die Bauten; die Lagune, -n

## Aufsatzthemen

**TIPS ZUM SCHREIBEN:** Writing a review of a story

A review should be evaluative rather than interpretive. When writing a review, envision a particular reader or readers for whom you are writing. Since your reader(s) may not recall the story as clearly as you, begin by summarizing the setting and action as succinctly as possible. Next, comment on some feature(s) of the story you find interesting. Finally, evaluate the story as to its quality and make a recommendation to your reader(s).

1. Schreiben Sie eine Rezension (*review*) dieser Geschichte. Lesen Sie Ihre Rezension im Kurs vor.
2. Sie sind Marlen und erzählen einer Freundin in einem Brief von der Gondelfahrt.
3. Erzählen Sie von einer Fahrt (Auto, Schiff, Flugzeug, Gondel usw.), die Sie einmal machten.

# 17 Der weiße Fiat

*Margarete Neumann*

**Margarete Neumann** was born in 1917 in Pyritz, Pomerania (today part of Poland). Trained as a social worker, she also worked as a farmer and a welder in the former German Democratic Republic before becoming a freelance writer in 1952. Her first novel (*Der Weg über den Acker*) appeared in 1955, and since then she has published short stories, poetry, and additional novels. Her writings focus on everyday individuals living in a socialist society. Taken from her collection *Windflöte und andere Geschichten* (1978), "Der weiße Fiat" depicts attitudes and behavior of ordinary people who perhaps do not measure up to socialist ideals.

## Vor dem Lesen

### Gruppenaufgabe

> **NOTE:** *In the former GDR, a ten-year waiting period for a new East German produced automobile was not unusual. Western automobiles, such as a Fiat, were difficult to come by and very expensive.*

Hier sind ein paar Stellen aus der Geschichte.

In der Bezirkszeitung, im Lokalteil, der für unsere Stadt eingelegt wird, stand eine Annonce.

„Verkaufe Fiat, gut erhalten, zweihundertfünfzig Mark." . . .

Gregor S. las die Annonce dreimal. Zuerst dachte er wie alle anderen an einen Druckfehler. Sie haben die Nullen vergessen. . . .

Er telefonierte mit der Anzeigenabteilung und erfuhr, daß es so richtig sei.

Nun, was glauben Sie? Wie könnte eine solche Geschichte weitergehen? Setzen Sie sich in einer Gruppe mit zwei anderen Personen zusammen. Schreiben Sie in einem Abschnitt (etwa zehn Sätze), wie die Geschichte Ihrer Meinung nach vielleicht weitergeht. Bitte nicht in die Geschichte schauen! Dann lesen alle Gruppen vor, was sie geschrieben haben.

Lesen Sie die Geschichte jetzt genau. Achten Sie darauf, ob die Geschichte so weitergeht, wie Sie gedacht haben.

# Der weiße Fiat

Das ist eine merkwürdige[1] und ungewöhnliche Geschichte. Sie hat sich zugetragen[2] in unserer Stadt, die gerade klein genug ist, daß einer den anderen vom Ansehn[3] kennt, zu groß aber, damit zu den Gesichtern auch der Name sich einstellt[4] oder gar[5] die Lebensgeschichte.

In der Bezirkszeitung[6], im Lokalteil, der für unsere Stadt eingelegt wird, stand eine Annonce.

„Verkaufe Fiat, gut erhalten, zweihundertfünfzig Mark."

Nach einigen Tagen erschien die Anzeige wieder und am Wochenende wurde sie zum drittenmal abgedruckt.

Gregor S. arbeitet seit einiger Zeit als Redakteur[7] in unserer Stadt. Er ist ein freundlicher junger Mann, überall beliebt[8] wegen seiner freimütigen[9], gewinnenden Art[10], seiner aufrichtigen[11] Höflichkeit[12] und Anteilnahme[13].

Und er ist immer ganz dort, wo er eben ist, nur bei diesen Menschen. Es scheint dann, er habe alle anderen, die ihm gestern noch nahestanden[14], vollends[15] vergessen. Jemand, der eine fortdauernde[16] Freundschaft mit ihm wollte, müßte ihn sich ständig[17] aufs neue mit dem Lasso einfangen[18].

Dieser Gregor S. las die Annonce dreimal. Zuerst dachte er wie alle anderen an einen Druckfehler. Sie haben die Nullen vergessen. Beim zweiten Mal: Das ist ja eigenartig[19]. Sie können doch nicht wieder verdruckt haben.

Er telefonierte mit der Anzeigenabteilung[20] und erfuhr[21], daß es so richtig sei.

Dann ist es, sagte er sich, höchstens ein Unfallwagen.

Als aber der Text noch einmal erschien, beschloß[22] er, der Angelegenheit[23] nachzugehen[24].

Nicht, daß er etwa ernstlich geglaubt hätte, er könne für solches Spottgeld[25] ein Auto erwerben[26]. Oder, vielleicht, saß solche Hoffnung als winziges[27] Fünkchen[28] am Grund[29] seiner Neugierde[30], die ihn trieb, nachzuforschen[31], was es mit dieser merkwürdigen Sache auf sich habe[32].

Er notierte die Adresse und setzte sich in den Bus, um das Vorstadtviertel zu erreichen.

Eine ältliche[33] Frau öffnete, nicht dick, eher[34] drall[35], trotz ihrer Jahre. Die grauen Haare hatte sie zu Rouladen[36] gerollt um den Kopf gelegt. Sie sprach rasch und bestimmt, ihre Schnurrbarthärchen[37] zitterten. An den Händen trug sie mehrere Ringe. Der Hitze halber[38] war sie nur mit einer buntbedruckten Kittelschürze[39] bekleidet, die sie ständig über den Knien zusammenhielt. „Gewiß", sagte sie, „sind Sie gekommen, um sich den Wagen anzusehen."

Das Fünkchen auf dem Grund seiner Neugierde brannte. Die Frau hatte Wagen gesagt.

Sie trat zu ihm in den Flur[40]. Es war so ein Wohnblock mit schmalen[41] Terazzotreppen, die natürlich von den Bewohnern spiegelblank[42] gebohnert[43] werden, so daß der Besucher den drohenden[44] Sturz[45] kaum abzuwenden[46] vermag[47].

Er ließ der Frau den Vortritt. Sie lief behende[48] die Stufen hinab, ohne sich am Geländer[49] zu halten.

Die Garage lag in der zweiten Querstraße[50] hinter den Wohnblöcken.

„Bitte", sagte die Frau, während sie aufschloß[51].

Gregor traute sich[52] keinen Schritt näher. Dort stand der Fiat, weiß und glänzend.

„Vielleicht verstehen Sie sich darauf[53]" sagte die Frau, „er hat erst zehntausend herunter. Sie können sich überzeugen[54]. Mein Mann hat ihn im Winter gekauft. Vorher hatte er einen Wartburg[55]."

Gregor S. nickte.

„Möchten Sie nicht einmal um den Block fahren?" fragte die Frau. Sie nahm den Zündschlüssel[56] aus ihrer Kitteltasche.

„Es ist ein schöner Wagen", sagte der junge Mann. „Aber es hat keinen Zweck[57], ich kann ihn nicht bezahlen."

„Wieso?" fragte die Frau. „Ich habe doch genau annonciert. Er kostet zweihundertfünfzig. Und die Garage, wenn Sie wollen, vermiete ich Ihnen zu fünfzig Mark im Monat. Das ist doch kulant[58]."

„Zweihundertfünfzig Mark? Er ist hundertmal soviel wert!"

„Wollen Sie ihn nun kaufen, oder wollen Sie nicht?" sagte die Frau ungeduldig.

Sie hatte die Tür schon aufgemacht und setzte sich auf den Platz neben dem Fahrer. „Ich habe nämlich keine Erlaubnis[59], mein Mann, als er noch lebte, wollte es nicht."

Gregor S. holte tief Luft und stieg ein. Der Motor sprang wunderbar an, der Wagen glitt sachte[60] auf die Straße, über die Kreuzung und reihte sich ein in den Strom des Nachmittagsverkehrs auf dem Großen Ring.

„Entschuldigen Sie", sagte Gregor, „ich verstehe noch nicht. Sie wollen diesen Wagen wirklich für zweihundertfünfzig Mark verkaufen?"

„Das sage ich doch." Die Frau hielt noch immer die bunte Schürze über ihren Knien zusammen.

Er fuhr aus der Stadt. Sie schwebten[61] vorbei an Gärten mit roten, blauen, violetten Blüten[62].

„Wir müssen zurück", sagte die Frau. „Ich habe Suppe auf dem Herd[63]."

„Schade", sagte der junge Mann, „dann muß ich also wenden."

„Sie können", sagte die Frau, „den Wagen gleich mitnehmen, wenn er Ihnen so gut gefällt. Aber Sie müssen den Kaufvertrag[64] vorher unterschreiben. Das ist wichtig."

Gregor nickte unsicher. Gleich würde sich der Pferdefuß[65] an der Sache zeigen.

Aber er war jetzt schon bereit, sich auf allerlei[66] Unbedachtsamkeit[67] einzulassen. Der Gedanke, dieses Wunderding könnte ihm wirklich zufallen, machte ihm Herzklopfen, fast Schwindel[68].

„Sie wundern sich bestimmt", sagte die Frau. „Dabei ist es ganz einfach. Mein Mann, wissen Sie, hatte noch eine andere[69]. Fünfzehn Jahre lang, immer dieselbe. Zuerst hat er's mir verschwiegen[70]. Aber dann bin ich dahintergekommen[71]." Sie wandte ihm ihr teigiges[72] graues Gesicht zu. „Als ich es wußte, ist er zweimal die Woche über Nacht weggeblieben. Ich hab nichts gesagt. Es hatte doch keinen Zweck."

„Er war Ofensetzer[73], hatte schön was beiseite gelegt. Als er in Rente ging[74], war er schon krank. Im Krankenhaus wollte er dann sein Testament machen, damit meins[75] gesichert ist, das Haus und das Sparkassenbuch[76]. Und der Erlös[77] vom Verkauf des Autos, der sollte für sie sein. Er hat mir alles gezeigt im Testament. Und ich hab's gleich gesehen. Ich meine, wo die Gelegenheit ist, ihr eins auszuwischen[78]. Ich hatte so lange gewartet, fünfzehn Jahre . . . So ist das, junger Mann, verschenken[79] kann ich den Fiat nicht. Es heißt[80]: verkaufen. Aber wie teuer, das steht nicht dabei."

Sie strich die Strähne[81] zurück, die ihr in die Stirn gefallen war, sie hatte dabei die Schürze vergessen. Ihre Knie, das bemerkte er mit einer Art schmerzhaftem Schreck, der ihm zugleich peinlich[82] war, sahen viel jünger aus als ihr graues, schlaffes[83] Gesicht.

„Sie kaufen also?" fragte die Frau.

„Natürlich", antwortete Gregor rasch. Er dachte, daß er es schnell hinter sich bringen müßte.

## Leseverständnis

1. a. Teilen Sie die Geschichte in vier bis fünf Abschnitte, so daß jeder Teil eine Phase der Handlung enthält.

   b. Schreiben Sie eine Überschrift (*heading*) für jeden Teil.

c. Schreiben Sie Stichworte zu jedem Teil.

**BEISPIEL:** Gregor/Redakteur
eine Annonce lesen
Fiat zu verkaufen
nur 250 Mark!
glauben, daß Druckfehler
usw.

2. **Partner- oder Gruppenarbeit:** Bilden Sie Vierergruppen. Erzählen Sie einander innerhalb der Gruppe je (*each*) einen Abschnitt der Geschichte. Verwenden Sie Ihre Stichworte dabei.

## In eigenen Worten

1. Suchen Sie fünf bis sieben Sätze oder Stellen im Text, die Sie sprachlich schwierig finden. Schreiben Sie diese Stellen in Ihren eigenen Worten anders.
2. Lesen Sie jemandem im Kurs die Sätze oder Stellen vor, die Sie ausgesucht haben. Er/sie soll diese Stellen in seinen/ihren eigenen Worten schriftlich oder mündlich ausdrücken, ohne dabei den Text zu Hilfe zu nehmen. Vergleichen Sie Ihre Formulierungen mit denen dieser Person.

## Diskussion

1. Autoren der DDR sahen eine wichtige Aufgabe der Literatur darin, positive und negative Bilder menschlichen Verhaltens in einer sozialistischen Gesellschaft zu schildern. Beurteilen (*judge*) Sie das Verhalten der Frau *vor* und *nach* dem Tod ihres Mannes. Suchen Sie Stellen, die zeigen, daß sie keine emanzipierte Frau ist. Diskutieren Sie, wie diese Frau ihr Leben die letzten fünfzehn Jahre vielleicht anders hätte führen können.
2. Beurteilen Sie Gregors Verhalten vom (a) moralischen und (b) juristischen Standpunkt aus. Denken Sie dabei auch daran, wie er am Anfang beschrieben wird, und an die Verantwortung, die er als Zeitungsredakteur in einer sozialistischen Gesellschaft trägt.

3. Besprechen Sie, wie die Ehefrau beschrieben wird und was die Autorin dadurch andeuten (*suggest*) will. Achten Sie dabei besonders darauf, was für eine Rolle die „Kittelschürze"und die „Knie" dieser Frau in der Geschichte spielen.
4. Erklären Sie den letzten Satz der Geschichte. Was muß er „schnell hinter sich bringen" und warum?
5. Was würden Sie als betrogene(r) Ehepartner(in) in einer ähnlichen Situation tun? Begründen Sie Ihre Antwort.
6. Wie hätten Sie an Gregors Stelle gehandelt? Begründen Sie Ihre Antwort.

## Wortschatzaufgaben

1. Verwenden Sie jedes Adjektiv attributiv mit einem passenden Substantiv. Sie dürfen auch Substantive benutzen, die nicht hier angegeben sind.

**BEISPIELE:** schmal
Sie hat ein **schmales** Gesicht.

ständig
Wir haben **ständigen** Ärger mit ihm.

| | |
|---|---|
| a. merkwürdig | (1) die Bitte |
| b. ungewöhnlich/eigenartig | (2) der Druck |
| c. beliebt | (3) die Entdeckung |
| d. aufrichtig | (4) die Meinung |
| e. fortdauernd | (5) die Nachricht |
| f. ständig | (6) die Situation |
| g. winzig | (7) die Karriere |
| h. ältlich | (8) die Politikerin |
| i. glänzend | (9) der Herr |
| j. peinlich | (10) das Zimmer |

2. Schreiben Sie bis zu zehn Präfixverben aus dem Text heraus, die Sie vorher nicht gekannt haben, die Sie sich aber jetzt für den aktiven Gebrauch merken wollen. Schreiben Sie Sätze mit diesen Verben.

## Aufsatzthemen

TIPS ZUM SCHREIBEN: Expressing emotion; rephrasing statements as questions

The style and tone we use in writing depends upon the type of writing we do. Descriptions, explanations, and other types of informational texts require objectivity and little or no personal opinion or emotion. With letters, diaries, compositions of opinion, and other such forms, just the opposite holds true. While qualifiers such as **Ich glaube; Ich bin der Meinung; Ich finde; Ich halte . . . für** etc. (see **Tips zum Schreiben** for story 3) identify remarks as personal opinions, to drive points home you need "flavoring" particles (see **Tips zum Schreiben** for story 10) and other words or expressions of personal involvement and emotion. For example, **gut** and **schlecht** express opinion but are otherwise neutral in tone. On the other hand, synonyms for these words, such as **ausgezeichnet** (*excellent*), **großartig** (*great*), **herrlich** (*magnificent*), **prima**, (*great, swell*) and **entsetzlich** (*awful, horrible, terrible*), **gemein** (*mean*), **lächerlich** (*ridiculous*), **schrecklich** (*awful, horrible, terrible*) pack a real punch. You can also strengthen the personal tone of your writing by occasionally rephrasing statements as rhetorical questions. Which of the following do you think conveys a stronger, more personalized tone?

**Ich wußte von dem Ehebruch meines Mannes.**

**Hast du vielleicht gedacht, daß ich von dem Ehebruch meines Mannes nichts wußte?**

1. Die Frau hat das Auto jetzt verkauft und schickt das Geld an „die andere". Schreiben Sie den Brief, den sie dem Geld beilegt.
2. Man sagt auf deutsch: „Rache ist süß." Stimmen Sie damit überein? Begründen Sie Ihren Standpunkt mit ein paar Beispielen.
3. Schreiben Sie über die folgende Behauptung: „Das Automobil ist das wahre Glück der Menschen."

# 18 Mal was andres

*Kurt Kusenberg*

**Kurt Kusenberg** was born in 1904 in Göteborg, Sweden, and spent a good deal of his early life in Lisbon before moving to Wiesbaden in 1914. He died in 1983. Over nearly four decades, Kusenberg wrote essays, critical articles in art history, radio plays, and many short stories. He was a reader for the Rowohlt publishing house and editor of *rowohlts monographien*, a series of biographies of famous intellectual and literary personalities from German and world history. Taken from his *Gesammelte Erzählungen* (1969), "Mal was andres" is one of what he called his "seltsame (*strange*) Geschichten." "Wer ist man," "Nihilit," and "Schnell gelebt" are also quite short, equally strange, and of about the same linguistic difficulty as "Mal was andres."

## Vor dem Lesen

### Lesen und berichten (Partner- oder Gruppenarbeit)

1. Lesen Sie Teil A dieser seltsamen Geschichte durch (etwa 10 Minuten). Notieren Sie dabei wichtige Informationen (wer die Personen sind, was für Personen sie sind und was sie tun).
2. Besprechen Sie Teil A mit anderen Studenten. Benützen Sie Ihre Notizen (etwa 5–7 Minuten).
3. Machen Sie dasselbe für die Teile B und C (etwa 35 Minuten).

Lesen Sie die Geschichte genau, nachdem Sie die Partner- oder Gruppenarbeit gemacht haben.

# Mal was andres

**A**

Es war eine sehr steife Familie. Vielleicht lag es daran[1], daß sie sich gleichsam[2] vorschriftsmäßig[3] zusammensetzte[4]: ein Mann, eine Frau, ein Sohn, eine Tochter – ach, Unsinn[5], daran lag es nicht, sondern das Steife steckte ihnen im Blut. Sie lächelten fein, aber sie lachten nie; sie benahmen sich wie bei Hofe[6] und kannten kein derbes[7] Wort. Hätte einer von ihnen gerülpst[8], so wären sicherlich die anderen ohnmächtig niedergesunken.

Abgezirkelt[9] verging ihnen der Tag. Beim Mittagessen betraten sie ganz kurz vor zwölf den Speisesaal, jeder durch eine andere Tür, und stellten sich hinter ihren Stühlen auf. Zwischen dem sechsten und dem siebten Schlag der Uhr nahmen sie Platz. Der Tisch war überaus[10] vornehm gedeckt. Über der weißen Spitzendecke[11] lag, um diese zu schonen[12], eine Glasplatte, und bei jedem Gedeck[13] standen drei geschliffene[14] Gläser, obwohl nie Wein getrunken wurde, nur Wasser. Die Mutter trug beim Essen einen Hut auf dem Kopf. Dem Vater traten ein wenig die Augen hervor, weil sein hoher, steifer Kragen[15] ihn würgte[16], doch daran hatte er sich gewöhnt. Jeden von ihnen drückte[17] irgend etwas, und irgend etwas war zu eng oder zu hart; sie mochten es eben nicht bequem haben.

Das Folgende aber begab sich[18] nicht beim Mittagessen, sondern beim Abendbrot. Draußen, vor den Fenstern, spürte man den Mai; im Speisesaal spürte man ihn nicht. Kurz vor acht Uhr betraten sie den Raum und stellten sich hinter ihre Stühle, um zwischen dem vierten und fünften Schlag Platz zu nehmen. Doch was war das? Der Sohn stand nicht hinter seinem Stuhl, er war unpünktlich – er fehlte. Jetzt schlug die Uhr. Man setzte sich. Der Diener brachte die Suppenschüssel. Eisige Luft umwehte[19] den Tisch, aber niemand sprach ein Wort; die Mahlzeiten wurden schweigend eingenommen.

Sollte man es glauben? Noch immer war der Sohn nicht erschienen! Der Vater und die Mutter tauschten[20] einen Blick und schüttelten den Kopf. Als die Tochter das sah, bangte ihr[21] für den Bruder. Stumm löffelten die drei ihre Suppe.

Und jetzt, wahrhaftig[22], jetzt trat er durch die Tür, der achtzehnjährige Sohn, als sei nichts vorgefallen[23]. Niemand schaute zu ihm hin, keiner bemerkte seine seltsame, gewitternde[24] Miene[25]. Was bedeutete sie – Aufruhr[26] oder Spott[27]? Im nächsten Augenblick beugte sich der Sohn nieder, setzte die Handflächen auf den Boden, schnellte[28] die Beine hoch und stand kopfunten. So, in dieser würdelosen[29] Stellung, marschierte er auf den Tisch zu.

Wo und wann er es gelernt hatte, auf den Händen zu gehen, blieb unerfindlich. Es änderte auch nichts an dem unglaublichen Vorgang[30]. Die drei am Tisch hörten auf, ihre Suppe zu löffeln, und starrten den Jüngling an; er mußte den Verstand verloren haben! Ja, so schien es – und doch wieder nicht, denn als der junge Mann bei seinem Stuhl angelangt[31] war, ließ er sich wieder auf die Füße fallen, nahm Platz und aß von der Suppe.

Eigentlich – wir sagten es schon – wurde bei Tisch nicht gesprochen, aber als der Diener abgeräumt[32] und das Hauptgericht[33] gebracht hatte, tat der Vater seinen Mund auf und fragte: „Was soll das?“

Der Sohn zuckte die Achseln[34], lachte trotzig[35] und sprach: „Mal was andres!"

**B**

Es waren nur drei Worte, aber sie fuhren wie ein Donnerschlag auf die Übrigen nieder. Der Vater, die Mutter und die Tochter blickten ganz betäubt[36], und selbst wenn es erlaubt gewesen wäre, bei Tisch zu sprechen, hätte keiner ein Wort hervorgebracht.

Mal was andres! Schlimmeres konnte nicht ausgesprochen werden in einem Hause, welches so streng[37] das Herkommen[38] einhielt[39], denn es ging ja gerade darum[40], daß nichts sich änderte, daß alles genau so getan wurde, wie man es festgelegt hatte. Und dann die grobe[41], fast unflätige[42] Ausdrucksweise[43]! „Einmal etwas anderes" hieß das in einem Kreise, der sich einer sorgfältigen Sprache befliß[44].

Man aß und trank Wasser, mehr Wasser als sonst, aus verhaltener[45] Erregung[46]. Der Sohn tat, als merke er von alledem nichts.

Der Vater blickte auf den Tisch nieder. Wie es in ihm aussah, ließ sich denken[47] – das heißt: genau wußte man es selbstverständlich nicht, denn das Innere eines Menschen ist sehr geheim[48] und bisweilen[49] überraschend[50]. Wer zum Beispiel hätte das erwartet, was jetzt geschah?

Es begann damit, daß der Vater, obwohl er mit dem Essen fertig war, die Gabel in den Mund steckte und sie mit den Zähnen festhielt. Dann nahm er eines der geschliffenen Gläser und stellte es vorsichtig auf den Gabelgriff. Die Gabel schwankte[51] ein wenig, doch das Glas blieb stehen. Sechs starre Augen verfolgten des Vaters Treiben[52]. Der nahm jetzt ein zweites Glas und versuchte, es auf das erste zu setzen. Fast wäre es ihm gelungen, aber eben nur fast, und so stürzten beide Gläser auf den Tisch und zersprangen.

Verlegen[53], aber durchaus nicht betreten[54], schaute der Vater in die Runde. Er hörte die Frage hinter den stummen Lippen und gab eine Erklärung ab. „Mal was andres!" sagte er.

Zum erstenmal an diesem Tisch begab es sich, daß die Mutter und die Tochter einen Blick wechselten. Was er ausdrückte, war schwer zu sagen; sicherlich ein Einverständnis[55] – aber welcher Art? Vielleicht war es auch kein Einverständnis, denn was die Tochter nun beging[56], konnte unmöglich der Mutter recht sein.

Das junge Ding – mehr als fünfzehn Jahre zählte es nicht – hob plötzlich die Hände zum Kopf und löste die aufgebundenen Haare, daß sie über die Schultern fluteten[57]. Nicht genug damit, nahm das Mädchen ein Messer und schnitt sich vom Hals zur Brust die Bluse auf: es kam ein schöner Ausschnitt zustande[58] – schön, weil er von den Brüsten etwas sehen ließ. „Mal was andres!" sprach die Tochter.

Jetzt blickten alle die Mutter an. Was würde sie sagen, was würde sie tun! Nichts sagte sie, doch sie tat etwas. Sie griff nach der Glasplatte, die auf dem Tisch lag, und hob sie empor[59]. Hei, wie glitt und stürzte da alles herunter, Schüsseln, Teller, Gläser, wie zerschellten[60] sie lustig am Boden! Die Mutter jedenfalls fand es lustig, und als sie laut lachte, lachten die drei mit. „Mal was andres!" rief die Mutter, von Heiterkeit[61] geschüttelt, und schlug sich auf die Schenkel[62]. „Mal was andres!" johlten[63] die anderen.

Von nun an war kein Halten mehr. Wir können nicht aufzählen, was die Übermütigen[64] alles anstellten[65]; nur einiges sei berichtet. Sie sprangen über die Stühle, beschmierten die Bilder an der Wand mit Senf und rollten sich in den Teppich ein. Sie spielten Haschen[66], wobei viele Gegenstände zerbrachen, tanzten wild auf dem Tisch herum, und als der Diener das Dessert brachte, rissen sie ihm das Tablett aus der Hand und warfen es durch die Fensterscheiben[67]. Die hereinströmende Mailuft machte sie vollends toll: sie schrien laut und schlugen Purzelbäume[68]. Anfangs war der Diener sehr erschrocken; dann aber stürzte er sich in das närrische[69] Treiben.

## C

Gegen neun Uhr, als es zu dunkeln begann, erscholl[70] draußen plötzlich Musik. Alle liefen ans Fenster und blickten hinaus. Da stand eine kleine Gruppe von Schaustellern[71], die ankündigen[72] wollten, daß am nächsten Abend eine Vorstellung stattfinde. Die Gaukler[73] waren offensichtlich eine Familie: Vater, Mutter, Sohn und Tochter, genau wie die Familie im Fenster. Welch hübscher Zufall[74]!

„Heda!" rief der Vater im Fenster dem Vater auf der Straße zu, als das Musikstück geendet hatte. „Wollt Ihr nicht mit uns tauschen?" Und da der Andere nicht sogleich begriff: „Ich meine, wollt Ihr dieses Haus haben samt allem[75], was darin ist, und uns dafür Eure Habe[76] überlassen? Es ist mir ernst damit – uns zieht es auf die Straße, in die Ferne."

Die Schauspieler berieten sich[77] und meinten dann, man müsse den Fall aushandeln[78]. „Ja, kommt nur herauf!" rief der Vater im Fenster. Mißtrauisch betraten die Gaukler das vornehme Haus, schüchtern[79] schoben sie sich in den Speisesaal. Doch als man ihnen kräftig[80] die Hand schüttelte und nachdrücklich[81] erklärte, das Anerbieten[82] sei wirklich ernst gemeint, faßten sie allgemach[83] Vertrauen[84].

Nun wurden sie rasch einig, die beiden Familien. Im Nu[85] wechselten sie die Kleider und das Dasein[86]. Ein wenig drollig sahen die feinen Leute ja in dem verwegenen[87] Aufputz[88] aus; doch waren sie glücklich. Nur der Diener weinte, denn er wäre gerne mitgezogen, aber er mußte unbedingt[89] zurückbleiben, damit der Tausch vollkommen sei und es den Hausbesitzern nicht an Bedienung mangle[90].

„Mal was andres!" bettelte[91] er und warf sich sogar auf die Knie, doch es half ihm nichts.

„Wir lassen dir vier neue Gesichter zurück", sprach der Hausherr im Fortgehen. „Das ist Abwechslung genug."

„Mal was andres!" sangen die neuen Schausteller im Chor, als sie auf der nächtlichen Straße fortzogen, und winkten[92] denen im Fenster. Der Sohn blies die Trompete ganz leidlich[93], die Tochter spielte hübsch auf der Ziehharmonika[94] und der Vater zupfte[95] besessen[96] seine Gitarre. Nur die Mutter wußte mit der großen Trommel noch nicht so richtig umzugehen[97].

## Leseverständnis

Machen Sie ein ausführliches (*detailed*) Erzählschema für die Geschichte. Arbeiten Sie mit einer anderen Person im Kurs zusammen. Erzählen Sie die Geschichte anhand Ihres Erzählschemas, aber in Ihren eigenen Worten, nach.

## In eigenen Worten

Drücken Sie die folgenden Auszüge (*excerpts*) aus der Geschichte in Ihren Worten anders aus. Diese Aufgabe können Sie auch mit Partnern oder in kleinen Gruppen machen.

1. Das Folgende aber begab sich . . . [bis] schweigend eingenommen. (Teil A)
2. Wo und wann er es gelernt hatte . . . [bis] aß von der Suppe. (Teil A)
3. Zum ersten Mal an diesem Tisch . . . [bis] unmöglich der Mutter recht sein. (Teil B)
4. Nun wurden Sie rasch einig . . . [bis] nicht an Bedienung mangle. (Teil C)

## Diskussion

1. Diskutieren Sie, was den Sohn vielleicht dazu bewegt hat, sich auf einmal ganz anders zu benehmen.
2. Was halten Sie von dem Entschluß (*decision*) der Familie, Schauspieler zu werden?
3. Halten Sie es für möglich, daß Menschen ihr Leben plötzlich ändern? Warum? Warum nicht? Hatten Sie selbst je Lust, aus einer Routine herauszubrechen und mal was andres zu tun? Erzählen Sie davon.
4. Nennen Sie zwei oder drei Beispiele, wo bekannte oder berühmte Personen ihr Leben auf einmal geändert haben. Erzählen Sie, warum sie das getan haben.
5. Diese Geschichte enthält einige groteske und fast absurde Aspekte. Zeigen Sie das an einigen Beispielen aus dem Text.
6. *Mal was andres*! Schreiben Sie fünf Aussagen, in denen Sie mitteilen, was Sie einmal anders machen möchten. Lesen Sie Ihre Aussagen im Unterricht vor.

**BEISPIEL:** Ich möchte mal samstags und sonntags zur Deutschstunde gehen und mich wochentags ausschlafen.

## Wortschatzaufgaben

1. Verwenden Sie jedes Verb idiomatisch mit einem passenden Wort oder Ausdruck aus der zweiten Spalte (*column*).

**BEISPIEL:** tauschen

Die Kinder **tauschten** Blicke.

| | |
|---|---|
| a. nehmen* | (1) eine Erklärung |
| b. einnehmen* | (2) Vertrauen |
| c. zucken | (3) einen Purzelbaum |
| d. schlagen* | (4) den Kopf |
| e. abgeben* | (5) die Augen |
| f. hervortreten* | (6) einen Blick |
| g. schütteln | (7) Platz |
| h. wechseln | (8) die Mahlzeit(en) |
| i. fassen | (9) die Achseln |

2. Die folgenden Verben aus der Geschichte drücken menschliche Tätigkeiten sehr präzis aus. Was bedeuten diese Verben auf englisch? Wählen Sie aus der Liste etwa zehn Verben, die Sie für besonders brauchbar halten und für den aktiven Sprachgebrauch lernen möchten. Bilden Sie Sätze mit diesen Verben.

| | |
|---|---|
| anblicken | greifen* nach |
| ankündigen | johlen |
| anstarren | lösen |
| sich aufstellen | rülpsen |
| sich beraten* | stecken |
| blicken (auf) (*acc.*) | schwanken |
| sich (nieder) beugen | stürzen |
| fallen lassen* | sich stürzen |
| fortziehen* | tauschen |
| (empor) heben* | winken |

## Aufsatzthemen

**TIPS ZUM SCHREIBEN:** Using a broader range of vocabulary

Good writers write differently than they speak. They pay attention to style, and they also choose from a broader range of vocabulary. When writing, always try to use a few new words and expressions you have recently encountered, words that go beyond the everyday vocabulary you tend to rely upon. For the following topics, you may wish to exploit some of the colorful vocabulary from "Mal was andres" or use some of the words from the **Wortschatzaufgaben**.

1. Sie sind der Diener und schreiben einer Bekannten von dem merkwürdigen Abend dieser Familie.
2 Schreiben Sie eine kurze Geschichte, wo der Hauptcharakter „mal was andres" tut.
3. Wie sehen Sie sich und Ihr jetziges Leben? Schreiben Sie sechs bis acht Sätze. Würden Sie gern „mal was andres" tun? Schreiben Sie sechs bis acht weitere Sätze.

**Hörtext 6**

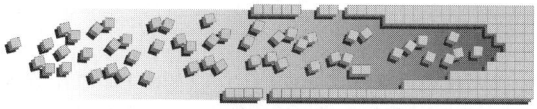

# Geschichte ohne Moral

*Alfred Polgar*

**Alfred Polgar** was born in Vienna in 1873 and died in Zurich in 1955. A perceptive observer and critic of social mores, he wrote short stories, journalistic vignettes, essays, and some comedies. "Geschichte ohne Moral" is taken from his collection *Begegnung im Zwielicht* (1951). The gentle satire, humor, and unmasking of questionable attitudes in this story characterize much of his prose. Polgar's *œuvre* includes a vast number of short sketches and vignettes (often less than one page) that make for delightful reading.

## Höranweisung

Leopold erzählt seiner Familie, daß er mit dem Bus zum Fußballmatch fährt. Der Bus stürzt *(plunges)* in einen Graben, und alle Insassen werden verletzt *(injured)*. War aber Leopold wirklich dabei? Hören Sie sich die Geschichte mit dem angegebenen Wortschatz an. Achten Sie darauf, wie die verschiedenen Figuren (und der Hund) in der Geschichte auf die Nachricht vom Busunfall reagieren.

## Wortschatz im Hörtext

Damit Sie leichter einen Überblick gewinnen, sind die Worterklärungen in vier Teile und auch nach den Reaktionen der einzelnen Figuren eingeteilt.

### *Leopold, Fußballmatch, Busfahrt und Unfall*

*Sonntag, drei Uhr nachmittags . . .*

| | |
|---|---|
| der **Gymnasiast, (-en) , -en** | pupil in a **Gymnasium** *(college preparatory high school)* |
| der **Standplatz, ¨-e** | bus stand |

*Es wurde Abend . . .*

| | |
|---|---|
| die **Nachricht, -en** | report, news |
| **fahrplanmäßig** | as scheduled |
| **abgegangen** | departed |
| der **Graben, ¨** | ditch |
| **stürzen** | to plunge |
| **sämtlich** | all, entire |
| **Insasse, (-en), -en** | passenger |
| **verletzen** | to injure |

## *Reaktionen auf die Nachricht vom Busunfall*

*Die Mutter, aus der Ohnmacht erwacht . . .*

| | |
|---|---|
| die **Ohnmacht** | unconsciousness |
| **erwachen** | to awake |
| **sich anklagen** | to blame oneself |
| **immerzu** | continually |
| **büßen für** | to pay for, suffer for |

*Tante Alwine . . .*

| | |
|---|---|
| **schreien*** | to scream |

*Der Vater . . .*

| | |
|---|---|
| **verfluchen** | to curse |
| der **Götze, (-n), -n** | idol, false deity |
| **überhaupt** | in general |
| **schütteln** | to shake |

*Ihr Mann . . .*

| | |
|---|---|
| **bedeutsam** | meaningfully |
| **selig** | deceased, blessed |

*Die Großmutter . . .*

| | |
|---|---|
| **kürzlich** | recently |
| die **Lüge, -n** | lie |
| **lügen*** | to tell a lie |
| **ermahnen** | to admonish, warn |
| **sündigen** | to sin |
| **bestrafen** | to punish |

*Das Mädchen für alles . . .*

| | |
|---|---|
| **jmdm. begegnen** (*aux.* **sein**) | to run across s.o., come upon, meet s.o. |

*Hernach ging das Mädchen für alles . . .*

| | |
|---|---|
| **hernach** | afterwards, after this |
| die **Portiersleute** | building caretakers |
| **den Fall bereden** | to discuss the case/ incident |
| die **Gnädige** (*i.e.,* **die gnädige Frau**) | (*very polite Austrian form of address*) madam |

| | |
|---|---|
| **wegen der dummen Fetzen** | because of the stupid rags (*i.e.*, clothes) |

*Die Portiersfrau meinte . . .*

*Emma, das eine der beiden Fräulein . . .*

| | |
|---|---|
| der **Konditor, -en** | confectioner, fancy pastry baker |
| **sich** *(dat.)* **Vorwürfe machen** | to blame or reproach oneself |

*Bobby, der Dobermann . . .*

| | |
|---|---|
| **jmdm. einen Tritt geben*** | to give s.o. a kick |
| die **Wut** | anger, rage |

## *Die Wahrheit*

*Spätabends kam . . .*

| | |
|---|---|
| **vergnügt** | pleased |
| **vorschwindeln** | to make up a (false) story |
| **einen zufriedenstellenden Verlauf nehmen*** | to take a satisfying course or turn |

## *Reaktionen auf die Wahrheit*

*Die Mutter umarmte . . .*

| | |
|---|---|
| **in hemmungsloser Rührung** | in uncontrolled emotion |

*Der Vater . . .*

| | |
|---|---|
| **jmdm. eine Ohrfeige geben*** | to box s.o. on the ears, slap |

*Die Großmutter . . .*

| | |
|---|---|
| **beten** | to pray |
| **stumm** | silently |

# Hörverständnis

Erzählen Sie, wie die verschiedenen Charaktere auf die Nachricht vom Busunfall reagieren. (Siehe vorher die folgende **Wortschatzaufgabe**.) **Alternativaufgabe:** Machen Sie mindestens zwanzig kurze Inhaltsaussagen über diese Geschichte. Je kürzer die Aussage, desto besser. Eine chronologische Reihenfolge ist hier nicht wichtig.

## Wortschatzaufgabe

Dieser Text enthält einige Verben mündlicher Äußerung. Versuchen Sie, Verben aus dem Text herauszuhören, die Folgendes ausdrücken:

a. nicht die Wahrheit sagen
b. sich die Schuld geben
c. zu Gott sprechen
d. über etwas diskutieren
e. jemandem eine Warnung geben
f. heftig über etwas schimpfen
g. eine Meinung äußern

Verwenden Sie diese Verben, wenn Sie Aussagen machen (siehe **Hörverständnis**) oder über den Hörtext diskutieren.

## Diskussion

1. Warum ist diese Geschichte „ohne Moral"?
2. Warum hat Leopold gelogen? (Denken Sie an die Unterschiede zwischen Leopolds Familie und den anderen Figuren in der Geschichte.)
3. Im Text erfahren wir, wie Mutter, Vater und Großmutter auf Leopolds Lüge reagieren. Wie werden die anderen Figuren wohl reagieren?
4. Glauben Sie, daß man in gewissen Situationen lügen darf? Warum? Warum nicht?

# Zur Wiederholung 6

## Texte 16–18

### Wortschatzaufgaben (Partnerarbeit oder Hausaufgabe)

**1. Ergänzen Sie die Sätze mit Verben aus der Liste.**

a. Wir sollen einen Termin noch _____ .

b. Ich muß deine Bitte leider _____ .

c. Du hast vergessen, dieses Formular zu _____ .

d. Ach, wenn sie ihre Krankheit nur nicht so lange _____ hätte!

e. Wollen wir für heute unsere Plätze _____ ?

f. Er hat sich von der Richtigkeit ihrer Aussage _____ .

g. Wann der Mord geschehen ist, will die Polizei jetzt _____ .

h. Der Besuch des Bundeskanzlers wurde nicht vorher _____ .

i. Das Museum hat drei wertvolle Gemälde _____ .

| | |
|---|---|
| ablehnen (16) | tauschen (18) |
| ankündigen (18) | sich überzeugen (17) |
| sich beraten* (18) | unterschreiben* (17) |
| erwerben* (17) | vereinbaren (16) |
| nachforschen (17) | verschweigen* (17) |
| stürzen (18) | |

**2. Was bedeuten die Adjektive in Fettdruck? Verwenden Sie diese Adjektive attributiv (vor einem Substantiv) in kleinen Sätzen. Sie dürfen auch die hier angegebenen Substantive verwenden, wenn Sie wollen. Wiederholen Sie kein Verb!**

**NOTE:** *When using these phrases in sentences, try to use not only the nominative, but other cases as well.*

**BEISPIEL:** ein **eifersüchtiger** (16) Liebhaber
*jealous*
Sie hatte **einen eifersüchtigen Liebhaber**.
*oder:* Hast du einen **eifersüchtigen** Freund?

die **einzige** (16) Gelegenheit
**aufmerksame** (16) Schüler
sein **gewohnter** (16) Weg
ein **gräßlicher** (16) Mensch
ein **beliebtes** (17) Spiel
**aufrichtige** (17) Freude
**fortdauernde** (17) Probleme
**eigenartige** (17) Leute
eine **merkwürdige** (17) Episode
eine **peinliche** (17) Situation
ein **winziges** (17) Häuschen
ein **vornehmes** (18) Haus
**seltsame** (18) Geräusche
**grobe** (18) Manieren
eine **vorsichtige** (18) Strategie
ein **verlegenes** (18) Lächeln
**tolle** (18) Preise
**närrisches** (18) Treiben

**3. Geben Sie Artikel und Plural für die folgenden Gegenstände an. Was sind diese Gegenstände? Was macht man damit?**

**BEISPIEL:** Trommel
die Trommel, -n
Eine Trommel ist ein Musikinstrument. Man schlägt sie mit der Hand oder mit einem Stock.
*oder:* Eine Trommel ist ein Musikinstrument, das man mit der Hand oder mit einem Stock schlägt.
*oder:* Mit einer Trommel macht man Musik. Man schlägt sie mit der Hand oder mit einem Stock.

Ruder (16)
Anzeige (17)
Zündschlüssel (17)
Scheinwerfer (16)
Ziehharmonika (18)
Kaufvertrag (17)
Gedeck (18)
Schürze (17)

**4. Ergänzen Sie die Ausdrücke mit passenden abstrakten Substantiven aus der Liste. Übersetzen Sie die Ausdrücke ins Englische.**

| | |
|---|---|
| a. die _____ auf etwas lenken | (1) Anteilnahme (17) |
| b. zu jemandem _____ fassen | (2) Aufmerksamkeit (16) |
| c. etwas nur aus _____ tun | (3) Neugier(de) (17) |
| d. reiner _____ sein | (4) Erlaubnis (17) |
| e. den _____ verlieren | (5) Vertrauen (18) |
| f. seine/ihre _____ aussprechen | (6) Gelegenheit (17) |
| g. jemandem die _____ geben | (7) Verstand (18) |
| h. eine _____ verpassen | (8) Zufall (18) |
| i. meine _____ wecken | (9) Höflichkeit (17) |

**5. Diese Geschichten sind etwas zu lang zum Nacherzählen. Schreiben Sie daher auf Ihre Erzählkarten bloß fünfzehn Wörter oder Ausdrücke, die Ihrer Meinung nach die jeweilige Geschichte besonders charakterisieren. Ihr(e) Partner(in) soll mit Ihren Wörtern Aussagen über die Geschichten machen.**

## Diskussionsthemen/Aufsatzthemen

1. **Alle Geschichten in diesem Teil des Buches (auch der Hörtext) handeln von Beziehungen (*relationships*) zwischen Menschen in Familien. Besprechen Sie solche Beziehungen in einer der Geschichten.**
2. **Welche Geschichte hat für Sie die interessanteste Thematik oder Problematik? Warum?**
3. **Erfinden Sie einen anderen Handlungsablauf (*plot ending*) für eine der Geschichten.**

# 19 Eine größere Anschaffung

*Wolfgang Hildesheimer*

**Wolfgang Hildesheimer** was born in Hamburg in 1916 and attended secondary school in England before emigrating to Palestine with his parents in 1933. After working as a translator at the Nuremberg trials, he settled in southern Bavaria and eventually turned to writing. He now lives in the Swiss village of Poschiavo in the Grisons (**Graubünden**). His literary *œuvre* encompasses novels, dramas, radio plays, short stories, translations (from English), and literary criticism. He has received numerous literary awards. "Eine größere Anschaffung" is from his first published collection of short stories, *Lieblose Legenden* (1952). Though bizarre and bordering on the absurd, it nevertheless possesses an irrefutable, albeit nonsensical, logic of its own. For those who enjoy this story,"Der hellgraue Frühjahrsmantel" from the same collection is a must.

## Vor dem Lesen

### Schnelles Durchlesen

Sie sollen den ganzen Text zuerst ohne Glossen schnell durchlesen. Lesen Sie bitte so schnell wie möglich, aber nicht länger als zehn Minuten! Wenn Sie ein Wort, einen Satzteil oder sogar einen ganzen Satz nicht verstehen, lesen Sie einfach weiter! Wenn Sie zu Ende gelesen haben, decken Sie den Text zu und ergänzen Sie die folgenden Sätze. Wenn Sie Schwierigkeiten haben, dann sehen Sie sich noch einmal die Illustration auf Seite 192 an.

Eines Abends saß der Erzähler . . .

Ein Mann gewöhnlichen Aussehens wollte . . .

Der Erzähler verstand wenig . . . und wollte wissen, . . .

Der Mann zeigte ihm . . .

Schon in derselben Nacht . . .

In die Garage . . .

Bald darauf kam der Vetter des Erzählers . . .

Der Vetter war ein Mensch, der . . .

Der Vetter hatte ein Geschenk mitgebracht, nämlich . . .

Der Vetter beschloß (*decided*), . . .

Als er in die Garage kam, . . .

Der Vetter kam zurück und fragte den Erzähler, . . .

Weil der Vetter sich beim Erzähler nicht mehr wohl fühlte, . . .

Ein paar Tage später las der Erzähler in der Zeitung, daß . . .

Das nächste Mal wollte der Mann gewöhnlichen Aussehens . . .

Aber der Erzähler . . .

Vergleichen Sie Ihre Sätze jetzt mit denen anderer Personen im Kurs. Lesen Sie die Geschichte genau, nachdem Sie die Aufgabe nach dem ersten Lesen gemacht haben.

# Eine größere Anschaffung[1]

Eines Abends saß ich im Dorfwirtshaus vor (genauer gesagt, hinter) einem Glas Bier, als ein Mann gewöhnlichen Aussehens[2] sich neben mich setzte und mich mit vertraulicher[3] Stimme fragte, ob ich eine Lokomotive kaufen wolle. Nun ist es zwar ziemlich leicht, mir etwas zu verkaufen, denn ich kann schlecht nein sagen, aber bei einer größeren Anschaffung dieser Art schien mir doch Vorsicht am Platze[4]. Obgleich ich wenig von Lokomotiven verstehe, erkundigte ich mich nach[5] Typ und Bauart, um bei dem Mann den Anschein zu erwecken[6], als habe er es hier mit einem Experten zu tun, der nicht gewillt sei, die Katz im Sack zu kaufen[7], wie man so schön sagt. Er gab bereitwillig[8] Auskunft[9] und zeigte mir Ansichten[10], die die Lokomotive von vorn und von den Seiten darstellten[11]. Sie sah gut aus, und ich bestellte sie, nachdem wir uns vorher über den Preis geeinigt[12] hatten, unter Rücksichtnahme auf[13] die Tatsache[14], daß es sich um einen second-hand-Artikel handelte[15].

Schon in derselben Nacht wurde sie gebracht. Vielleicht hätte ich daraus entnehmen[16] sollen, daß der Lieferung[17] eine anrüchige[18] Tat zugrunde lag[19], aber ich kam nun einmal[20] nicht auf die Idee. Ins Haus konnte ich die Lokomotive nicht nehmen, es wäre zusammengebrochen[21], und so mußte sie in die Garage gebracht werden, ohnehin[22] der angemessene[23] Platz für Fahrzeuge[24]. Natürlich ging sie nur halb hinein. Hoch genug war die Garage, denn ich hatte früher einmal meinen Fesselballon[25] darin untergebracht[26], aber er war geplatzt[27]. Für die Gartengeräte[28] war immer noch Platz.

Bald darauf[29] besuchte mich mein Vetter. Er ist ein Mensch, der, jeglicher[30] Spekulation und Gefühlsäußerung[31] abhold[32], nur die nackten Tatsachen gelten läßt[33]. Nichts erstaunt[34] ihn, er weiß alles, bevor man es ihm erzählt, weiß es besser und kann alles erklären. Kurz, ein unausstehlicher[35] Mensch. Nach der Begrüßung fing ich an: „Diese herrlichen Herbstdüfte[36] . . ." – „Welkendes[37] Kartoffelkraut", sagte er. Fürs erste[38] steckte ich es auf[39] und schenkte mir von dem

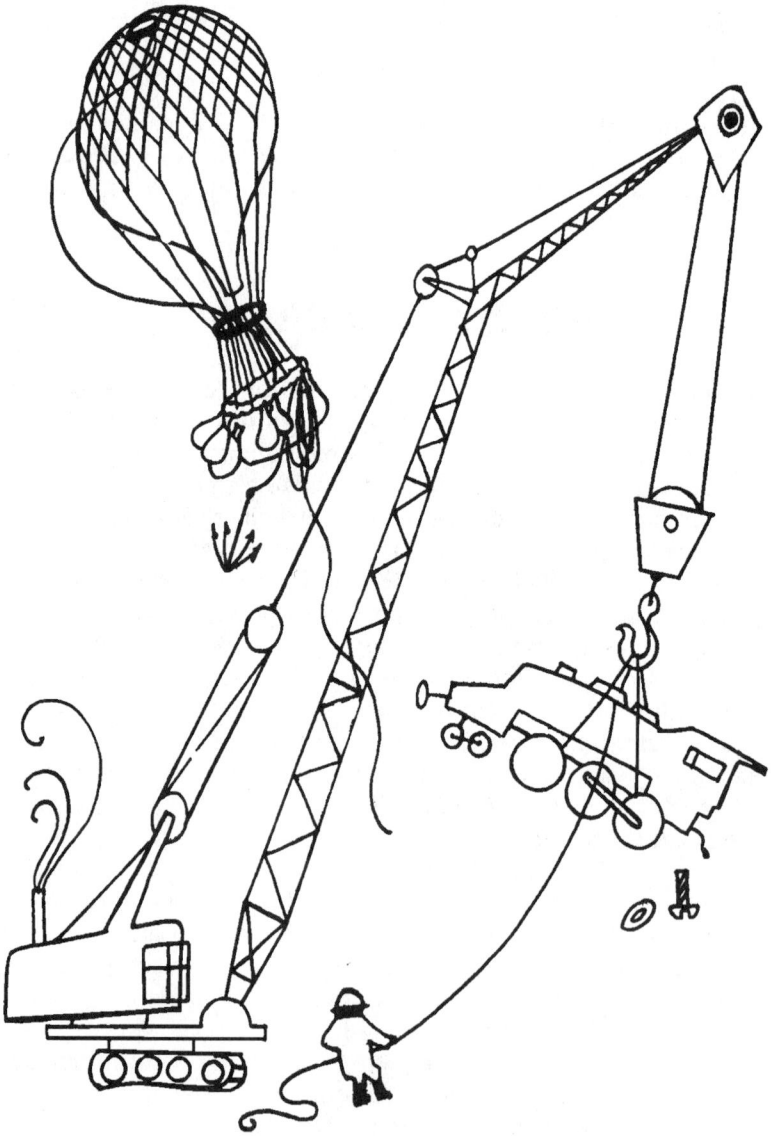

Kognak ein[40], den er mitgebracht hatte. Er schmeckte nach Seife[41], und ich gab dieser Empfindung[42] Ausdruck. Er sagte, der Kognak habe, wie ich auf dem Etikett[43] ersehen könne, auf den Weltausstellungen[44] in Lüttich und Barcelona große Preise erhalten[45], sei daher[46] gut. Nachdem wir schweigend mehrere Kognaks getrunken hatten, beschloß[47] er, bei mir zu übernachten und ging den Wagen einstellen. Einige Minuten darauf kam er zurück und sagte mit leiser, leicht zitternder Stimme, daß in meiner Garage eine große Schnellzugslokomotive stünde. „Ich weiß", sagte ich ruhig und nippte[48] von meinem Kognak, „ich habe sie mir vor kurzem[49] angeschafft." Auf seine zaghafte[50] Frage, ob ich öfters damit fahre, sagte ich nein, nicht oft, nur neulich[51] nachts hätte ich eine benachbarte Bäuerin, die ein freudiges Ereignis[52] erwartete, in die Stadt, ins Krankenhaus gefahren. Sie hätte noch in derselben Nacht Zwillingen[53] das Leben geschenkt, aber das habe wohl mit der nächtlichen Lokomotivfahrt nichts zu tun. Übrigens[54] war das alles erlogen, aber bei solchen Gelegenheiten[55] kann ich oft diesen Versuchungen[56] nicht widerstehen[57]. Ob er es geglaubt hat, weiß ich nicht, er nahm es schweigend zur Kenntnis[58], und es war offensichtlich[59], daß er sich bei mir nicht mehr wohl fühlte. Er wurde einsilbig[60], trank noch ein Glas Kognak und verabschiedete sich[61]. Ich habe ihn nicht mehr gesehen.

Als kurz darauf die Meldung[62] durch die Tageszeitungen ging, daß den französischen Staatsbahnen eine Lokomotive abhanden gekommen[63] sei (sie sei eines Nachts vom Erdboden – genauer gesagt vom Rangierbahnhof[64] – verschwunden gewesen) wurde mir natürlich klar, daß ich das Opfer[65] einer unlauteren[66] Transaktion geworden war. Deshalb begegnete ich auch dem Verkäufer, als ich ihn kurz darauf im Dorfgasthaus sah, mit zurückhaltender Kühle. Bei dieser Gelegenheit wollte er mir einen Kran verkaufen, aber ich wollte mich in ein Geschäft mit ihm nicht mehr einlassen[67], und außerdem[68], was soll ich mit einem Kran?

## Leseverständnis

Bestimmen Sie, ob die folgenden Aussagen (1) richtig, (2) falsch oder (3) nicht im Text vorhanden sind. Berichtigen Sie die falschen Aussagen.

**BEISPIEL:** Der Vetter mochte Kartoffelkraut nicht.

FALSCH: Der Vetter meinte, der Herbst rieche nach welkendem Kartoffelkraut.

*oder:* Er sagte, die Herbstdüfte kämen von dem welkenden Kartoffelkraut.

1. Die Nachbarin des Erzählers gebar zwei Kinder.
2. Der Erzähler ließ die Lokomotive neben seinem Fesselballon in der Garage unterbringen.
3. Der Vetter des Erzählers war ganz einfach ein Mensch ohne Phantasie.
4. Der Verkäufer der Lokomotive hatte sie vom Rangierbahnhof gestohlen.
5. Der vom Vetter mitgebrachte Kognak hatte mehrere Preise gewonnen.
6. Der Vetter hatte die Absicht, beim Erzähler zu übernachten.
7. Der Erzähler war Eisenbahnexperte, aber niemand sollte es wissen.
8. Da die Lokomotive schon gebraucht war, wollte der Erzähler keinen zu hohen Preis dafür bezahlen.
9. Der Erzähler kaufte den Kran deswegen nicht, weil der Verkäufer zuviel Geld dafür wollte.

## In eigenen Worten

Es gehört zum humorvollen Ton dieser Geschichte, daß der Erzähler sich manchmal recht schwierig, gehoben (*elevated*) und abstrakt ausdrückt. Diese Diskrepanz zwischen dem Geschehen (das, *was* er erzählt) und der gehobenen Sprache des Erzählers (*wie* er erzählt) ist ein wichtiger Aspekt seines Stils und seines Humors. Vereinfachen Sie und kürzen Sie in Ihren eigenen Worten die folgenden „gehobenen" Stellen soweit wie möglich.

**BEISPIEL:** Sie sah gut aus, und ich bestellte sie, nachdem wir uns vorher über den Preis geeinigt hatten, unter Rücksichtnahme auf die Tatsache, daß es sich um einen second-hand-Artikel handelte.

*Sie sah gut aus. Wir machten einen Preis aus, und ich kaufte sie, obwohl sie gebraucht war.*

**NOTE:** *For extensive paraphrasing practice, you may wish to retell (with a partner) or rewrite the entire story line for line in your own words.*

1. Obgleich ich wenig von Lokomotiven verstehe, erkundigte ich mich nach Typ und Bauart, um bei dem Mann den Anschein zu erwecken, als habe er es hier mit einem Experten zu tun, der nicht gewillt sei, die Katz im Sack zu kaufen . . .
2. Er gab bereitwillig Auskunft und zeigte mir Ansichten, die die Lokomotive . . . darstellten.
3. Vielleicht hätte ich daraus entnehmen sollen, daß der Lieferung eine anrüchige Tat zugrunde lag, aber ich kam nun einmal nicht auf die Idee.
4. Er ist ein Mensch, der, jeglicher Spekulation und Gefühlsäußerung abhold, nur die nackten Tatsachen gelten läßt.
5. Er schmeckte nach Seife, und ich gab dieser Empfindung Ausdruck.
6. Sie hätte noch in derselben Nacht Zwillingen das Leben geschenkt . . .
7. Ob er es geglaubt hat, weiß ich nicht, er nahm es schweigend zur Kenntnis, und es war offensichtlich, daß er sich bei mir nicht mehr wohl fühlte.
8. Als kurz darauf die Meldung durch die Tageszeitungen ging, daß den französischen Staatsbahnen eine Lokomotive abhanden gekommen sei . . . wurde mir natürlich klar, daß ich das Opfer einer unlauteren Transaktion geworden war.
9. Bei dieser Gelegenheit wollte er mir einen Kran verkaufen, aber ich wollte mich in ein Geschäft mit ihm nicht mehr einlassen . . .

## Diskussion

1. Die Ereignisse (*events*) in dieser Geschichte sind sehr ungewöhnlich. In was für einer Sprache und mit was für einer Logik erzählt der Mann davon? Diskutieren Sie, was der Autor damit zum Ausdruck bringen will.
2. Führen (*give*) Sie mögliche Gründe an, warum er sich einen Fesselballon angeschafft hatte. Je lustiger der Grund, desto besser!
3. Stellen Sie als Gruppe eine Liste von den zehn wichtigsten Dingen zusammen, die wir uns im Laufe unseres Lebens anschaffen. Welche sind unnötig? Welche braucht man unbedingt? Ordnen Sie diese Dinge nach Wichtigkeit für Ihr Leben.

4. Es gibt viele sehr reiche Menschen auf der Welt (Rocksänger, Filmschauspieler, Basketballspieler, Fabrikbesitzer, Kinder reicher Familien usw.), die sich oft „größere Anschaffungen" machen. Nennen Sie ein paar Beispiele. Was halten Sie davon?
5. Versuchen Sie, eine(n) Partner(in) oder andere Studenten zur Anschaffung einer Schnellzugslokomotive, eines Krans, eines Fesselballons oder eines anderen ungewöhnlichen und großen Gegenstands (*object*) zu überreden. Ihr(e) Partner(in) soll versuchen, jedes Ihrer Argumente durch ein Gegenargument zu entkräften (*refute*).

## Wortschatzaufgaben

1. Unterstreichen Sie in der Geschichte alle adverbialen Zeitausdrücke (z. B. **eines Abends, kurz darauf**). Ersetzen Sie dann jeden dieser Ausdrücke im Text durch eine synonyme Wendung.

   **BEISPIEL:** Eines Abends saß ich . . .
   **An einem Abend** saß ich . . .

2. In der Geschichte gibt es einige idiomatische Wendungen, die aus einem Substantiv (mit oder ohne Präposition) und einem bestimmten Verb bestehen. Suchen Sie fünf bis sieben Wendungen solcher Art im Text. Schreiben Sie Sätze damit.

   **BEISPIEL:** ein freudiges Ereignis erwarten
   Unsere Lehrerin erwartet **ein freudiges Ereignis**.

## Aufsatzthemen

**Tips zum Schreiben:** Structuring and sequencing narratives with time expressions

As you can see from the story (and from **Wortschatzaufgabe** 1), Wolfgang Hildesheimer makes frequent use of adverbial and prepositional time expressions. Although such expressions normally follow the TMP rule (Time – Manner – Place), you can also put them, as Hildesheimer frequently does, at the beginning of a sentence to emphasize the sequence of events in your narrative. Try to use some of the following expressions in your writing assignment for this chapter, and place some of them at the beginning of the sentence.

| | |
|---|---|
| **Starting:** | anfangs (*in the beginning, initially*) |
| | damals (*back then*) |
| | eines Morgens/Tages/Abends (*one morning/day/evening*) |
| | einmal (*once, one time*) |
| | einst (*once, once upon a time*) |
| | neulich/vor kurzem (*recently*) |
| **Sequencing:** | auf einmal/plötzlich (*suddenly, all at once*) |
| | bald darauf (*soon thereafter*) |
| | kurz darauf (*shortly thereafter*) |
| | da/dann (*then*) |
| | danach (*after that*) |
| | inzwischen/unterdessen (*in the meantime*) |
| | später (*later*) |
| **Concluding:** | seitdem/seither (*ever since*) |
| | am Ende (*finally, in/at the end*) |
| | endlich (*finally, at long last*) |
| | zum Schluß (*in the end, in conclusion*) |

1. Sie sind der Vetter und schreiben nach dem Besuch beim Erzähler einen Brief an (a) den Erzähler, *oder* (b) an die Freundin des Erzählers *oder* (c) an die Eltern des Erzählers. Vergessen Sie nicht, was für ein Mensch der Vetter ist.
2. Schreiben Sie von einer besonderen „größeren Anschaffung" in Ihrem Leben oder im Leben Ihrer Familie. Wie kam man zu der Entscheidung, diese Anschaffung zu machen? Wie machte man die Anschaffung? Was waren die Folgen davon?
3. Schreiben Sie eine kurze Anekdote mit dem Titel „Eine größere Anschaffung".

# 20 Ein Mensch mit Namen Ziegler

*Hermann Hesse*

**Hermann Hesse** was born in 1877 in Calw in southwest Germany and died in Switzerland in 1962. He was a neoromanticist whose novels blend fantasy, fairy tale, dream, and music with visionary experiences and Eastern mysticism. Even though he received the Nobel Prize for Literature in 1946, his novels might have disappeared into permanent obscurity but for their rediscovery by American hippies of the 1960s, who found in Hesse's utopian visions a life philosophy akin to their own. Since then his works have retained their popularity in both America and Europe. Taken from the collection *Fabulierbuch* (1911), "Ein Mensch mit Namen Ziegler" depicts the intrusion of the unexplainable (romanticism) into the comfortable and neatly regulated world of a modern man who reveres the almighty power of science (rational thought and technology) to the exclusion of any meaningful spiritual values.

## Vor dem Lesen

### Mitlesen–Mitteilen

Bilden Sie drei Gruppen. Jede Gruppe liest einen Teil der Erzählung und stellt ein Erzählschema zusammen. Dann berichtet jede Gruppe über ihren Teil des Textes (etwa eine Unterrichtsstunde).

Lesen Sie die Geschichte genau, nachdem Sie die Gruppenaufgabe gemacht haben.

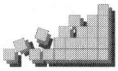

# Ein Mensch mit Namen Ziegler

**A**

Einst wohnte in der Brauergasse[1] ein junger Herr mit Namen Ziegler. Er gehörte zu denen, die uns jeden Tag und immer wieder auf der Straße begegnen und deren Gesicht wir uns nie recht merken können, weil sie alle miteinander dasselbe Gesicht haben: ein Kollektivgesicht.

Ziegler war alles und tat alles, was solche Leute immer sind und tun. Er war nicht unbegabt[2], aber auch nicht begabt, er liebte Geld und Vergnügen, zog sich gern hübsch an und war ebenso feige[3] wie die meisten Menschen: sein Leben und Tun wurde weniger durch Triebe[4]

10 und Bestrebungen[5] regiert als durch Verbote, durch die Furcht vor Strafen[6]. Dabei hatte er manche honette Züge[7] und war überhaupt alles in allem ein erfreulich normaler Mensch, dem seine eigene Person sehr lieb und wichtig war. Er hielt sich, wie jeder Mensch, für eine Persönlichkeit, während er nur ein Exemplar[8] war, und sah in sich, 15 in seinem Schicksal[9] den Mittelpunkt der Welt, wie jeder Mensch es tut. Zweifel lagen ihm fern, und wenn Tatsachen seiner Weltanschauung widersprachen, schloß er mißbilligend[10] die Augen.

Als moderner Mensch hatte er außer vor dem Geld noch vor einer zweiten Macht unbegrenzte Hochachtung: vor der Wissenschaft[11]. Er 20 hätte nicht zu sagen gewußt, was eigentlich Wissenschaft sei, er dachte dabei an etwas wie Statistik und auch ein wenig an Bakteriologie, und es war ihm wohl bekannt, wieviel Geld und Ehre der Staat für die Wissenschaft übrig habe. Besonders respektierte er die Krebsforschung[12], denn sein Vater war an Krebs gestorben, und Ziegler 25 nahm an[13], die inzwischen so hoch entwickelte Wissenschaft werde nicht zulassen[14], daß ihm einst dasselbe geschähe.

Äußerlich zeichnete sich Ziegler durch das Bestreben[15] aus[16], sich etwas über seine Mittel zu kleiden, stets[17] im Einklang[18] mit der Mode des Jahres. Denn die Moden des Quartals und des Monats, welche 30 seine Mittel allzu sehr überstiegen hätten, verachtete er als dumme Afferei[19]. Er hielt viel auf[20] Charakter und trug keine Scheu, unter seinesgleichen und an sichern Orten über Vorgesetzte[21] und Regierungen zu schimpfen. Ich verweile wohl zu lange bei dieser Schilderung[22]. Aber Ziegler war wirklich ein reizender[23] junger Mensch, und 35 wir haben viel an ihm verloren. Denn er fand ein frühes und seltsames Ende, allen seinen Plänen und berechtigten[24] Hoffnungen zuwider[25].

Bald nachdem er in unsre Stadt gekommen war, beschloß er einst, sich einen vergnügten Sonntag zu machen. Er hatte noch keinen rechten Anschluß gefunden[26] und war aus Unentschiedenheit noch 40 keinem Verein beigetreten[27]. Vielleicht war dies sein Unglück[28]. Es ist nicht gut, daß der Mensch allein sei.

So war er darauf angewiesen[29], sich um die Sehenswürdigkeiten der Stadt zu kümmern[30], die er denn gewissenhaft[31] erfragte. Und nach reiflicher Überlegung entschied er sich für das historische 45 Museum und den zoologischen Garten. Das Museum war an Sonntagvormittagen unentgeltlich[32], der Zoologische nachmittags zu ermäßigten[33] Preisen zu besichtigen.

**B**

In seinem neuen Straßenanzug mit Tuchknöpfen[34], den er sehr liebte, ging Ziegler am Sonntag ins historische Museum. Er nahm 50 seinen dünnen, eleganten Spazierstock mit, einen vierkantigen[35], rotlackierten Stock, der ihm Haltung[36] und Glanz verlieh, der ihm aber zu seinem tiefsten Mißvergnügen vor dem Eintritt in die Säle[37] vom Türsteher abgenommen wurde.

In den hohen Räumen war vielerlei zu sehen, und der fromme[38] Besucher pries[39] im Herzen die allmächtige Wissenschaft, die auch hier ihre verdienstvolle[40] Zuverlässigkeit[41] erwies[42], wie Ziegler aus den sorgfältigen Aufschriften an den Schaukästen schloß[43]. Alter Kram[44], wie rostige Torschlüssel, zerbrochene grünspanige[45] Halsketten und dergleichen, gewann durch diese Aufschriften ein erstaunliches Interesse. Es war wunderbar, um was alles diese Wissenschaft sich kümmerte, wie sie alles beherrschte[46], alles zu bezeichnen[47] wußte – o nein, gewiß würde sie schon bald den Krebs abschaffen[48] und vielleicht das Sterben überhaupt.

Im zweiten Saale fand er einen Glasschrank, dessen Scheibe[49] so vorzüglich[50] spiegelte, daß er in einer stillen Minute seinen Anzug, Frisur und Kragen, Hosenfalte und Krawattensitz kontrollieren[51] konnte. Froh aufatmend[52] schritt er weiter und würdigte[53] einige Erzeugnisse[54] alter Holzschnitzer[55] seiner Aufmerksamkeit. Tüchtige[56] Kerle[57], wenn auch reichlich naiv, dachte er wohlwollend. Und auch eine alte Standuhr[58] mit elfenbeinernen[59], beim Stundenschlag Menuett tanzenden Figürchen betrachtete und billigte[60] er geduldig. Dann begann die Sache ihn etwas zu langweilen, er gähnte[61] und zog häufig seine Taschenuhr, die er wohl zeigen dürfte, sie war schwer golden und ein Erbstück[62] von seinem Vater.

Es blieb ihm, wie er bedauernd sah, noch viel Zeit bis zum Mittagessen übrig, und so trat er in einen andern Raum, der seine Neugierde wieder zu fesseln[63] vermochte. Er enthielt Gegenstände[64] des mittelalterlichen Aberglaubens[65], Zauberbücher[66], Amulette, Hexenstaat[67] und in einer Ecke eine ganze alchimistische Werkstatt mit Esse[68], Mörsern[69], bauchigen[70] Gläsern, dürren[71] Schweinsblasen[72], Blasbälgen[73] und so weiter. Diese Ecke war durch ein wollenes Seil[74] abgetrennt, eine Tafel verbot das Berühren der Gegenstände. Man liest ja aber solche Tafeln nie sehr genau, und Ziegler war ganz allein im Raum.

So streckte er unbedenklich[75] den Arm über das Seil hinweg und betastete[76] einige der komischen Sachen. Von diesem Mittelalter und seinem drolligen Aberglauben hatte er schon gehört und gelesen; es war ihm unbegreiflich, wie Leute sich damals mit so kindischem Zeug[77] befassen[78] konnten, und daß man den ganzen Hexenschwindel und all das Zeug nicht einfach verbot. Hingegen[79] die Alchimie mochte immerhin entschuldigt werden können, da aus ihr die so nützliche Chemie hervorgegangen war. Mein Gott, wenn man so daran dachte, daß diese Goldmachertiegel[80] und all der dumme Zauberkram vielleicht doch notwendig gewesen waren, weil es sonst heute kein Aspirin und keine Gasbomben gäbe!

Achtlos nahm er ein kleines dunkles Kügelchen, etwas wie eine Arzneipille, in die Hand, ein vertrocknetes Ding ohne Gewicht[81], drehte es zwischen den Fingern und wollte es eben wieder hinlegen, als er Schritte hinter sich hörte. Er wandte sich um, ein Besucher war eingetreten. Es genierte[82] Ziegler, daß er das Kügel-

chen in der Hand hatte, denn er hatte die Verbotstafel natürlich doch gelesen. Darum[83] schloß er die Hand, steckte sie in die Tasche und ging hinaus.

Erst auf der Straße fiel ihm die Pille wieder ein. Er zog sie heraus und dachte sie wegzuwerfen, vorher aber führte er sie an die Nase und roch daran. Das Ding hatte einen schwachen, harzartigen[84] Geruch, der ihm Spaß machte, so daß er das Kügelchen wieder einsteckte.

Er ging nun ins Restaurant, bestellte sich Essen, schnüffelte in einigen Zeitungen, fingerte an seiner Krawatte und warf den Gästen teils hochmütige[85] Blicke zu, je nachdem[86] sie gekleidet waren. Als aber das Essen eine Weile auf sich warten ließ, zog Herr Ziegler seine aus Versehen[87] gestohlene Alchimistenpille hervor und roch an ihr. Dann kratzte[88] er sie mit dem Zeigefingernagel, und endlich folgte er naiv einem kindlichen Gelüste und führte das Ding zum Mund; es löste sich im Mund rasch auf, ohne unangenehm zu schmecken, so daß er es mit einem Schluck Bier hinabspülte[89]. Gleich darauf kam auch sein Essen.

## C

Um zwei Uhr sprang der junge Mann vom Straßenbahnwagen, betrat den Vorhof des zoologischen Gartens und nahm eine Sonntagskarte.

Freundlich lächelnd ging er ins Affenhaus und faßte vor dem großen Käfig[90] der Schimpansen Stand[91]. Der große Affe blinzelte ihn an[92], nickte ihm gutmütig[93] zu[94] und sprach mit tiefer Stimme die Worte: „Wie geht's, Bruderherz?"

Angewidert[95] und wunderlich erschrocken wandte sich der Besucher schnell hinweg und hörte im Fortgehen den Affen hinter sich her schimpfen: „Auch noch stolz ist der Kerl! Plattfuß, dummer!"

Rasch trat Ziegler zu den Meerkatzen[96] hinüber. Die tanzten ausgelassen[97] und schrien: „Gib Zucker her, Kamerad!" und als er keinen Zucker hatte, wurden sie bös, ahmten ihn nach[98], nannten ihn Hungerleider[99] und bleckten die Zähne[100] gegen ihn. Das ertrug[101] er nicht; bestürzt[102] und verwirrt floh er hinaus und lenkte[103] seine Schritte zu den Hirschen[104] und Rehen[105], von denen er ein hübscheres Betragen erwartete.

Ein großer herrlicher Elch stand nahe beim Gitter[106] und blickte den Besucher an. Da erschrak Ziegler bis ins Herz. Denn seit er die alte Zauberpille geschluckt hatte, verstand er die Sprache der Tiere. Und der Elch sprach mit seinen Augen, zwei großen braunen Augen. Sein stiller Blick redete Hoheit, Ergebung[107] und Trauer, und gegen den Besucher drückte er eine überlegen[108] ernste Verachtung aus, eine furchtbare Verachtung. Für diesen stillen, majestätischen Blick, so las Ziegler, war er samt[109] Hut und Stock, Uhr und Sonntagsanzug nichts als ein Geschmeiß[110], ein lächerliches[111] und widerliches[112] Vieh[113].

Vom Elch entfloh Ziegler zum Steinbock[114], von da zu den Gemsen[115], zum Lama, zum Gnu, zu den Wildsäuen und Bären. Insultiert wurde er von diesen allen nicht, aber er wurde von allen verachtet. Er hörte ihnen zu und erfuhr aus ihren Gesprächen, wie sie über die Menschen dachten. Es war schrecklich, wie sie über sie dachten. Namentlich wunderten sie sich darüber, daß ausgerechnet diese häßlichen, stinkenden, würdelosen[116] Zweibeiner in ihren geckenhaften[117] Verkleidungen[118] frei umherlaufen durften.

Er hörte einen Puma mit seinem Jungen reden, ein Gespräch voll Würde und sachlicher[119] Weisheit, wie man es unter Menschen selten hört. Er hörte einen schönen Panther sich kurz und gemessen[120] in aristokratischen Ausdrücken über das Pack der Sonntagsbesucher äußern[121]. Er sah dem blonden Löwen ins Auge und erfuhr, wie weit und wunderbar die wilde Welt ist, wo es keine Käfige und keine Menschen gibt. Er sah einen Turmfalken trüb und stolz in erstarrter[122] Schwermut[123] auf dem toten Ast[124] sitzen und sah die Häher[125] ihre Gefangenschaft mit Anstand[126], Achselzucken[127] und Humor ertragen.

Benommen[128] und aus allen seinen Denkgewohnheiten gerissen, wandte sich Ziegler in seiner Verzweiflung den Menschen wieder zu. Er suchte ein Auge, das seine Not[129] und Angst verstünde, er lauschte[130] auf Gespräche, um irgend etwas Tröstliches[131], Verständliches, Wohltuendes zu hören, er beachtete die Gebärden[132] der vielen Gäste, um auch bei ihnen irgendwo Würde, Natur, Adel, stille Überlegenheit zu finden.

Aber er wurde enttäuscht[133]. Er hörte die Stimmen und Worte, sah die Bewegungen, Gebärden und Blicke, und da er jetzt alles wie durch ein Tierauge sah, fand er nichts als eine entartete[134], sich verstellende[135], lügende, unschöne Gesellschaft tierähnlicher Wesen, die von allen Tierarten ein geckenhaftes Gemisch zu sein schienen.

Verzweifelt irrte Ziegler umher, sich seiner selbst unbändig[136] schämend. Das vierkantige Stöcklein hatte er längst ins Gebüsch geworfen, die Handschuhe hinterdrein. Aber als er jetzt seinen Hut von sich warf, die Stiefel[137] auszog, die Krawatte abriß, und schluchzend[138] sich an das Gitter des Elchstalls drückte, ward er unter großem Aufsehen[139] festgenommen und in ein Irrenhaus gebracht.

## Leseverständnis

Sammeln Sie allein oder in Gruppen Information zu jedem der folgenden Themen aus der Geschichte. Teilen Sie anderen Personen oder Gruppen diese Information mit.

der Charakter Zieglers

die moderne Wissenschaft

das Mittelalter

die Welt der Tiere

## In eigenen Worten

Drücken Sie die folgenden Wendungen und Stellen aus dem Text anders aus. (Zeilen in Klammern)

1. Er gehörte zu denen . . . (2)
2. Zweifel lagen ihm fern, und wenn Tatsachen seiner Weltanschauung widersprachen, schloß er mißbilligend die Augen. (16–17)
3. . . . , die inzwischen so hoch entwickelte Wissenschaft werde nicht zulassen, daß ihm einst dasselbe geschähe. (25–26)
4. Denn die Moden des Quartals und des Monats, welche seine Mittel allzu sehr überstiegen hätten, verachtete er als dumme Afferei. (29–31)
5. Er hatte noch keinen rechten Anschluß gefunden . . . (38–39)
6. So war er darauf angewiesen, sich um die Sehenswürdigkeiten der Stadt zu kümmern, die er denn gewissenhaft erfragte. (42–43)
7. Das Museum . . . war unentgeltlich, der Zoologische . . . zu ermäßigten Preisen zu besichtigen. (45–47)
8. . . . er . . . würdigte einige Erzeugnisse alter Holzschnitzer seiner Aufmerksamkeit. (67–68)
9. . . . , und so trat er in einen andern Raum, der seine Neugierde wieder zu fesseln vermochte. (76–77)
10. Als aber das Essen eine Weile auf sich warten ließ . . . (111–112)
11. . . . [er] faßte vor dem großen Käfig der Schimpansen Stand. (122–123)

## Diskussion

1. Beschreiben Sie Ziegler als Beispiel des modernen Menschen. Wie lebt er? Was für Dinge schätzt er am meisten? Welche Dinge verachtet er? Welche Dinge spielen in seinem Leben keine Rolle?
2. Diskutieren Sie die symbolische Bedeutung von Kleidung in dieser Erzählung.
3. Besprechen Sie das Für und Wider der modernen wissenschaftlichen Forschung in unserem Zeitalter (*era*). Achten Sie dabei auf die Stelle im Text: „weil es sonst heute kein Aspirin und keine Gasbomben gäbe."
4. Inwiefern kann man diese Erzählung als Märchen bezeichnen? Denken Sie dabei auch an das „Märchen vom kleinen Herrn Moritz" (Text 9).
5. Sind Sie ein „Original" oder ein „Exemplar"? Begründen Sie Ihre Antwort.
6. Wir leben heutzutage in einem technischen Zeitalter großer wissenschaftlicher Entdeckungen und Erfindungen. Diskutieren Sie, inwiefern es in einer solchen Welt für das Übernatürliche oder das Wunderbare noch Platz gibt. Glauben Sie an übernatürliche Phänomene? Lehnen Sie solche Phänomene grundsätzlich (*on principle*) ab?
7. Vergleichen Sie die Beschreibung der Tiere in dieser Geschichte mit der Situation des Panthers im folgenden Gedicht. Was will der Autor des Gedichtes durch den Panther zum Ausdruck bringen?

### Der Panther

**Im Jardin des Plantes, Paris**

*Sein Blick ist vom Vorübergehn der Stäbe*[1]
*so müd geworden, daß er nichts mehr hält.*
*Ihm ist, als ob es tausend Stäbe gäbe*
*und hinter tausend Stäben keine Welt.*

*Der weiche*[2] *Gang*[3] *geschmeidig*[4] *starker Schritte,*
*der sich im allerkleinsten Kreise dreht,*
*ist wie ein Tanz von Kraft um eine Mitte,*
*in der betäubt*[5] *ein großer Wille steht.*

---

[1] der **Stab, ¨e** bar (of the cage) [2] **weich** soft, gentle [3] der **Gang** gait [4] **geschmeidig** supple, lithe [5] **betäubt** numbed, anesthetized

*Nur manchmal schiebt der Vorhang der Pupille*
*sich lautlos auf*[6] *– . Dann geht ein Bild hinein,*
*geht durch der Glieder*[7] *angespannte*[8] *Stille –*
*und hört im Herzen auf zu sein.*

RAINER MARIA RILKE *(1875–1926)*

[6] **sich aufschieben*** to push oneself open [7] das **Glied, -er** limb [8] **angespannt** taut, tense

## Wortschatzaufgaben

1. Geben Sie Artikel für diese Wörter. Welche dieser Dinge spielen in Ihrem Leben eine wichtige Rolle? Erklären Sie warum.

**BEISPIEL:** Verbot, -e

das Verbot

Verbote spielen in meinem Leben eine wichtige Rolle. Es gibt viel, was ich nicht tun darf.

| | |
|---|---|
| Furcht | Charakter |
| Verbot, -e | Glanz |
| Schicksal, -e | Verzweiflung |
| Weltanschauung, -en | Gesellschaft, -en |
| Macht, ¨-e | Vorgesetzte (*pl.; adj. noun*) |
| Wissenschaft, -en | Verein, -e |
| Mode, -n | Humor |

2. Lernen Sie die Namen (mit Artikel und Plural) aller Tiere in dieser Geschichte. Schreiben Sie *einen* Satz über jedes dieser Tiere.

**BEISPIELE:** Schimpansen klettern gern in Bäumen.

Der Elch lebt in nördlichen Ländern.

## Aufsatzthemen

**TIPS ZUM SCHREIBEN:** Using the tips you have learned

Try to recall what you consider the five most important or useful writing tips from previous chapters. List these tips at the top of your paper. Make a point of using all of them when writing on one of the following topics.

1. Fassen Sie die Geschichte in höchstens zweiundzwanzig Sätzen zusammen.
2. Schreiben Sie über die Bedeutung der Geschichte. Was will Hesse durch den Menschen Ziegler und das ungewöhnliche Geschehen zum Ausdruck bringen?
3. Schreiben Sie über Aufgaben und Gefahren der Wissenschaft in unserer Zeit. Erläutern (*illustrate*) Sie Ihre Argumente mit Beispielen.

# 21 Du fährst zu oft nach Heidelberg

*Heinrich Böll*

**Heinrich Böll** was born in 1917 in Cologne (Köln) and began writing shortly after World War II. By the time he died in 1985, his novels, radio plays, and many stories had established him as one of the major German writers of the twentieth century. He received the Nobel Prize for Literature in 1972. While Böll's early works depict the absurdity of war and the hardships of the immediate postwar years, for nearly four decades he portrayed the materialism, bureaucracy, corruption, and historical amnesia he detected in postwar West German society. In the late sixties and early seventies he also became increasingly critical of the government and the news media, both of which he regarded as manipulative and repressive.

"Du fährst zu oft nach Heidelberg" first appeared in the *Frankfurter Allgemeine Zeitung* in 1977. It is set against the background of the **Radikalenerlaß** (decree pertaining to radicals), a measure agreed upon by the federal government and the states in 1972 in reaction to subversive activities of radical groups. This decree established criteria for deciding whether applicants for civil service jobs, including teaching positions, were loyal to the constitution. Evidence of sympathies for subversive political organizations could disqualify an applicant. Although most German students come from the middle class, many of those applying for teaching positions at the time of this story had on one occasion or another at least sympathized with radical student causes. Some had even played an active role in student protests of the late sixties. Thus students potentially risked ruining their own careers before they even began by participating in political groups opposed to the **Radikalenerlaß**. By the mid 1970's, the student radical movement, having become increasingly extremist even to the point of advocating force and the overthrow of society, had lost most of its student support. In Heidelberg, however, there remained a loyal core of radical activists.

## Vor dem Lesen

### Inhalt der Geschichte

Diese Geschichte handelt von einem jungen Mann – wir erfahren seinen Namen nicht! –, der mit dem Studium gerade fertig geworden ist und auf eine Lehrstelle hofft. Sonntag abend sitzt er auf seiner Bettkante und schaut „im Rückblick" auf den gerade verbrachten Tag zurück. (**NOTE:**

*Much of the* ***Rückblick*** *is told in the past perfect tense.*) Am nächsten Morgen muß der junge Mann zu einem Gespräch bei Herrn Kronsorgeler erscheinen, einem wichtigen Beamten im Kulturamt, der die Entscheidung trifft, wer eine Lehrstelle erhält. Der junge Mann hat gute Prüfungen geschrieben, und Herr Kronsorgeler, der ihn schon kennt, ist ihm freundlich gesinnt (*inclined toward him*). Es gibt nur ein einziges Problem: er fährt zu oft nach Heidelberg.

Zum Überfliegen ist die Geschichte zu lang. Achten Sie also beim Lesen auf Folgendes:

1. Was „er" als erstes am Sonntag morgen gemacht hatte
2. Wo er nachher gefrühstückt hatte
3. Wen er später besucht hatte
4. Wohin er nach diesem Besuch gefahren war
5. Was er als allerletztes tat, bevor er Sonntag abend ins Bett ging
6. Wie das Gespräch mit Herrn Kronsorgeler am nächsten Morgen verlief

# Du fährst zu oft nach Heidelberg

Für Klaus Staeck*, der weiß, daß die Geschichte von Anfang bis Ende erfunden ist und doch zutrifft[1].

Abends, als er im Schlafanzug auf der Bettkante saß, auf die Zwölf-Uhr-Nachrichten wartete und noch eine Zigarette rauchte, versuchte er im Rückblick den Punkt zu finden, an dem ihm dieser schöne Sonntag weggerutscht[2] war. Der Morgen war sonnig gewesen, frisch, maikühl noch im Juni, und doch war die Wärme, die gegen Mittag kommen würde, schon spürbar[3]: Licht und Temperatur erinnerten an vergangene Trainingstage, an denen er zwischen sechs und acht, vor der Arbeit, trainiert hatte.

Eineinhalb Stunden lang war er radgefahren am Morgen, auf Nebenwegen zwischen den Vororten, zwischen Schrebergärten[4] und Industriegelände, an grünen Feldern, Lauben[5], Gärten, am großen Friedhof[6] vorbei bis zu den Waldrändern[7] hin, die schon weit jenseits der Stadtgrenze lagen; auf asphaltierten Strecken hatte er Tempo gegeben[8], Beschleunigung[9], Geschwindigkeit[10] getestet, Spurts

*Klaus Staeck is a graphic artist noted for his brutally satirical posters of politicians and political topics. He was a friend of Böll's. Together they published *Briefe zur Verteidigung der Republik* in 1977, in which they argued against ideological censorship. Klaus Staeck lives in Heidelberg.

eingelegt und gefunden, daß er immer noch gut in Form war und vielleicht doch wieder einen Start bei den Amateuren riskieren konnte; in den Beinen die Freude übers bestandene Examen und der Vorsatz[11], wieder regelmäßig zu trainieren. Beruf, Abendgymnasium[12], Geldverdienen, Studium – er hatte wenig dran tun können[13] in den vergangenen drei Jahren; er würde nur einen neuen Schlitten[14] brauchen; kein Problem, wenn er morgen mit Kronsorgeler zurechtkam[15], und es bestand kein Zweifel, daß er mit Kronsorgeler zurechtkommen würde.

Nach dem Training Gymnastik auf dem Teppichboden[16] in seiner Bude[17], Dusche, frische Wäsche, und dann war er mit dem Auto zum Frühstück zu den Eltern hinausgefahren: Kaffee und Toast, Butter, frische Eier und Honig auf der Terrasse, die Vater ans Häuschen angebaut hatte; die hübsche Jalousie[18] – ein Geschenk von Karl, und im wärmer werdenden Morgen der beruhigende, stereotype Spruch der Eltern: „Nun hast du's ja fast geschafft; nun hast du's ja bald geschafft." Die Mutter hatte „bald", der Vater „fast" gesagt, und immer wieder der wohlige Rückgriff[19] auf die Angst der vergangenen Jahre, die sie einander nicht vorgeworfen[20], die sie miteinander geteilt hatten: über den Amateurbezirksmeister[21] und Elektriker zum gestern bestandenen Examen, überstandene[22] Angst, die anfing, Veteranenstolz zu werden; und immer wieder wollten sie von ihm wissen, was dies oder jenes auf spanisch hieß: Mohrrübe[23] und Auto, Himmelskönigin, Biene und Fleiß, Frühstück, Abendbrot und Abendrot, und wie glücklich sie waren, als er auch zum Essen blieb und sie zur Examensfeier am Dienstag in seine Bude einlud: Vater fuhr weg, um zum Nachtisch Eis zu holen, und er nahm auch noch den Kaffee, obwohl er eine Stunde später bei Carolas Eltern wieder würde Kaffee trinken müssen; sogar einen Kirsch[24] nahm er und plauderte mit ihnen über seinen Bruder Karl, die Schwägerin[25] Hilda, Elke und Klaus, die beiden Kinder, von denen sie einmütig[26] glaubten, sie würden verwöhnt[27] – mit all dem Hosen- und Fransen- und Rekorderkram[28], und immer wieder dazwischen die wohligen Seufzer[29]: „Nun hast du's ja bald, nun hast du's ja fast geschafft." Diese „fast", diese „bald" hatten ihn unruhig gemacht. Er hatte es geschafft! Blieb nur noch die Unterredung[30] mit Kronsorgeler, der ihm von Anfang an freundlich gesinnt[31] gewesen war. Er hatte doch an der Volkshochschule[32] mit seinen Spanisch-, am spanischen Abendgymnasium mit seinen Deutschkursen, Erfolg gehabt.

Später half er dem Vater beim Autowaschen, der Mutter beim Unkrautjäten[33], und als er sich verabschiedete, holte sie noch Mohrrüben, Blattspinat und einen Beutel[34] Kirschen in Frischhaltepakkungen aus ihrem Tiefkühler, packte es ihm in eine Kühltasche und zwang[35] ihn, zu warten, bis sie für Carolas Mutter Tulpen aus dem Garten geholt hatte; inzwischen prüfte der Vater die Bereifung[36], ließ sich den laufenden Motor vorführen[37], horchte ihn mißtrauisch ab[38], trat dann näher ans heruntergekurbelte[39] Fenster und fragte: „Fährst du immer noch so oft nach Heidelberg – und über die Autobahn?" Das sollte so klingen, als gelte[40] die Frage der Leistungsfähigkeit[41] seines alten, ziemlich klapprigen[42] Autos, das zweimal-, manchmal dreimal in der Woche diese insgesamt achtzig Kilometer schaffen mußte.

„Heidelberg? Ja, da fahr' ich noch zwei-, dreimal die Woche hin – es wird noch eine Weile dauern, bis ich mir einen Mercedes leisten[43] kann."

„Ach, ja, Mercedes", sagte der Vater, „da ist doch dieser Mensch von der Regierung, Kultur, glaube ich, der hat mir gestern wieder seinen Mercedes zur Inspektion gebracht. Will nur von mir bedient werden. Wie heißt er doch noch?"

„Kronsorgeler?"

„Ja, der. Ein sehr netter Mensch – ich würde ihn sogar ohne Ironie vornehm nennen."

Dann kam die Mutter mit dem Blumenstrauß und sagte: „Grüß Carola von uns, und die Herrschaften[44] natürlich. Wir sehen uns ja am Dienstag." Der Vater trat, kurz bevor er startete, noch einmal näher und sagte: „Fahr nicht zu oft nach Heidelberg – mit dieser Karre[45]!"

Carola war noch nicht da, als er zu Schulte-Bebrungs kam. Sie hatte angerufen und ließ ausrichten[46], daß sie mit ihren Berichten noch nicht fertig war, sich aber beeilen würde; man sollte mit dem Kaffee schon anfangen.

Die Terrasse war größer, die Jalousie, wenn auch verblaßt[47], großzügiger[48], eleganter das Ganze, und sogar in der kaum merklichen Verkommenheit[49] der Gartenmöbel, dem Gras, das zwischen den Fugen[50] der roten Fliesen[51] wuchs, war etwas, das ihn ebenso reizte[52] wie manches Gerede bei Studentendemonstrationen; solches[53] und Kleidung, das waren ärgerliche Gegenstände zwischen Carola und ihm, die ihm immer vorwarf, zu korrekt, zu bürgerlich[54] gekleidet zu sein. Er sprach mit Carolas Mutter über Gemüsegärten, mit ihrem Vater über Radsport, fand den Kaffee schlechter als zu Hause und versuchte, seine Nervosität nicht zu Gereiztheit werden zu lassen. Es waren doch wirklich nette, progressive Leute, die ihn völlig vorurteilslos, sogar offiziell, per Verlobungsanzeige akzeptiert hatten; inzwischen mochte er sie regelrecht[55], auch Carolas Mutter, deren häufiges „entzückend[56]" ihm anfangs auf die Nerven gegangen war.

Schließlich bat ihn Dr. Schulte-Bebrung – ein bißchen verlegen[57], wie ihm schien – in die Garage und führte ihm sein neu erworbenes Fahrrad vor, mit dem er morgens regelmäßig ein „paar Runden" drehte[58], um den Park, den Alten Friedhof herum; ein Prachtschlitten[59] von einem Rad; er lobte[60] es begeistert[61], ganz ohne Neid[62], bestieg es zu einer Probefahrt rund um den Garten, erklärte Schulte-Bebrung die Beinmuskelarbeit (er erinnerte sich, daß die alten Herren im Verein immer Krämpfe bekommen hatten!), und als er wieder abgestiegen war und das Rad in der Garage an die Wand lehnte, fragte Schulte-Bebrung ihn: „Was denkst du, wie lange würde ich mit diesem Prachtschlitten, wie du ihn nennst, brauchen, um von hier nach – sagen wir Heidelberg zu fahren?" Es klang wie zufällig[63], harmlos, zumal Schulte-Bebrung fortfuhr: „Ich habe nämlich in Heidelberg studiert, hab' auch damals ein Rad gehabt, und von dort bis hier habe ich damals – noch bei jugendlichen Kräften – zweieinhalb Stunden gebraucht." Er lächelte wirklich ohne Hintergedanken, sprach von Ampeln[64], Stauungen[65], dem Autoverkehr, den es damals so nicht gegeben habe; mit dem Auto, das habe er schon ausprobiert, brauche er ins Büro fünfunddreißig, mit dem Rad nur dreißig Minuten. „Und wie lange brauchst du mit dem Auto nach Heidelberg?" „Eine halbe Stunde."

Daß er das Auto erwähnte, nahm der Nennung Heidelbergs ein bißchen das Zufällige, aber dann kam gerade Carola, und sie war nett wie immer, hübsch wie immer, ein bißchen zerzaust[66], und man sah ihr an, daß sie tatsächlich[67] todmüde war, und er wußte eben nicht, als er jetzt auf der Bettkante saß, eine zweite Zigarette noch unangezündet in der Hand, er wußte eben nicht, ob seine Nervosität schon Gereiztheit gewesen, von ihm auf sie übergesprungen war oder ob sie nervös und gereizt gewesen war – und es von ihr auf ihn übergesprungen war. Sie küßte ihn natürlich, flüsterte ihm aber zu[68], daß sie heute nicht mit ihm gehen würde. Dann sprachen sie über Kronsorgeler, der ihn so sehr gelobt hatte, sprachen über Planstellen[69], die Grenzen des Regierungsbezirks, über Radfahren, Tennis, Spanisch, und ob er eine Eins oder nur eine Zwei bekommen würde. Sie selbst hatte nur eine knappe[70] Drei bekommen. Als er eingeladen wurde, zum Abendessen zu bleiben, schützte er Müdigkeit und Arbeit vor[71], und niemand hatte ihn besonders gedrängt[72], doch zu bleiben; rasch wurde es auf der Terrasse wieder kühl; er half, Stühle und Geschirr[73] ins Haus tragen, und als Carola ihn zum Auto brachte, hatte sie ihn überraschend heftig[74] geküßt, ihn umarmt, sich an ihn gelehnt und gesagt: „Du weißt, daß ich dich sehr, sehr gern habe, und ich weiß, daß du ein prima Kerl bist, du hast nur einen kleinen Fehler: Du fährst zu oft nach Heidelberg."

Sie war rasch ins Haus gelaufen, hatte gewinkt, gelächelt, Kußhände geworfen, und er konnte noch im Rückspiegel sehen, wie sie immer noch da stand und heftig winkte.

Es konnte doch nicht Eifersucht sein. Sie wußte doch, daß er dort zu Diego und Teresa fuhr, ihnen beim Übersetzen von Anträgen[75] half, beim Ausfüllen von Formularen und Fragebögen[76]; daß er Gesuche[77] aufsetzte, ins reine tippte[78]; für die Ausländerpolizei, das Sozialamt, die Gewerkschaft[79], die Universität, das Arbeitsamt; daß es um Schul- und Kindergartenplätze ging, Stipendien, Zuschüsse[80], Kleider, Erholungsheime[81]; sie wußte doch, was er in Heidelberg machte, war ein paar Mal mitgefahren, hatte eifrig[82] getippt und eine erstaunliche Kenntnis von Amtsdeutsch bewiesen; ein paarmal hatte sie sogar Teresa mit ins Kino und ins Café genommen und von ihrem Vater Geld für einen Chilenen[83]-Fonds bekommen.

Er war statt nach Hause nach Heidelberg gefahren, hatte Diego und Teresa nicht angetroffen, auch Raoul nicht, Diegos Freund; war auf der Rückfahrt in eine Autoschlange geraten[84], gegen neun bei seinem Bruder Karl vorbeigefahren, der ihm Bier aus dem Eisschrank holte, während Hilde ihm Spiegeleier briet; sie sahen gemeinsam im Fernsehen eine Reportage über die Tour de Suisse, bei der Eddy Merckx keine gute Figur machte, und als er wegging, hatte Hilde ihm einen Papiersack voll abgelegter[85] Kinderkleider gegeben für „diesen spirrigen[86] netten Chilenen und seine Frau".

Nun kamen endlich die Nachrichten, die er mit halbem Ohr nur hörte: Er dachte an die Mohrrüben, den Spinat und die Kirschen, die er noch ins Tiefkühlfach packen mußte; er zündete die zweite Zigarette doch an: Irgendwo – war es Irland? – waren Wahlen[87] gewesen: Erdrutsch[88]; irgendeiner – war es wirklich der Bundespräsident? – hatte irgendwas sehr Positives über Krawatten gesagt; irgendeiner ließ irgendwas dementieren[89]; die Kurse[90] stiegen; Idi Amin* blieb verschwunden.

Er rauchte die zweite Zigarette nicht zu Ende, drückte sie in einem halb leergegessenen Yoghurtbecher aus; er war wirklich todmüde und schlief bald ein, obwohl das Wort Heidelberg in seinem Kopf rumorte[91].

Er frühstückte frugal: nur Brot und Milch, räumte auf, duschte und zog sich sorgfältig an; als er die Krawatte umband, dachte er an den Bundespräsidenten – oder war's der Bundeskanzler gewesen? Eine Viertelstunde vor der Zeit saß er auf der Bank vor Kronsorgelers

---

*Idi Amin Dada was a brutal dictator and self-appointed president of Uganda from 1971 to 1979.

Vorzimmer, neben ihm saß ein Dicker, der modisch und salopp gekleidet war; er kannte ihn von den Pädagogikvorlesungen her, seinen Namen wußte er nicht. Der Dicke flüsterte ihm zu: „Ich bin Kommunist, du auch?"

„Nein", sagte er, „nein, wirklich nicht – nimm's mir nicht übel[92]."

Der Dicke blieb nicht lange bei Kronsorgeler, machte, als er herauskam eine Geste, die wohl „aus" bedeuten sollte. Dann wurde er von der Sekretärin hineingebeten; sie war nett, nicht mehr ganz so jung, hatte ihn immer freundlich behandelt – es überraschte ihn, daß sie ihm einen aufmunternden[93] Stubs[94] gab, er hatte sie für zu spröde[95] für so etwas gehalten. Kronsorgeler empfing ihn freundlich; er war nett, konservativ, aber nett; objektiv; nicht alt, höchstens Anfang vierzig. Radsportanhänger, hatte ihn sehr gefördert[96], und sie sprachen erst über die Tour de Suisse; ob Merckx geblufft habe, um bei der Tour de France unterschätzt[97] zu werden, oder ob er wirklich abgesunken sei; Kronsorgeler meinte, Merckx habe geblufft; er nicht, er meinte, Merckx sei wohl wirklich fast am Ende, gewisse Erschöpfungsmerkmale[98] könne man nicht bluffen. Dann über die Prüfung; daß sie lange überlegt hätten, ob sie ihm doch eine Eins geben könnten; es sei an der Philosophie gescheitert[99]; aber sonst: die vorzügliche[100] Arbeit an der VHS[101], am Abendgymnasium; keinerlei Teilnahme an Demonstrationen, nur gäbe es – Kronsorgeler lächelte wirklich liebenswürdig – einen einzigen, einen kleinen Fehler.

„Ja, ich weiß", sagte er, „ich fahre zu oft nach Heidelberg." Kronsorgeler wurde fast rot, jedenfalls war seine Verlegenheit deutlich; er war ein zartfühlender, zurückhaltender Mensch, fast schüchtern[102], Direktheiten lagen ihm nicht[103].

„Woher wissen Sie?"

„Ich höre es von allen Seiten. Wohin ich auch komme, mit wem ich auch spreche. Mein Vater, Carola, deren Vater, ich höre nur immer: Heidelberg. Deutlich höre ich's, und ich frage mich: Wenn ich die Zeitansage anrufe oder die Bahnhofs-Auskunft, ob ich nicht hören werde: Heidelberg."

Einen Augenblick lang sah es so aus, als ob Kronsorgeler aufstehen und ihm beruhigend die Hände auf die Schulter legen würde, erhoben hatte er sie schon, senkte die Hände wieder, legte sie flach auf seinen Schreibtisch und sagte: „Ich kann Ihnen nicht sagen, wie peinlich mir das ist. Ich habe Ihren Weg, einen schweren Weg, mit Sympathie verfolgt – aber es liegt da ein Bericht über diesen Chilenen vor, der nicht sehr günstig ist. Ich darf diesen Bericht nicht ignorieren, ich darf nicht. Ich habe nicht nur Vorschriften[104], auch Anweisungen, ich habe nicht nur Richtlinien[105], ich bekomme auch telefonische Ratschläge[106]. Ihr Freund – ich nehme an, er ist Ihr Freund?"

„Ja."

„Sie haben jetzt einige Wochen lang viel freie Zeit. Was werden Sie tun?"

„Ich werde viel trainieren – wieder radfahren, und ich werde oft nach Heidelberg fahren."

„Mit dem Rad?"

„Nein, mit dem Auto."

Kronsorgeler seufzte. Es war offensichtlich, daß er litt[107], echt litt. Als er ihm die Hand gab, flüsterte er: „Fahren Sie nicht nach Heidelberg, mehr kann ich nicht sagen." Dann lächelte er und sagte: „Denken Sie an Eddy Merckx."

Schon als er die Tür hinter sich schloß und durchs Vorzimmer ging, dachte er an Alternativen: Übersetzer, Dolmetscher[108], Reiseleiter, Spanischkorrespondent bei einer Maklerfirma[109]. Um Profi zu werden, war er zu alt, und Elektriker gab's inzwischen genug. Er hatte vergessen, sich von der Sekretärin zu verabschieden, ging noch einmal zurück und winkte ihr zu.

**Bekanntmachung**

**Betr.: Radikalenerlaß**

**Die Bevölkerung wird noch einmal darauf hingewiesen, daß die ehem. Mitgliedschaft in NSDAP, SA, SD, SS und im NS-Rechtswahrerbund einer Beschäftigung im öffentlichen Dienst nicht entgegensteht.**

**Der Landesbeauftragte für das Gesinnungswesen.**

## Leseverständnis

1. Sammeln Sie möglichst viele Information über den jungen Mann in der Geschichte.

   Beruf

   Studienweg

   Sportleistung

   Bekanntschaften

   Arbeit

   Teilen Sie anderen Personen im Kurs diese Information mit.

2. Notieren Sie wichtige Informationen über andere Figuren in der Geschichte. Wo sind diese Informationen im Text zu finden? Teilen Sie anderen Personen auch diese Informationen mit.

   Vater und Mutter

   Verlobte

   Eltern der Verlobten

   Karl und Hilde

   Diego, Teresa und Raoul

   Kronsorgeler

## In eigenen Worten

Kreuzen Sie fünf Stellen im Text an, wo Sie sprachlich oder inhaltlich etwas nicht verstehen. Lesen Sie diese Stellen vor. Andere Personen im Kurs sollen versuchen, diese Stellen zu erklären, indem sie sie anders ausdrücken.

## Diskussion

1. Aus welcher Perspektive wird diese Geschichte erzählt? Warum erfahren wir den Namen des jungen Mannes nicht?
2. Warum halten andere Leute seine regelmäßige Fahrt nach Heidelberg für ein Problem?
3. Warum fährt er so oft zu den Chilenen? Was tut er für sie?
4. Welche Stellen im Text machen es deutlich, daß er kein Radikaler ist?

5. Aus was für einem sozialen Milieu kommt die Familie des jungen Mannes? Aus was für einer Familie kommt seine Verlobte? Warum ist das in dieser Geschichte wichtig?
6. Vor welchen Alternativen steht er am Ende? Was würden Sie an seiner Stelle tun?
7. Welche Bedeutung sehen Sie darin, daß er am Ende noch einmal zurückgeht, um sich von der Sekretärin zu verabschieden?
8. Welche Handlungsmöglichkeiten hat Kornsorgeler? Finden Sie ihn sympathisch? Warum? Warum nicht?
9. Welche Bedeutung haben die Motive Eddy Merckx und das Radfahren? Was meint Kronsorgeler damit, wenn er sagt: „Denken Sie an Eddy Merckx?"

## Wortschatzaufgaben

1. Sammeln Sie aus der Geschichte für jede der folgenden Kategorien etwa fünf bis sieben Wörter oder Ausdrücke, die Sie sich für den aktiven Sprachgebrauch merken wollen. Lernen Sie die Substantive mit Artikel und Plural.

**Studium**
das Abendgymnasium, -ien
. . . usw.

**Radfahren**
Tempo geben
. . . usw.

**Amt und Verwaltung**
Formulare ausfüllen
. . . usw.

**(Vor)stadt und Landschaft**
der Schrebergarten
. . . usw.

**Auto/Autofahren**
die Ampel, -n
. . . usw.

2. Verwenden Sie die folgenden Ausdrücke in Sätzen.

Tempo geben*
eine gute Figur machen
jmdm. etwas übelnehmen*
(etwas) ausrichten lassen*
etwas schaffen
sich (*dat.*) etwas leisten
etwas vorschützen
jmdm. auf die Nerven gehen*

## Aufsatzthemen

**TIPS ZUM SCHREIBEN:** Researching in English; writing in German

If you continue with German, at some point you may have to research a topic using either German or English source materials and report in German. The key is not to translate difficult ideas, but to restate the ideas as simply as possible in German. For example, if you select the third topic below, first decide which information you would like to include in your composition. Then, using vocabulary you already know, state these facts and ideas as a series of *simple* declarative German sentences. Finally, organize your sentences into a logical sequence. At this point you can now modify some of your simple sentences by using connectors such as adverbs and conjunctions to link ideas, establish sequences, and provide explanatory commentary. It should be possible to write a succinct report on McCarthyism and its consequences in ten to fifteen sentences.

1. Sie sind Kronsorgeler. Wollen Sie nun dem jungen Mann eine Stelle geben oder nicht? Begründen Sie Ihre Antwort.
2. Schreiben Sie über politische Kritik in Bölls „Du fährst zu oft nach Heidelberg".
3. Schreiben Sie einen Bericht über Joseph McCarthy (1909–1957) und seine Politik gegen „unamerikanische Umtriebe" (*un-American activities*).

**Hörtext 7**

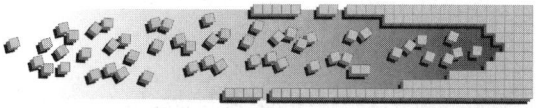

# Sieben Gedichte

*J. W. v. Goethe • H. Heine • J. v. Eichendorff*
*C. F. Meyer • H. v. Hofmannsthal • G. Heym*

**NOTE:** *Listening to poetry is different than listening to prose. Characteristics such as rhyme, meter, stanzas can help you better follow the poem. Initially, to get an idea of what each poem is about, read through the* ***Wortschatz****. Then listen to the poem the first time without referring to the glosses. Ultimately, you want to be able to understand the poem entirely without consulting the vocabulary. At some point, your instructor may wish to distribute printed copies of these poems for discussion.*

# Erlkönig

*Johann Wolfgang von Goethe*

**Johann Wolfgang von Goethe** (1749–1832), the author of *Faust* (part 1, 1806; part 2, 1831), was one of the greatest German writers and poets. He wrote in nearly all genres and on many subjects, including morphology and optics. "Erlkönig" is one of his best known ballads.

## Wortschatz

| | |
|---|---|
| der **Erlkönig** | king of the elves |

*Strophe* (stanza) *1*

| | |
|---|---|
| der **Knabe, (-n), -n** | boy, lad |
| **fassen** | to hold, embrace |

*Strophe 2*

| | |
|---|---|
| **bergen*** | to hide, conceal |
| **bang(e)** | afraid, scared |
| die **Krone, -n** | crown |
| der **Schweif, -e** | train (of a garment) |
| der **Nebelstreif, -e** | streak or wisp of fog |

*Strophe 3*

| | |
|---|---|
| **gar** | very |
| **gülden: golden** | |
| das **Gewand, ¨er** | garment, gown |

*Strophe 4*

| | |
|---|---|
| **dürr** | withered |
| **säuseln** | to rustle, whisper |

*Strophe 5*

| | |
|---|---|
| **warten** | *here*: to wait on |
| **führen** | to lead, be at the head of |
| **den nächtlichen Reih(e)n (= Reigen)** | the nocturnal dance |
| **wiegen** | to rock, sway |
| **singen dich ein** | sing you to sleep |

*Strophe 6*

| | |
|---|---|
| **düster** | dark, gloomy; dire, ominous |
| die **Weide, -n** | willow |

*Strophe 7*

| | |
|---|---|
| **reizen** | to arouse, stir up |
| die **Gestalt, -en** | form, shape, figure |
| die **Gewalt** | force |
| **anfassen** | to grab hold of |
| **Leids: Leid** | harm |

*Strophe 8*

| | |
|---|---|
| **es grau(s)t mir** | I am afraid, I shudder |
| **geschwind** | quick(ly), swift(ly) |
| **ächzen** | to moan |
| **erreichen** | to reach |
| der **Hof, ¨e** | manor, courtyard |
| die **Mühe, -n** | effort, labor |
| die **Not, ¨e** | danger, peril, difficulty |

## Hörverständnis

1. In den Strophen zwei, vier, sechs und sieben sprechen das Kind und der Vater. Schreiben Sie die Worte des Kindes. Schreiben Sie die Antworten des Vaters.

Strophe 2 Vater:

Kind:

Vater:

| | |
|---|---|
| Strophe 4 | Kind: |
| | Vater: |
| Strophe 6 | Kind: |
| | Vater: |
| Strophe 7 | Kind: |

2. Was verspricht der Erlkönig dem Kind in den Strophen drei und fünf? Was sagt er ihm in der siebten Strophe?

## Diskussion

1. Was für eine Denkweise hat der Vater?
2. Welchen Aspekt des Lebens verkörpert der Erlkönig?
3. Was will Goethe durch die kontrastierenden Perspektiven des Knaben und des Vaters zum Ausdruck bringen?
4. Fast jeder Vers ist ein kleiner Satz. Das heißt, es gibt fast keine Sätze, die über mehrere Verse weitergehen. Welche Wirkung ergibt sich daraus?

# Belsazar[1]

*Heinrich Heine*

**Heinrich Heine** (1797–1856) was one of the greatest German lyric poets, yet he spent the last twenty-two years of his life living and working in Paris. He died of a debilitating illness that confined him to his bed, his "**Matratzengruft**" ("*mattress tomb*"), for the last several years of his life.

## Wortschatz

| | |
|---|---|
| **stumm** | mute, still |
| **flackern** | to flicker |

[1] Belsazar (Belschazzar) was the son of Nebuchadnezzar and the last king of Babylon. The Bible (Daniel 5.1) tells how a writing appeared on the wall at Belsazar's feast, which Daniel interpreted as a prophesy of doom. The next day Babylon fell to the Persians and King Cyrus.

| | |
|---|---|
| **lärmen** | to be noisy, make a racket |
| der **Troß** | groups of followers, hangers-on |
| der **Knecht, -e** | *here*: warrior, knight |
| der **Becher, -n** | goblet |
| **funkeln** | to sparkle, flash |
| **klirren** | to clink, rattle |
| **jauchzen** | to shout and rejoice |
| **störrig** | headstrong, obstinate |
| **leuchten** | to shine, gleam |
| die **Glut** | heat, glow |
| **keck** | bold, brazen |
| **fortreißen*** | to carry away (by passion) |
| der **Mut** | courage |
| **lästern** | to slander |
| **sich brüsten** | to boast, brag |
| die **Schar** | band, bunch, party |
| **brüllen** | to roar |
| der **Beifall** | applause, approval |
| das **Gerät** | *here*: jewels and other finery |
| **frevler: frevelhafter** | sacrilegious |
| **heilig** | sacred, holy |
| der **Rand, ¨-er** | edge, brim |
| **bis auf den Grund** | to the bottom (*i.e.*, until empty) |
| **schäumend** | foaming |
| **künden** | to announce, proclaim |
| **auf ewig** | forever, eternally |
| der **Hohn** | scorn, disdain |
| **graus** | dreadful, horrible |
| **verklingen*** | to fade away (sounds) |
| **dem König ward's bang** | the king became afraid |
| der **Busen** | breast, chest |
| **gellend** | piercing, shrill |
| **zumal** | *here*: suddenly |
| **leichenstill** | deathly still; die **Leiche** corpse |
| **stier** | fixed, staring |
| **mit schlotternden Knien** | with shaking/trembling knees |
| **totenblaß** | deathly pale |
| **durchgraut** | filled with horror |
| **gab keinen Laut** | didn't make a sound |
| der **Magier, -** | soothsayer |
| **ward: wurde** | was (*passive voice*) |
| **umbringen*** | to kill, slay |

## Hörverständnis

1. Fassen Sie „Belsazar" in Ihren eigenen Worten und in wenigen Sätzen zusammen.
2. Schreiben Sie die Reimpaare auf, die Sie hören.

## Diskussion

1. Machen Sie eine Liste der Verben und Partizipien des Präsens, die eine visuelle oder akustische Wirkung haben.

| **visuell** | **akustisch** |
|---|---|
| schimmernd | jauchzen |
| usw. | usw. |

2. Was für eine Stimmung (*mood*) herrscht in dieser Ballade? Durch welche Adjektive und Adverbien erhöht Heine diese Stimmung?
3. Was haben die Endreime gemeinsam (*in common*)? Was kommt durch diese Reime zum Ausdruck?
4. Die Geschichte von Belsazar kommt aus der Bibel (siehe Fußnote Seite 227), aber Heine erzählt eine etwas andere Geschichte. Warum?

# Der frohe Wandersmann *und* Das zerbrochene Ringlein

*Joseph von Eichendorff*

**Joseph von Eichendorff** (1788–1857) wrote several novels and novellas, but he is best known for his poems, some of which were set to music by the German composer Robert Schumann.

## Wortschatz: „Der frohe Wandersmann"

*Strophe 1*

| | |
|---|---|
| die **Gunst** | favor |
| **erweisen*** | to show (toward s.o.), demonstrate |
| **weisen*** | to show |

*Strophe 2*

| | |
|---|---|
| **träge** | lazy, indolent |
| **erquicken** | to refresh |
| die **Kinderwiege, -n** | children's cradle |
| die **Sorge, -n** | worry |
| die **Last, -en** | burden |
| die **Not** | need |

*Strophe 3*

| | |
|---|---|
| die **Lerche, -n** | lark |
| **schwirren** | to fly about |
| **vor Lust** | for joy |
| die **Kehle, -n** | throat |

*Strophe 4*

| | |
|---|---|
| **jmdn. walten lassen*** | to give s.o. free reign |
| **erhalten*** | to preserve |
| **aufs best(e)** | in the best possible way |
| **mein Sach: meine Sache** | my affairs, my life |
| **bestellen** | to prepare, put in order |

## Hörverständnis

1. Schreiben Sie dieses Gedicht vom Hören nach.
2. Welches Reimschema hat dieses Gedicht? (z.B. **abba** oder **abab**)

## Diskussion

1. Wie sieht der Sprecher des Gedichts das Leben eines Wandersmanns? Welche Elemente hat ein solches Leben?
2. Von welcher anderen Lebensweise spricht der Wandersmann?
3. Wie bringt der Wandersmann den Kontrast zwischen diesen beiden Lebensweisen sprachlich besonders stark zum Ausdruck? (Vergleichen Sie vor allem die letzte Zeile in der ersten und in der zweiten Strophe.)
4. Was halten Sie von der Lebensphilosophie des Wandersmanns? Für welche der beiden Lebensweisen würden Sie sich entscheiden?

## Wortschatz: „Das zerbrochene Ringlein"

| | |
|---|---|
| der **Grund, ¨e** | *here*: dale, valley |
| der **Spielmann, ¨er** | minstrel |
| die **Weise, -n** | melody, tune |
| **wohl** | quite possibly |
| die **Schlacht, -en** | battle |
| **auf einmal** | *here*: once and for all |

## Hörverständnis

1. Warum ist das Ringlein zerbrochen?
2. Was möchte der Sprecher jetzt tun, da das Ringlein zerbrochen ist?

## Diskussion

1. Welche Bedeutung hat das Mühlenrad für den Sprecher dieses Gedichts?
2. Welche Ähnlichkeiten (Sprache, Themen, Kontraste, Satzmelodie usw.) finden Sie in diesem Gedicht und in „Der frohe Wandersmann"?

# Der römische Brunnen

*Conrad Ferdinand Meyer*

**Conrad Ferdinand Meyer** (1825–1898) was a Swiss poet who wrote historical novellas as well as poetry. In "Der römische Brunnen," as in a number of other poems, Meyer expresses an idea through an object.

## Wortschatz

| | |
|---|---|
| der **Strahl, -en** | stream, jet (of water) |
| die **Marmorschale, -n** | marble basin |
| **sich verschleiern** | to pull a veil over oneself |
| der **Grund** | bottom |
| **wallen** | to flow |

## Hörverständnis

1. Schreiben Sie dieses Gedicht vom Hören nach.
2. Zeichnen Sie ein Bild von dem Brunnen, den Meyer beschreibt.

## Diskussion

1. Aus wie vielen Sätzen besteht dieses Gedicht? Warum?
2. In diesem Gedicht geht die Sprache vom Konkreten (Bild) zum Abstrakten (Bedeutung) über. Erläutern Sie diesen Übergang mit Beispielen.
3. Welche Idee drückt Meyer durch diesen Brunnen und die Form dieses Brunnens aus?

# Die Beiden

*Hugo von Hofmannsthal*

**Hugo von Hofmannsthal** (1874–1929) was an Austrian dramatist and poet. He also wrote the librettos for a number of operas by Richard Strauss. Hofmannsthal believed that the first encounter between two strangers is decisive for their relationship. Keep this idea in mind as you listen to "Die Beiden."

## Wortschatz

Erdbeben = Earthquake

*Strophe 1*

| | |
|---|---|
| der **Becher, -** | cup, goblet |
| der **Gang** | gait |

*Strophe 2*

| | |
|---|---|
| **nachlässig** | careless, lax |
| die **Gebärde, -n** | gesture; demeanor |
| **erzwingen*** | to force, gain by force |
| **zittern** | to tremble, shake |

*Strophe 3*

| | |
|---|---|
| **jedoch** | however |
| **beben** | to tremble |
| **rollen** | (*a rather unusual use of the word, since liquids normally flow*) |

## Hörverständnis

1. Schreiben Sie das Gedicht vom Hören nach.
2. Erzählen Sie in drei Sätzen, was in diesem Gedicht konkret „geschieht".

## Diskussion

1. Welchen Eindruck macht „sie" in der ersten Strophe? Wie jung oder alt ist „sie" wohl? Welche Wörter in der Strophe beschreiben, wie sie sich fühlt? Was könnte der Becher (voll dunklen Weins) in ihrer Hand symbolisch bedeuten?
2. Welchen Eindruck macht „er" in der zweiten Strophe? Was könnte das zitternde Pferd symbolisch bedeuten?
3. Was ist das „es" (nicht **der Becher!**) in der dritten Strophe, das ihnen zu schwer ist? Welche Wörter im Gedicht geben einen Hinweis darauf?
4. Gewöhnlich „fließt" Wein. In der letzten Zeile aber „rollte" dunkler Wein am Boden. Was könnte das bedeuten?

# Der Gott der Stadt

*Georg Heym*

**Georg Heym** (1887–1912) was an exceptionally talented German expressionist poet and novelist. His powerfully apocalyptic and demonic images of the city in the modern age give expression to the fears of his generation. He drowned while ice skating with a friend on the Havel River.

## Wortschatz

*Strophe 1*

| | |
|---|---|
| **lagern** | to camp |
| die **Stirn, -en** | forehead |
| **verirr(e)n: sich verirren** | to get lost |

*Strophe 2*

| | |
|---|---|
| der **Bauch, ¨e** | belly |
| (der) **Baal** | Baal (Canaanite god of fertility, false god or idol, lord of war) (**dem Baal** *is a dative of possession*) |
| **um ihn her** | all around him |
| **ungeheuer** | huge, monstrous |
| **der Kirchenglocken ungeheure Zahl: die ungeheure Zahl der Kirchenglocken** | |
| **aufwogen** | to billow up, surge |
| der **Turm, ¨e** | tower |
| **aus schwarzer Türme Meer: Aus dem Meer schwarzer Türme** | |

*Strophe 3*

| | |
|---|---|
| der **Korybant, (-en), -en** | Corybante (*priest and attendant to the ancient Asian goddess Cybele; they performed orgiastic cultic dances in her honor*) |
| **dröhnen** | to roar, create a din in one's ears |
| **der Schlot** | chimney stack |
| **der Schlote Rauch: der Rauch der Schlote** | |
| **aufziehen*** | rise up, draw up |
| der **Duft, ¨e** | aroma |
| der **Weihrauch** | incense |
| **blauen** | to turn blue |

*Strophe 4*

| | |
|---|---|
| **schwälen** *or* **schwelen** | to smolder |
| **betäuben** | to numb, deaden |
| der **Geier, -** | vulture |
| das **Haupthaar** | hair on one's head |
| der **Zorn** | anger, rage |
| **sträuben; sich sträuben** | to bristle up, stand on end |

*Strophe 5*

| | |
|---|---|
| **jagen** | to race, rush, chase |
| der **Glutqualm** | scorching fumes and smoke |
| **brausen** | to storm, roar |
| **tagen** | to dawn, break (*i.e.*, the break of day) |

## Hörverständnis

1. Schreiben Sie das Gedicht vom Hören nach.
2. Vergleichen Sie das, was Sie geschrieben haben, mit einem gedruckten Exemplar des Gedichts.

## Diskussion

1. Läßt sich die Beschreibung dieses Gottes als Naturphänomen erklären, oder ist sie eher als eine Vision zu verstehen?
2. Mit welchen Wörtern und Bildern (*images*) beschreibt Heym diesen Gott der Stadt?
3. Mit welchen Wörtern und Bildern beschreibt er die Städte in ihrem Verhältnis (*relationship*) zu diesem Gott?
4. Was wollte Heym über Städte sagen? Finden Sie das heute noch relevant?
5. Was halten Sie von diesem Gedicht? Gefällt es Ihnen? Warum? Warum nicht?

# Zur Wiederholung 7

## Texte 19–21

### Wortschatzaufgaben (Partnerarbeit oder Hausaufgabe)

**1. Drücken Sie die Sätze mit den angegebenen Reflexivverben anders aus.**

**BEISPIEL:** Sie fragte, wo er war.
Sie **erkundigte sich** nach ihm.

a. Er wollte mit dem Agenten und dessen Plänen nichts zu tun haben.

b. Bevor man einen Kaufvertrag unterzeichnet, müssen Käufer und Verkäufer beide den Preis akzeptieren.

c. Einige Gäste sagten „auf Wiedersehen" und verließen die abendliche Feier.

d. Die Polizei wollte wissen, ob jemand den Namen des Verrückten wußte.

e. Sie beschäftigt sich mit Tierforschung.

f. Diese Eintrittskarten sind mir zu teuer.

sich befassen (da)mit (20)

sich erkundigen (da)nach (19)

sich einigen (dar)über (19)

sich (*dat.*) (etwas) leisten (21)

sich verabschieden von (19, 21)

sich einlassen* mit jmdm. (19)

**2. Ergänzen Sie die Sätze mit Hilfe der angegebenen Verben.**

**BEISPIEL:** Es gab viel Verkehr, und deswegen . . .
Es gab viel Verkehr, und deswegen **gerieten wir in eine Stauung.**

a. Die Süßigkeiten sehen so lecker aus, daß wir . . .
b. Ich kann nichts dafür, du sollst . . .
c. Wenn sie ihre Meinung sagt, . . .
d. Sie verlor ihre Arbeitsstelle, weil . . .
e. Bergsteiger können ja . . .

geraten* in (*acc.*) (21)
widerstehen* (*dat.*) (19)
widersprechen* (*dat.*) (20)
jmdm. etwas übelnehmen* (21)
jmdm. etwas vorwerfen* (21)
mit jmdm. zurechtkommen* (21)

**3. Welches Substantiv gehört mit welchem Verb zusammen? Bilden Sie Sätze mit den Kombinationen.**

**BEISPIEL:** verachten / das Angebot (*offer*)
Ein gutes **Angebot** sollte man nicht **verachten**.

| | |
|---|---|
| a. abschaffen (20) | (1) das Museum |
| b. ausprobieren (21) | (2) der Einbrecher |
| c. besichtigen (20) | (3) die Gäste |
| d. beweisen* (21) | (4) die Gefahr |
| e. ertragen* (20) | (5) die Methode |
| f. festnehmen* (20) | (6) die Todesstrafe (*capital punishment*) |
| g. unterbringen* (19) | (7) die Schmerzen (*pl.*) |
| h. unterschätzen (21) | (8) die Schuld |

**4. In den drei Geschichten kommen sehr viele Substantive vor; alle kann man sich kaum merken. Suchen Sie aus jeder Geschichte jeweils drei Substantive für konkrete Gegenstände und drei Substantive für abstrakte Begriffe. Lernen Sie diese Wörter mit Artikel und Plural für den aktiven Sprachgebrauch. Lesen Sie anderen**

**Personen Ihre Wörter vor. Mit Ihren Wörtern sollen andere Personen Aussagen machen.**

5. **Wie viele der folgenden Adjektive können Sie mit einem passenden Substantiv (im Singular oder im Plural) verbinden? Vergessen Sie die Endungen nicht! Diese Aufgabe läßt sich besonders gut mit einem Partner/einer Partnerin machen.**

BEISPIELE: begabt
ein **begabtes** (20) Kind

vertraulich
mit **vertraulicher** (19) Stimme

| | |
|---|---|
| bürgerlich (21) | mißtrauisch (21) |
| begabt (20) | regelmäßig (21) |
| einsilbig (19) | reizend (20) |
| frugal (21) | unausstehlich (19) |
| günstig (21) | vertraulich (19) |
| heftig (21) | vorzüglich (21) |
| klapp(e)rig (21) | widerlich (20) |
| liebenswürdig (21) | zufällig (21) |

6. **Machen Sie Wortschatzkarten für die drei Geschichten. Die Geschichten sind aber zu lang zum Nacherzählen. Schreiben Sie daher auf die jeweilige Karte Vokabeln für eine Zusammenfassung.**

## Diskussionsthemen/Aufsatzthemen

1. **Welche Themen in diesen drei Geschichten sind heutzutage in Ihrem Land oder in Ihrem Leben wichtig? Warum?**
2. **Albert Schweitzer (1875–1965) hat einmal geschrieben: „Ethisch ist der Mensch nur, wenn ihm das Leben, auch das des Tieres, heilig ist." Was halten Sie von diesem Zitat?**
3. **Welche Geschichte im ganzen Buch hat Ihnen am besten gefallen? Warum?**

# Glosses

The glosses are printed so that they can be easily photocopied, cut, and pasted on cards. The cards can then be placed next to the texts for quick reference.

The glosses are keyed numerically to numbered words in the stories. The English equivalents and German synonyms are for the words within the context in which they appear. In many cases the contextualized meanings are also the primary meanings found in dictionaries. In different contexts, however, many of these words may have other meanings not listed here in the glosses.

All strong and irregular verbs are indicated by an asterisk (*). Dative and accusative objects are indicated by **jmdm.** and **jmdn.** respectively. Nouns are listed with the appropriate definite article and the plural form unless it is rare or non-existent. Irregular genitive singular forms are indicated before the plural.

The following abbreviations are used:

| | |
|---|---|
| *acc.* | accusative |
| *adj.* | adjective |
| *adv.* | adverb |
| *arch.* | archaic |
| *coll.* | colloquial |
| *comp.* | comparative |
| *conj.* | conjunction |
| *d.h.* | das heißt (that is) |
| *dat.* | dative |
| *gen.* | genitive |
| *i.e.* | Latin, *id est,* that is |
| *jmdm.* | jemandem (dative) |
| *jmdn.* | jemanden (accusative) |
| *o.s.* | oneself |
| *pl.* | plural |
| *poss.* | possessive |
| *pron.* | pronoun |
| *s.o.* | someone |
| *s.th.* | something |

# Glosses for Individual Stories[1]

## 1 Mittagspause

[1]**blättern** to page, leaf
[2]**jmdn. vorstellen** to introduce s.o.; **jmdn. bekannt machen**
[3]**herüberschauen** to look over toward
[4]**sich** *(dat.)* **vorstellen** to imagine
[5]**hassen** to hate
[6]**reichen** to suffice; **genug sein**
[7]**bedauern** to regret
[8]**Lungenzüge machen** to inhale; **Zigarettenrauch einatmen**
[9]das **Spielzeug, -e** toy
[10]**ausweichend** evasive
[11]**besetzt** occupied
[12]**ungefährlich** not dangerous; **harmlos**
[13]**mittlerweile** meanwhile; **inzwischen**
[14]**sich entscheiden*** to decide *(between options)*
[15]**regelmäßig** regularly; **gewöhnlich**
[16]**anstrengend** strenuous; **ermüdend**
[17]**beobachten** to observe; **eine Zeitlang anschauen**
[18]**spüren** to sense, feel; **fühlen**
[19]die **Hauptsache, -n** main thing
[20]**pünktlich** punctual; **rechtzeitig**
[21]**sich verlieben** to fall in love
[22]die **Bedienung** waiter, service
[23]die **Theke, -n** counter
[24]**langweilig** boring; **uninterressant**
[10]der **Rausch** rapture, ecstasy, intoxication
[11]**vergehen*** to fade away, vanish, disappear; **dahinschwinden***
[12]**erregend** arousing, stimulating
[13]der **Zuschauer, -** viewer
[14]die **Glut** glow
[15]der **Augenaufschlag** opening eyes, upward glance
[16]**sich** *(dat.)* **einen Weg bahnen** to push one's way
[17]**wirken** to have the effect, seem
[18]**etwas dick auftragen*** to lay s.th. on thick; **übertreiben***
[19]**brummen** to mutter, mumble
[20]**beleidigen** to offend; **kränken**
[21]**betrachten** to observe, look at; **anschauen**
[22]die **Wehmut** melancholy; **leichte Trauer**
[23]**apart** unusual, striking; **ungewöhnlich**
[24]**schlank** slender; **dünn, schmal**
[25]**drahtig** wiry
[26]**es kommt darauf an** it (all) depends
[27]die **Enttäuschung, -en** disappointment
[28]**festgenagelt** firmly fastened
[29]der **Blick, -e** glance, look
[30]die **Qual, -en** torment; **großer Schmerz**
[31]**tappen** to go *or* walk with uncertainty *or* blindly; **unsicher gehen***

## 2 Imitation

[1]**leiten** to guide, lead; **führen**
[2]**besitzergreifend** possessive
[3]**atmen** to breathe
[4]**glänzend** gleaming, radiant; **strahlend**
[5]**beteuern** to emphatically declare, swear; **jmdm. versichern**
[6]**umschließen*** to enclose, clasp
[7]**dicht** close, tight; **eng**
[8]**aneinanderdrängen** to press together
[9]die **Betäubung** numbness

## 3 Die Erfindungsmaschine

[1]**berühmt** famous; **vielen Menschen bekannt**
[2]die **Kugel, -n** sphere
[3]das **Haarwuchsmittel, -** hair-growing tonic
[4]**höchste Zeit** high time, about time
[5]**doch** *(common intensifier with imperatives)*

---

[1] Glosses for the listening selections are located in the specific **Hörtext** sections.

[6]**irgendein-** some . . . or other
[7]**neuartig** new kind of, new-fashioned
[8]**vorschlagen*** to suggest
[9]**unterbrechen*** to interrupt; **jmdm. in die Rede fallen***
[10]**jmdm. etwas abnehmen*** to relieve s.o. of s.th.
[11]**großartig** splendid, great; **wunderbar**
[12]**höchstbestens** *(uncommon)* **sehr gut!**
[13]**genial** very creative, ingenious
[14]**damit** *(adv.)* with that, therewith
[15]die **Werkstatt, ¨en** workshop
[16]**vorführen** to demonstrate, show; **zeigen, wie etwas funktioniert**
[17]**der Bogen, -** *or* **¨: ein Blatt Papier**
[18]**einspannen** *here:* to insert a piece of typing paper
[19]**neugierig** curious
[20]**albern** silly; **dumm, lächerlich**
[21]**hochmütig** haughty; **zu stolz**
[22]**verärgert** angered; **voller Ärger, böse**
[23]**feststellen** to ascertain, determine
[24]**nachdenken*** to ponder; **überlegen**
[25]der **Trottel, -** simpleton, nincompoop; der **Schwachkopf, ¨e**
[26]**frech** insolent, cheeky
[27]**ordentlich** really; **sehr, wirklich**
[28]**kauen** to chew
[29]**gemeinsam** jointly, together
[30]**daraus folgt** from this it follows
[31]**ausgesprochen** pronounced; **sehr, besonders**
[32]**ausspucken** to spit out
[33]der **Spazierstock, ¨** walking cane
[34]die **Brille, -n: die Augengläser**
[35]der **Scheibenwischer, -** windshield wiper
[36]die **Kiste, -n** box, crate
[37]die **Gardine, -n** curtain, drape; der **Vorhang, ¨e**
[38]**wehen** to blow, blow in the breeze
[39]**auf Knopfdruck** when a button is pressed; **wenn man den Knopf drückt**
[40]**zuknöpfen** to button up
[41]der **Pantoffel, -n** slipper
[42]die **Heizung, -en** heating
[43]**unverwüstlich** indestructible; **nicht kaputt zu machen**
[44]das **Rauchzeichen, -** smoke signal
[45]**sich stoßen* (an)** to hit, bump (against)
[46]der **Kragen, -** collar
[47]**(sich) hochklappen** to flip up
[48]der **Wanderstiefel, -** hiking boot
[49]die **Wanderdüne, -n** shifting sand dune

# 4 Familie in Kürze

[1]**locken** to attract, entice
[2]der **Geruch, ¨e** smell, odor
[3]**aufheben*** to keep, save
[4]der **Sprudel** carbonated water
[5]die **Bügelfalte, -n** crease in one's trousers
[6]der **Fleck(en), -** spot
[7]der **Kragen, -** collar
[8]der **Abteilungsleiter, -** department manager
[9]**sauber** clean; **rein**
[10]**pflegen** to take care of; **versorgen, betreuen**
[11]**bedächtig** careful, deliberate
[12]**prallgeblasen** blown taut
[13]**überlegen** to think over, ponder; **über etwas nachdenken***
[14]**beschwatzen** *(coll.)* to persuade, talk into; **überreden**
[15]**verleiten** to tempt, seduce, lead astray; **verführen**
[16]**lärmend** noisy; **laut**
[17]**eindringlich** forceful, urgent
[18]die **Lebensanschauung, -en** outlook on life
[19]**untermalen** to provide reinforcing explanation or accompaniment
[20]**jmdm. aus dem Sinn gehen*** to leave one's mind
[21]**überweisen*** to transfer *(money)*, remit
[22]**reichen** to be enough, suffice; **genug sein**
[23]das **Weingut, ¨er** wine estate
[24]**sparsam** thrifty
[25]die **Schallplatte, -n** phonograph record
[26]**kleben** to paste, glue, stick
[27]**beständig** constant, enduring, lasting; **dauerhaft**
[28]**Ölblumen** an oil painting of flowers
[29]die **Brücke, -n** *here:* (Persian) throw rug
[30]**abstauben** to wipe off dust
[31]**ersetzen** to replace
[32]**Rei** *(brand name for a cleaning agent)*
[33]**ziehen*** to pull, draw
[34]**schimpfen** to curse, scold; **fluchen**
[35]**schallen** to (re)sound
[36]**es war so mächtig gekonnt** he could do it with such might
[37]**brüllen** to roar, bellow; **laut schreien***
[38]**gießen* (Blumen)** to water flowers
[39]**jmdm. etwas absehen*** to learn s.th. by watching s.o. do it
[40]**vormachen** to demonstrate by doing it

# 5 San Salvador

[1] die **Füllfeder, -n** fountain pen
[2]die **Wellenlinie, -n** wavy line
[3]der **Bogen -** *or* **¨ ein Blatt Papier**
[4]**falten** to fold
[5]**sorgfältig** carefully; **genau**
[6]**innehalten*** to pause, stop (doing s.th.)
[7]**schrauben** to screw, twist
[8]**betrachten** to observe
[9]die **Papeterie, -n** *(French)* stationery store; das **Schreibwarengeschäft, -e**
[10]**erneut** anew; **wieder**
[11]**großzügig** *here:* in large letters
[12]**räumen** to clear away, clean up
[13]**überfliegen*** to skim, glance over
[14]das **Inserat, -e** advertisement, ad insert *(in newspaper)*
[15]**irgend etwas** something or other
[16]**zerreißen*** to tear up, tear to pieces or shreds
[17]der **Zettel, -** note, slip of paper
[18]die **Vorstellung, -en** show, performance
[19]die **Probe, -n** rehearsal
[20]**zu all dem** accompanying all this (there was)
[21]**abdrehen** to turn off
[22]die **Mitteilung, -en** message; die **Nachricht, -en**
[23]**erschrecken*** to be frightened, be startled; **plötzlich Angst bekommen***
[24]**dennoch** nevertheless, yet; **trotzdem**
[25]der **Kasten, ¨** chest, case
[26]der **„Löwe"** *(der Name eines Gasthauses)*
[27]**verzweifeln** to despair; **alle Hoffnung aufgeben***
[28]**sich mit etwas abfinden*** to come to accept *or* resign o.s. to s.th.
[29]**streichen*** *here:* to push hair out of one's face *or* eyes
[30]die **Schläfe, -n** temple
[31]**aufknöpfen** to unbutton
[32]**überlegen** to reflect on, ponder
[33]die **Gebrauchsanweisung, -en** operating instruction(s)
[34]**vergleichen*** to compare

# 6 Neapel sehen

[1]die **Bretterwand, ¨e** board fence; der **Holzzaun, ¨e**
[2]**entfernen** to remove, take away; **wegnehmen***
[3]der **Blickkreis** field of vision
[4]**hassen** to hate
[5]**beschleunigen** to accelerate, speed up; **etwas schneller gehen lassen***
[6]die **Hetze nach** chase for, pursuit of
[7]der **Akkord, -e** wage *(based on piece work rather than number of hours worked);* die **Akkordprämie, -n** bonus *(based on piece work)*
[8]der **Wohlstand** prosperity; **hoher Lebensstandard**
[9]**es zu etwas bringen*** to have some success, make s.th. of o.s.
[10]**zucken** to convulse, twitch
[11]**erwähnen** to mention; **von etwas sprechen***
[12]**sich schonen** to take it easy, take care of o.s.
[13]**verlogen** deceitful, not truthful
[14]die **Rücksicht** consideration, regard
[15]der **Greis, -e** old man
[16]die **Hinterseite, -n** drawback; die **Kehrseite, -n**
[17]der **Abschluß, ¨(ss)e** *here:* edge, border; das **Ende, -n**
[18]**beizen** to stain wood
[19]**in Blust** *(dialect)* in blossom; **in Blüte**
[20]die **Geduld** patience
[21]**das kommt schon wieder** you'll get better all right
[22]**es ist ein Elend** it's so miserable
[23]**langweilig** boring
[24]**damit** so that; **um ... zu**
[25]**erschrecken*** to be startled; to be frightened
[26]**lösen** to loosen; to detach
[27]die **Lücke, -n** gap
[28]**sich beklagen** to complain; **lamentieren, sich beschweren**
[29]**ablenken** to distract, divert one's attention
[30]**zärtlich** tender; affectionate
[31]der **Schlot, -e** smokestack; der **Fabrikschornstein, -e**
[32]**jmdm. befehlen*** to order to *or* command s.o.
[33]**gesamt** entire; **ganz**
[34]das **Fabrikareal, -e** factory area
[35]**entspannen** to relax
[36]der **(Gesichts)zug, ¨e** facial feature

# 7 66 Fragen

[1]der **Atem** breath
[2]der **Purzelbaum, ¨e** somersault
[3]das **Nagetier, -e** rodent

[4]**es geht um etwas** it is about s.th.; **es handelt sich um etwas**
[5]die **Impfung, -en** inoculation, vaccination
[6]das **Gedicht, -e** poem
[7]**auswendig** by heart, by memory
[8]**unanständig** indecent, obscene
[9]**abstammen von** to be descended from
[10]**aufhören** to stop, cease; **nicht mehr tun***
[11]der **Luftbefeuchter, -** humidifier
[12]das **Geschlecht, -er** sex, gender
[13]die **Bandenergie** band energy
[14]**sich** *(dat.)* **vorstellen** to imagine, envisage
[15]die **Behandlung, -en** treatment
[16]die **Ansichtskarte, -n** picture postcard
[17]**hassen** to hate
[18]der **Metzger, -** butcher
[19]**einen Blindgänger markieren** to mark a dud
[20]das **Stechen** stabbing *or* stinging pains
[21]die **Nierengegend** kidney area
[22]die **Einkünfte** *(pl.)* income, earnings; das **Einkommen**
[23]die **Steuer, -n** tax
[24]**angeben*** to declare, state; **erklären**
[25]**sich wehren** to resist, defend o.s.; **sich verteidigen**
[26]die **Hinterziehung** (income tax) evasion
[27]die **Pest** plague
[28]der **Moschus** musk
[29]die **Aktie, -n** stock, share
[30]die **Obligation, -en** investment bond
[31]**sich fürchten vor** *(dat.)* to be afraid of; **Angst haben vor**
[32]**jmdm. zuwider sein*** to be repugnant to s.o.; **jmdn. anwidern**
[33]**anfassen** to take hold of, touch; **in die Hand nehmen***
[34]die **Hühnerhaut (Gänsehaut)** goose bumps
[35]die **Schnur, ¨e** *or* **-en** string, cord, twine
[36]**nachholen** to do s.th. previously omitted, do later
[37]**wo denken Sie hin?** in what direction are you/your thoughts headed? what do you intend to do?

# 8 Rotkäppchen '65

[1]der **Korb, ¨e** basket
[2]**zurechtmachen** to prepare; **fertigmachen, vorbereiten**
[3]**dringend** urgent
[4]die **Verabredung, -en** appointment
[5]**gar nicht** not at all; **überhaupt nicht**
[6]**knurren** to grumble
[7]**sausen** to whiz, zoom
[8]**rasen** to speed, race
[9]die **Tafel, -n** sign; das **Schild, -er**
[10]der **Rand, ¨er** edge
[11]der **Schatten, -** shadow
[12]**winken** to wave
[13]**gerade** exactly
[14]**beglücken** to thrill, make happy
[15]**ungelegen** inopportune
[16]**jmdm. einfallen*** to occur, to s.o., come to mind
[17]die **Rohkost** uncooked vegetarian food
[18]**abnehmen*** to reduce, lose weight
[19]das **Zeug** stuff; **die Sachen**
[20]**fort** away; **weg**
[21]die **Versuchung, -en** temptation
[22]**glänzend** shiny, glittering
[23]**damit** *(conj.)* so that, in order to
[24]die **Kontaktgläser** *(uncommon)* = **Kontaktlinsen** *(pl.)*
[25]die **Erfindung, -en** invention
[26]das **Gebiß, -(ss)e** dentures
[27]der **Winkel, -** corner
[28]die **Normaluhr, -en** public clock *(found in squares and on street corners)*
[29]**grollen** to grumble
[30]**sich herumtreiben*** to gad about; **herumbummeln**
[31]**überhaupt nicht** not at all; **gar nicht**
[32]**keine einzige Begegnung** didn't meet anybody at all?
[33]**ein kräftiger Schluck** a big gulp *or* swallow
[34]**i wo = ach was!** oh, come on!
[35]**beinahe** almost, nearly; **fast**
[36]die **Geschwindigkeit, -en** speed, velocity

# 9 Das Märchen vom kleinen Herrn Moritz, der eine Glatze kriegte

[1]die **Glatze, -n** bald head
[2]**kriegen** *(coll.)* to get; **bekommen***, **erhalten***
[3]**dazu** besides; **auch, außerdem**
[4]der **Regenschirmstock, ¨e** umbrella cane

[5]**allmählich** gradually; **nach und nach**
[6]**schimpfen** to express anger, curse; **fluchen**
[7]**glatt** slippery
[8]**ausrutschen** to slip, lose one's traction *or* footing
[9]der **Verkaufsladen, ¨-** stand, booth
[10]die **Müllabfuhr, -en** garbage pickup
[11]**alle** *(coll.)* at an end, over
[12]**bellen** to bark
[13]**vor Wut** with rage; **stark verärgert**
[14]**zittern** to tremble, shake
[15]**mit den Zähnen klappern** to chatter one's teeth
[16]das **Maiglöckchen, -** lily of the valley; die **Nelke, -n** carnation; der **Löwenzahn** dandelion(s); die **Margerite, -n** daisy
[17]**dabei** yet (at the same time)
[18]**längst** long since; **schon lange**
[19]**so was** *(coll.)* = **so etwas** such a thing
[20]**doch!** *(contradicts negative statement)* yes, there is!
[21]das **Schaufenster, -** display window
[22]**bunt; vielfarbig**
[23]**vielerlei Art** (of) many different varieties
[24]**sich bücken** to stoop, bend over
[25]**langen (nach)** to reach (for); **greifen* nach**
[26]**nachwachsen*** to grow back (in)
[27]**es kribbelte** there was a tingling feeling
[28]**streicheln** to caress, stroke softly; **liebkosen**
[29]**sich wundern** to be amazed; **erstaunt sein***
[30]**erwischen** to catch, catch a hold of
[31]**auf einmal** all of a sudden; **plötzlich**
[32]**tätig** active, employed
[33]**sich drängeln** to push, jostle; **sich vorschieben***
[34]**zeigen Sie doch** come on, show
[35]der **Personalausweis, -e** personal identification
[36]**verzweifelt** in despair
[37]**je mehr ... um so mehr** the more ... the more
[38]**verschwinden*** to disappear
[39]**vor Verlegenheit** with embarrassment
[40]das **Futter, -** lining
[41]**zusammenschrumpfen** to shrivel up, shrink
[42]**siehe da** lo and behold!
[43]**abgegriffen** worn (out) from being handled
[44]die **Gummihülle, -n** rubber holder
[45]**streichen*** to rub gently, stroke; **streicheln**
[46]**kahl** bald; **ohne Haare**
[47]**na** well, what did I tell you
[48]**wohl** *(expresses probability)* I daresay, indeed
[49]**wie?** right? do you?
[50]**einstecken** to put away; **in die Tasche stecken**

# 10 Ohne Vorurteile

[1]das **Vorurteil, -e** prejudice
[2]**tüchtig** capable; **fähig**
[3]**strebsam** ambitious, aspiring
[4]**im Grunde genommen** basically
[5]**besetzen** to fill a position
[6]**darum** therefore; **deshalb, deswegen**
[7]**ehrlich** honest
[8]**bekümmert** troubled, sad
[9]**jmdn. jmdm. vorziehen*** to give preference to s.o. *(acc.)* over s.o. *(dat.)*
[10]**demnächst** before long, in the near future ; **bald**
[11]**rechnen mit** to count on, figure on
[12]**verantwortungsvoll** responsible, involving responsibility
[13]das **Karenzjahr, -e** *(Austrian)* year of granted leave
[14]die **Aushilfskraft, ¨-e** temporary help
[15]**einsehen*** to see, realize; **zu einer Erkenntnis kommen***
[16]**voraussehen*** to foresee
[17]**schwanger** pregnant; **ein Kind erwartend**
[18]der **Zwilling, -e** twin
[19]**versorgen** to take care of; **pflegen**
[20]**etlich** a number of; **einige**
[21]**sich bewerben* um** to apply for
[22]der **Bedarf** need; das **Bedürfnis**
[23]der **Nachwuchs** progeny; **Kinder**
[24]**drohen** to be impending, threaten
[25]**bedürfen*** *(gen.)* to require, need
[26]der **Einsatz** commitment
[27]**Zores** *(Yiddish)* commotion, hassle; der **Ärger;** das **Durcheinander**
[28]**hüten** to look after; **aufpassen auf**
[29]**mit halbem Hirn** with half one's thoughts
[30]**insgesamt** altogether; **alle zusammen**
[31]der **Pflegeurlaub** childcare leave
[32]**entscheiden*** to determine, decide; **beurteilen**
[33]**jedenfalls** in any event; **auf jeden Fall**
[34]die **Arbeitsleistung, -en** work output

[35]**gering** small, little, meager; **klein, wenig**
[36]**verweigern** to refuse
[37]**stören** to disturb, bother
[38]**schaffen** to do, accomplish; **fertigbringen***

# 11 Keine Menschenfresser, bitte

[1]der **Untermieter, -** sub-tenant
[2]**zu diesem Behuf** *(officialese)* for this purpose; **zu diesem Zweck**
[3]**vornehm** elegant, exclusive; **elegant, fein**
[4]das **Gassenkabinett, -e** *(Austrian)* small street-level apartment
[5]**ab sofort beziehbar** ready for immediate occupancy
[6]**bedrückt** dejected, depressed; **deprimiert**
[7]**möchte** might
[8]**dunkelhäutig** dark-skinned
[9]**peinlich** awkward, embarrassing; **unangenehm**
[10]der **Mädchenhändler, -** dealer *or* trader of young women
[11]**häufig** often, frequently; **oft**
[12]**erfahren*** to learn, find out
[13]der **Mohnstrudel** poppyseed strudel
[14]**halt** *(colloquial flavoring particle)* well; you know
[15]der **Zins, -e** *(Austrian)* rent
[16]**schnarchen** to snore
[17]**belagert** besieged *(The Turks besieged Vienna several times in the 17th and early 18th centuries.)*
[18]**würdig** dignified; worthy
[19]**zugleich** at the same time; **zur gleichen Zeit**
[20]das **Besenkammerl (die Besenkammer, -n)** broom closet *(The **l** at the end is a regional diminutive suffix for **-lein**.)*
[21]der **Spalt, -e** crack
[22]**verfremdet** *(more common: **befremdet**)* taken aback, puzzled
[23]die **Adlernase, -n** nose hooked like an eagle's beak
[24]**erstatten (eine Antwort)** to give an answer
[25]**abermals** again; **wieder**
[26]**ins Schloß krachen** to slam shut *(door)*
[27]**lauter** nothing but; **nichts als**
[28]der **Tschusch, -en, -en** *(a derogatory name for Southeastern Europeans and people from the Middle East)*
[29]**seufzend** sighing
[30]**bescheiden** modest, unassuming; **nicht eingebildet**
[31]**gewitzigt** made wise by experience
[32]das **Guckloch, ¨er** peephole
[33]**pechschwarz** pitch-black
[34]die **Vermittlung** (housing) office *or* agency
[35]**gehörig** fitting(ly), duly
[36]**sich beschweren** to lodge a complaint; **sich beklagen**
[37]**strahlend** beaming
[38]**kauen** to chew
[39]**sich** *(dat.)* **vorstellen** to imagine
[40]**zusagen** to say yes, promise; **versprechen***
[41]**geb.: geboren**
[42]**bärenzuckersüß** liquorice-sweet
[43]die **Kehle, -n** throat
[44]**blitzen** to flash
[45]**tadellos** flawless; **fehlerfrei**

# 12 Ali Stern

[1]**sich umschauen** to look around; **sich umsehen***
[2]**jmdm. bekannt vorkommen*** to seem familiar to s.o.
[3]**rasen** to speed, tear
[4]die **Irrgänge** *(pl.)* maze, labyrinth
[5]**stickig** stifling, suffocating
[6]**leuchten** to shine, beam
[7]der **Rand, ¨er** edge, border; *here:* circles under the eyes
[8]**verspielt** playful
[9]**heiter** cheerful, happy
[10]**verantwortungsvoll** responsible, involving responsibility
[11]der **(Arbeits)kittel, -** (work) smock, frock
[12]der **Schraubstock, ¨** bench vice
[13]der **Stecker, -** electrical plug
[14]der **Knopf, ¨e** button
[15]**das Menschengewühl** mob of people; die **Menschenmenge**
[16]**enttäuscht** disappointed
[17]**nicht so lange her** not so long ago
[18]die **Vorschrift, -en** rule, regulation
[19]**bestehen*** to exist; **sein***
[20]**nachgeben*** to give in, yield
[21]**schüchtern** timid, bashful; **scheu**
[22]die **Ansicht, -en** view, opinion
[23]**Das muß man ihm lassen.** You have to give/concede him that.

[24]**sich aufregen (über)** to get upset (about); **sich sehr beunruhigen**
[25]**berühren** to touch, move
[26]die **Bestimmung, -en** rule, regulation
[27]**sich richten nach** to conform to, do as others do or say
[28]der **Fall, ¨-e** case
[29]**klappen** to work out well, go well; **gutgehen***
[30]die **Aufenthaltserlaubnis, -se** residence permit
[31]**es satt haben*** to be fed up
[32]**bei Adam und Eva anfangen*** *i.e.*, to start all over at the beginning
[33]**eben** just, simply
[34]die **Schulleitung** school directors
[35]**nah(e)liegen*** to be obvious *or* manifest; **leicht einzusehen sein***
[36]**zuteilen** to assign to, distribute to
[37]**aufmerksam** attentive; **aufpassend**
[38]die **Veranstaltung, -en** organized event
[39]**naß** damp, wet
[40]**zugleich** at the same time, simultaneously
[41]**stets** always; **immer**
[42]das **Heimweh** homesickness
[43]**dahinterkommen*** to find out, get to the bottom of s.th.; **herausfinden***
[44]**im Gegensatz zu** in contrast to
[45]**sein/ihr Herz ausschütten** to pour one's heart out
[46]**begabt** talented, gifted
[47]**in bezug auf** with regard to, as far as . . . is concerned
[48]die **Anpassung** adjustment, adapting
[49]das **Bügeleisen, -** *(clothes)* iron
[50]die **Begeisterung** enthusiasm; der **Enthusiasmus**
[51]**auftauchen** to come up, arise; **vorkommen***
[52]die **Bezeichnung, -en** designation, term; der **Name**
[53]die **Naturerscheinung, -en** natural phenomenon
[54]**jmdm. etwas beibringen*** to teach s.o. s.th.; **lehren, zeigen, wie man etwas tut**
[55]**umtaufen** to rename; **umbenennen***
[56]die **Mappe, -n** file folder
[57]**zusammenzucken** to wince, be startled
[58]**na ja** oh well, you know
[59]**Stachus** *(the* **Karlsplatz** *in the center of Munich)*
[60]**nachholen** to do s.th. one didn't do before, make up (for s.th.)
[61]das **Gift, -e** poison
[62]**versichert** insured
[63]**stimmen** to be ok, be (all) right
[64]**zusammenschrumpfen** to shrivel up, shrink
[65]**schmal** slender, narrow
[66]**sorgsam** cautious, careful; **vorsichtig**
[67]der **Betrieb, -e** business, firm; das **Geschäft, -e,** die **Firma, -men**
[68]**verdanken** to owe *(a debt of gratitude);* **jmdm. Dank schulden**
[69]**flüstern** to whisper
[70]**nachdenklich** pensive, lost in thought
[71]**innehalten*** to pause; **plötzlich aufhören**
[72]die **Begegnung, -en** encounter, meeting
[73]das **Fließband, ¨-er** conveyor belt, assembly line
[74]**von Abgasen abgesehen** not taking into account auto exhaust fumes
[75]**zugegeben** admittedly
[76]die **Kraft, ¨-e** energy, strength
[77]der **Knochen, -** bone
[78]**euch zuliebe** for your sake; **für euch, eu(e)retwegen**
[79]die **Wandlung, -en** change, transformation
[80]**durchmachen** to experience, undergo; **erleben**
[81]die **Rohrzange, -n** channel-lock wrench, pipe wrench
[82]**ehemalig** former; **früher**

# 13 Die Küchenuhr

[1]**von weitem** from afar; **von weit weg**
[2]**auf jmdn. zukommen*** to come toward s.o.
[3]**auffallen*** to be noticeable, be conspicuous
[4]**wie er ging, daran sah man** they could tell by how he walked
[5]die **Bank, ¨-e** bench
[6]**der Reihe nach** one after the other
[7]**übrigbleiben*** to be left over, remain
[8]**vor sich hin** in front of oneself
[9]**abtupfen** to wipe *or* dab off
[10]der **Lack** enamel paint; die **Farbe**
[11]das **Blech** tin
[12]**feststehen*** to be certain, be for sure
[13]**auch wenn (*or* wenn auch)** even if, even though
[14]**vorsichtig** careful
[15]der **Rand, ¨-er** edge, border

[16]**leise** soft; low-voiced
[17]**freudig** joyous, happy; **froh**
[18]**doch** but, however
[19]**aufgeregt** excited
[20]**fortfahren*** to continue (to do s.th.)
[21]**ja** indeed; of course
[22]**überhaupt nicht** not at all; **gar nicht**
[23]**denken Sie mal!** just think!
[24]**ausgerechnet** precisely, of all times
[25]der **Druck** pressure
[26]**schütteln** to shake
[27]**überlegen** *(adj.)* with a superior air
[28]**sich irren** to err, be mistaken
[29]der **Witz, -e** joke
[30]**gerade** *(adv.)* just, at that very moment
[31]**jmdm. zunicken** to nod to s.o.
[32]**und dabei ...** and moreover
[33]**gekachelt** tiled
[34]**jmdm. zusehen*** to watch s.o., look at s.o.
[35]**dabei** while doing so
[36]**scheuern** to scrape, rub
[37]**satt** full, satiated
[38]**selbstverständlich** taken for granted, as it should be
[39]**aufhören** to cease, stop (doing)
[40]**doch** after all; of course
[41]der **Atemzug, ¨-e** breath *(of air)*
[42]**verlegen** embarrassed
[43]**anlächeln** to smile at
[44]**auch mit weg** gone like the others (*i.e.*, dead)
[45]**sich** *(dat.)* **vorstellen** to imagine
[46]**immerzu** continually; **dauernd**

# 14 Wenn die Haifische Menschen wären

[1]der **Haifisch, -e** shark
[2]die **Wirtin, -nen** hostess; die **Gastgeberin, -nen**
[3]**gewaltig** huge, mighty
[4]der **Kasten, ¨** case, chest
[5]**allerhand** all kinds of; **allerlei**
[6]die **Nahrung** food, nourishment; **Speise und Trank**
[7]das **Tierzeug** animals, animal life
[8]**(dafür) sorgen** to see to it that, to take care (that)
[9]**überhaupt** generally; **im großen und ganzen**
[10]**Maßnahmen treffen** to take measures
[11]die **Flosse, -n** fin
[12]**verletzen** to injure, damage; **beschädigen, verwunden**
[13]**sogleich: sofort**
[14]der **Verband, ¨-e** bandage
[15]**trübsinnig** gloomy, sad; **traurig**
[16]**ab und zu** now and then; **dann und wann**
[17]der **Rachen, -** jaws *(of beasts)*
[18]die **Ausbildung** training; die **Schulung**
[19]**sich aufopfern** to sacrifice o.s.
[20]**vor allem** above all; **vor allen Dingen**
[21]die **Zukunft** future
[22]**jmdm. (etwas) beibringen*** to teach s.o. s.th.; **jmdn. (etwas) lehren**
[23]der **Gehorsam** obedience
[24]**niedrig** base; low(ly), inferior
[25]die **Neigung, -en** inclination, proclivity
[26]**sich vor etwas hüten** *(dat.)* to be on guard against s.th., watch out for s.th.
[27]**melden** to report; **berichten, mitteilen**
[28]**verraten*** to reveal, to betray
[29]**fremd** foreign
[30]**erobern** to conquer; **besiegen**
[31]**riesig** gigantic; **sehr groß, gewaltig**
[32]**bestehen*: existieren**
[33]**verkünden** to proclaim; **bekanntgeben***
[34]**stumm** silent, mute
[35]**daher** for this *or* that reason; **deswegen, deshalb**
[36]der **Orden, -** decoration, medal
[37]der **Seetang** seaweed
[38]**anheften** to pin on, affix
[39]der **Held, -en, -en** hero
[40]**verleihen*** to confer, award
[41]die **Kunst, ¨-e** art
[42]**prächtig** splendid; **sehr schön, herrlich**
[43]der **Lustgarten, ¨: hübscher Garten zum Spazierengehen**
[44]**es sich ... tummeln läßt** they can frolic
[45]**darstellen** to depict, portray
[46]**heldenmütig** heroic
[47]**begeistert: voller Enthusiasmus**
[48]der **Klang, ¨-e** sound, ring; der **Ton, ¨-e**
[49]die **Kapelle, -n** band; **Gruppe von Musikern**
[50]der **Bauch, ¨-e** belly
[51]**übrigens** incidentally; **nebenbei bemerkt**
[52]**aufhören** to cease, stop
[53]das **Amt, ¨-er** office, official position
[54]der **Brocken, -** morsel; **kleines abgebrochenes Stück**

# 15 Die Parabel von den drei Ringen

[1]**grauen: vielen**
[2]**in: im**
[3]**unschätzbar** invaluable; **sehr wertvoll**
[4]**hundert schöne Farben spielte** sparkled in one hundred colors
[5]**geheim** secret
[6]die **Kraft, ¨e** power
[7]**wer** whoever
[8]die **Zuversicht** confidence, faith; das **Vertrauen**
[9]**was Wunder: kein Wunder**
[10]**die Verfügung treffen*** to make arrangements, give instructions; **befehlen***
[11]**erhalten*** to keep, preserve
[12]**festsetzen** to stipulate, arrange
[13]**vermachen** to bequeath
[14]**stets** always, continually; **immer**
[15]**ohne Anseh(e)n** *(gen.)* without regard to
[16]**in Kraft** *(gen.)* by virtue of
[17]das **Haupt, ¨er** head
[18]der **Fürst, -en, en** prince, sovereign
[19]**gehorsam** obedient
[20]**sich nicht entbrechen konnte** *(uncommon)* could not refrain from, could not help but; **nicht umhin konnte**
[21]**ergießend** flowing, outpouring
[22]**einem jeden: jedem**
[23]**fromm** well-intentioned, good
[24]**allein** however; **aber**
[25]**in Verlegenheit kommen*** to get into an awkward situation
[26]**sich auf jmdn./etwas verlassen*** to rely upon s.o./s.th.
[27]**kränken** to offend, hurt one's feelings
[28]**in geheim: insgeheim** secretly
[29]der **Künstler, -** artist
[30]das **Muster, -** model, specimen
[31]**heißen*** to direct, order
[32]**vollkommen** completely; **völlig, ganz**
[33]**jmdm. gelingen*** to succeed in doing
[34]**insbesondere** in particular
[35]der **Segen, -** blessing
[36]**betroffen** taken aback
[37]**Wird's?** Is it coming to an end?
[38]**untersuchen** to investigate, examine, look into
[39]**zanken** to quarrel, squabble
[40]**klagen** to bring legal action, to complain, bemoan
[41]**umsonst** in vain, to no avail
[42]**sich** *(dat.)* **nicht getrauen** to not feel confident or able to do
[43]die **Absicht, -en** intention
[44]**bis auf** down to and including
[45]**von Seiten ihrer Gründe** on the basis of their sources
[46]**überliefern** to hand down, pass on
[47]**auf Treu und Glauben** on faith
[48]**in Zweifel ziehen*** *or* **stellen** to have one's doubts about, to draw into question; **bezweifeln**
[49]**Doch der Seinen? Doch deren Blut wir sind?** [The faith] of one's own people? Of those whose blood we are?
[50]die **Probe, -n** proof; der **Beweis, -e**
[51]**täuschen** to deceive, delude
[52]**als wo: außer wo** except where
[53]**heilsam** beneficial (to)
[54]**umgekehrt** in reverse, the other way around
[55]**verlangen** to demand, require; **fordern**
[56]der **Vorfahr, -en, -en** forefather, ancestor
[57]**jmdn. Lügen strafen** to give the lie to s.o.
[58]**Das nämliche gilt von** The same holds true for
[59]**bei dem Lebendigen!: bei dem lebendigen Gott!**
[60]**sich verklagen** to sue each other
[61]**unmittelbar** direct(ly)
[62]das **Vorrecht, -e** privilege
[63]**minder** less; **weniger**
[64]**beteuern** to assert, aver, swear
[65]**argwohnen (argwöhnen)** to suspect, distrust; **verdächtigen**
[66]**bezeihen*** *(gen.) (arch.)* to accuse of
[67]**wolle: würde**
[68]der **Verräter, -** traitor, betrayer
[69]**sich rächen** to take revenge
[70]der **Richter, -** judge
[71]**zur Stellen schaffen** to produce, deliver on the spot
[72]**weisen* von** to dismiss, send away; **wegschicken**
[73]das **Rätsel, -** riddle, puzzle
[74]**harren** to wait; **warten**
[75]**Macht, sag an!** Come on, tell me!
[76]**wirken nur zurück?** only have an effect on the owner? (*i.e.*, you find only yourself pleasing?)
[77]**betrügen** to deceive; der **Betrüger, - imposter, deceiver**
[78]**vermutlich** presumably; **wahrscheinlich**

[79]**bergen*** to hide, conceal
[80]**fortfahren*** to continue (doing s.th.); **weitertun***
[81]der **Rat** advice
[82]der **Spruch, ¨e** sentence, judgment; das **Urteil, -e**
[83]**dulden wollen: hat dulden wollen** did [not] want to tolerate
[84]**nicht drücken mögen: nicht hat drücken mögen** did not want to suppress
[85]**begünstigen** to favor, be partial to
[86]**Wohlan!** Now then!
[87]**Es eifre ... nach** Let each strive to behave according to his own uncorrupted love free of prejudices.
[88]**Es strebe von euch jeder um die Wette** Let each of you vie
[89]**an den Tag zu legen** to show *or* display (for all to see)
[90]die **Sanftmut** gentleness, meekness
[91]die **Verträglichkeit** conciliatory, *or* accommodating nature, temperament; compatibility
[92]die **Ergebenheit** devotion, loyalty
[93]**sich äußern** to manifest itself, become apparent; **sich zeigen**
[94]**bescheiden** modest, humble
[95]**auf jmdn. zustürzen** to rush to/ toward s.o.
[96]**fahren lassen*** to let go of
[97]der **Staub** dust
[98]**um sein*** to be over, past; **vorbei sein***

# 16 In der Gondel

[1]**schaukeln** to rock, swing
[2]die **Welle, -n** wave
[3]**pflügen** to plow
[4]**bestehen* aus** to consist of
[5]der **Bogen, -** *or* ¨ arch
[6]der **Pfeiler, -** pillar
[7]der **Pfahl, ¨e** post, piling
[8]der **Reichtum, ¨er** abundance, richness, wealth
[9]**sich sattsehen* an** *(dat.)* to get one's fill; **genug sehen* von**
[10]**immerfort** continually; **ununterbrochen**
[11]der **Baedeker** *(German guidebook)*
[12]**streng** stern, severe, strict
[13]**jmdn. einen Dreck interessieren** *(coll.)* to not interest s.o. a damn
[14]**strahlend** radiant
[15]das **Atelier, -s** art studio
[16]**aufhören** to cease; **etwas nicht mehr tun***
[17]**überhaupt** generally; **im großen und ganzen**
[18]**eifersüchtig** jealous
[19]**sich mit jmdm. unterhalten*** to converse with s.o.; **mit jmdm. ein Gespräch führen**
[20]**schüren** to stoke, stir up
[21]**sich** *or* **jmdn. ersäufen** to drown o.s. *or* s.o.
[22]**augenblicklich: sofort, jetzt**
[23]**beweisen*** to prove, demonstrate
[24]**seicht** shallow; **untief**
[25]**nicht einmal** not even
[26]**aufmerksam** attentive; **wach, höflich**
[27]**vereinbaren** to agree on; **abmachen**
[28]**ablehnen** to decline; **nicht annehmen***
[29]**zurückweisen*: ablehnen**
[30]**dessen:** his (*i.e.*, the young man's)
[31]**Osteria** *(Italian)* (die) **Gaststätte, -n**
[32]**auf einmal** all at once; **plötzlich**
[33]**gewohnt** customary, accustomed; **üblich**
[34]der **Glockenturm, ¨e** bell tower
[35]das **Deckengemälde, -** ceiling fresco
[36]**schmücken: dekorieren**
[37]der **Einwurf, ¨e** interjection *(of a remark)*
[38]der **Scheinwerfer, -** floodlight
[39]**anstrahlen** to shine light on, illuminate
[40]**betrachten** to observe; **anschauen**
[41]**vermeiden*** to avoid
[42]**jmdm. entfallen*** *here:* to slip out
[43]**schlagfertig** quick with a repartee
[44]**moglie** *(Italian)* (die) **Ehefrau, -en**
[45]**gräßlich** horrible; **schrecklich**
[46]**jmdn. nichts angehen*** to not concern s.o., not be s.o.'s business

# 17 Der weiße Fiat

[1]**merkwürdig** remarkable
[2]**sich zutragen*** to take place; **geschehen***
[3]**vom Anseh(e)n** by sight
[4]**sich einstellen** *here:* to come to mind
[5]**gar: sogar**
[6]der **Bezirk, -e** district
[7]der **Redakteur, -e** editor
[8]**beliebt** popular
[9]**freimütig** frank, candid
[10]die **Art, -en** way, manner
[11]**aufrichtig** honest, sincere, upright
[12]die **Höflichkeit, -en** courtesy, politeness

[13]die **Anteilnahme** interest, concern
[14]**jmdm. nahestehen*** to be close to s.o.
[15]**vollends** completely; **völlig, vollkommen**
[16]**fortdauernd** lasting, enduring
[17]**ständig** constant
[18]**einfangen*** to capture
[19]**eigenartig** peculiar, strange
[20]die **Abteilung, -en** department, division
[21]**erfahren*** to come to find out, discover, learn
[22]**beschließen*** to resolve (to do); **sich entschließen***
[23]die **Angelegenheit, -en** affair, matter
[24]**etwas nachgehen*** *(dat.)* to pursue *(a matter)*, inquire into
[25]das **Spottgeld, -er** trifling sum
[26]**erwerben*** to acquire, obtain
[27]**winzig** tiny; **sehr klein**
[28]das **Fünkchen, -** little spark
[29]der **Grund, ¨e** base, bottom
[30]die **Neugierde** curiosity
[31]**nachforschen** to trace, investigate
[32]**was es auf sich habe** what it was all about
[33]**ältlich** oldish, appearing old
[34]**eher** but rather
[35]**drall** buxom, robust
[36]die **Roulade, -n** *here:* hair curl made by a roller
[37]die **Schnurrbarthärchen** *(pl.)* the little mustache hairs
[38]**halber** *(with preceding gen.)* because of; **wegen**
[39]die **Kittelschürze, -n** smock, apron
[40]der **Flur, -e** hallway; der **Gang, ¨e**
[41]**schmal** narrow; **eng**
[42]**spiegelblank** mirror-clear
[43]**bohnern** to wax, polish
[44]**drohend** threatening
[45]der **Sturz, ¨e** fall
[46]**abwenden*** *(also weak)* to prevent, avert
[47]**vermögen* (zu tun)** to be able (to do)
[48]**behend** nimble, adroit
[49]das **Geländer, -** railing, banister
[50]die **Querstraße, -n** crossroad
[51]**aufschließen*** to unlock, open up
[52]**sich trauen** to dare, venture
[53]**sich auf (etwas) verstehen*** *(acc.)* to be skilled at (something), be knowledgeable about s.th.
[54]**sich überzeugen** to see for o.s.
[55]der **Wartburg** *(car manufactured in former East Germany)*
[56]der **Zündschlüssel, -** ignition key
[57]**keinen Zweck haben** to be of no use, be pointless; **keinen Sinn haben**
[58]**kulant** accommodating, obliging
[59]die **Erlaubnis** permission, *here:* **Fahrerlaubnis** driver's license
[60]**sachte** cautiously, gently
[61]**schweben** to float *(in the air)*, hover
[62]die **Blüte, -n** blossom
[63]der **Herd, -e** stove
[64]der **Vertrag, ¨e** contract
[65]der **Pferdefuß, ¨e** *here:* the catch, the drawback
[66]**allerlei** all kinds of
[67]die **Unbedachtsamkeit** lack of caution, carelessness
[68]**jmdm. Schwindel machen** to make s.o. giddy, cause s.o. dizziness
[69]**eine andere** another (woman)
[70]**verschweigen*** to keep secret (by not talking about s.th.), not mention
[71]**dahinterkommen*** to find out, discover; **herausfinden***
[72]**teigig** doughy, puffy
[73]der **Ofensetzer, -** stove fitter
[74]**in Rente gehen*** to retire; **in Pension gehen***
[75]**meins** mine (*i.e.*, my share)
[76]das **Sparkassenbuch, ¨er** savings book
[77]der **Erlös, -e** (net) proceeds
[78]**jmdm. eins auswischen** to pull a nasty one on s.o., deal s.o. a blow
[79]**verschenken** to give away
[80]**es heißt** it says (in the testament)
[81]die **Strähne, -n** lock *or* strand of hair
[82]**peinlich** embarrassing
[83]**schlaff** slack, flabby

# 18 Mal was andres

[1]**lag es daran** it was because
[2]**gleichsam** as it were, as if
[3]**vorschriftsmäßig** as prescribed
[4]**sich zusammensetzen aus** to be composed, consist of
[5]der **Unsinn** nonsense
[6]**bei Hofe** at court
[7]**derb** coarse, uncouth; **grob**
[8]**rülpsen** to belch
[9]**abgezirkelt** precise, exact
[10]**überaus** extremely, excessively
[11]die **Spitzendecke, -n** lace tablecloth
[12]**schonen** to protect, preserve
[13]das **Gedeck, -e** table setting
[14]**geschliffen** polished; elegantly formed
[15]der **Kragen, -** collar
[16]**würgen** to choke

[17]**drücken** *here:* to pinch, press
[18]**(es) begab sich** *(arch.)* it happened
[19]**umwehen** to blow around, fan
[20]**tauschen** to trade, exchange
[21]**um (***less common:* **für) jmdn. bangen** to be anxious about s.o.; **Angst haben um jmdn.**
[22]**wahrhaftig** truly, indeed
[23]**vorfallen*** to occur, happen; **geschehen***
[24]**gewitternd** tempestuous, stormy
[25]die **Miene, -n** mien, facial expression; der **Gesichtsausdruck, ¨e**
[26]der **Aufruhr, -e** tumult, uproar, riot
[27]der **Spott** ridicule, scorn
[28]**schnellen** *here:* to flip up, shoot up
[29]**würdelos** undignified
[30]der **Vorgang, ¨e** occurrence, incident
[31]**anlangen** to arrive, reach
[32]**abräumen** to clear off *or* away
[33]das **Hauptgericht, -e** main course of a meal
[34]**die Achseln zucken** to shrug one's shoulders
[35]**trotzig** defiant
[36]**betäubt** stunned, bewildered
[37]**streng** strict
[38]das **Herkommen** custom, tradition
[39]**einhalten*** to observe, adhere to
[40]**es ging darum** the whole point was, it was a matter of
[41]**grob** uncouth, coarse; **derb**
[42]**unflätig** dirty, lewd
[43]die **Ausdrucksweise, -n** way of talking, manner of expression
[44]**sich einer Sache befleißen*** *usually:* **befleißigen** *(gen.)* to take great pains with (doing) s.th.
[45]**verhalten** reserved, restrained
[46]die **Erregung** excitement, emotion, agitation
[47]**ließ sich denken** they could imagine
[48]**geheim** secret, secretive
[49]**bisweilen** occasionally, now and then; **ab und zu**
[50]**überraschend** surprising, startling
[51]**schwanken** to totter, sway
[52]das **Treiben** actions, goings-on
[53]**verlegen** embarrassed
[54]**betreten** disconcerted, surprised
[55]das **Einverständnis** agreement, understanding, consent
[56]**begehen*** to commit *(an error, sin, etc.)*
[57]**fluten** to cascade, flow
[58]**zustande kommen*** to come about; **enstehen***
[59]**emporheben*** to lift, raise; **hochheben***
[60]**zerschellen** to shatter
[61]die **Heiterkeit** merriment
[62]der **Schenkel, -** thigh
[63]**johlen** to howl
[64]**übermütig** high-spirited
[65]**anstellen** *here:* to do naughty *or* silly things
[66](das) **Haschen** game of tag
[67]die **Fensterscheibe, -n** windowpane
[68]**einen Purzelbaum schlagen*** to do a somersault
[69]**närrisch** foolish, silly, eccentric
[70]**erschallen*** *(also weak)* to resound, ring
[71]der **Schausteller, -** performer
[72]**ankündigen** to advertise; announce
[73]der **Gaukler, -** juggler, illusionist, magician
[74]der **Zufall, ¨e** coincidence, accident
[75]**samt allem** together with everything
[76]die **Habe** *(usually with poss. pron.)* belongings
[77]**sich beraten*** to consult one another
[78]**aushandeln** to negotiate, bargain for
[79]**schüchtern** shy, timid
[80]**kräftig** vigorous
[81]**nachdrücklich** emphatic
[82]das **Anerbieten, -** proposal
[83]**allgemach** *(arch.)* gradually; **allmählich**
[84]**Vertrauen fassen** to (begin to) trust
[85]**im Nu** in no time at all, in the twinkling of an eye
[86]das **Dasein** being, existence
[87]**verwegen** bold, daring
[88]der **Aufputz** finery, flashy dress
[89]**unbedingt** absolutely, without fail
[90]**jmdm. an etwas mangeln** *(dat.)* to lack *or* be missing s.th.
[91]**betteln** to beg
[92]**winken** to wave
[93]**leidlich** passable, tolerable
[94]die **Ziehharmonika, -s** *or* **-ken** accordion
[95]**zupfen** to pluck
[96]**besessen** possessed
[97]**mit etwas umzugehen wissen*** to know how to use *or* handle s.th.

# 19 Eine größere Anschaffung

[1]die **Anschaffung, -en** purchase; der **Kauf, ¨e**
[2]**gewöhnlichen Aussehens** of ordinary appearance

[3]**vertraulich** confidential, low *(voice)*
[4]**am Platz(e)** in order, called for
[5]**sich nach etwas erkundigen** to inquire about s.th.; **nach etwas fragen**
[6]**den Anschein erwecken** to create the impression
[7]die **Katz(e) im Sack kaufen** to buy a pig in a poke; **etwas kaufen, ohne es vorher gesehen zu haben**
[8]**bereitwillig** willing
[9]die **Auskunft, ¨-e:** die **Information, -en**
[10]die **Ansicht, -en** view; das **Bild, -er**
[11]**darstellen** to depict, portray
[12]**sich über etwas einigen** to agree on s.th.
[13]**unter Rücksichtnahme auf** with due regard to, in due consideration of
[14]die **Tatsache, -n** fact, das **Faktum;** *(pl.)* **Fakta** *or* **Fakten**
[15]**es handelt sich um** it is a question *or* matter of
[16]**aus etwas entnehmen*** to deduce *or* infer from s.th.
[17]die **Lieferung, -en** delivery
[18]**anrüchig** shady, disreputable
[19]**einer Sache zugrunde liegen*** *(dat.)* to be at the bottom of s.th., underlie s.th.
[20]**nun einmal** just
[21]**zusammenbrechen*** to collapse; **zusammenfallen***
[22]**ohnehin** anyway, as it is; **sowieso**
[23]**angemessen** appropriate; **passend**
[24]das **Fahrzeug, -e** vehicle; **eine Maschine zum Fahren**
[25]der **Fesselballon, -s** *or* **-e** tethered hot-air balloon
[26]**unterbringen*** to lodge, put up, store
[27]**platzen** to burst, pop; **bersten***
[28]das **Gerät, -e** tool, apparatus; das **Werkzeug, -e,** der **Apparat, -e**
[29]**bald darauf; kurz danach**
[30]**jeglich -: jed-**
[31]die **Äußerung, -en** expression, utterance, remark; die **Aussage, -n**
[32]**einer Sache abhold sein** *(dat.)* to be averse to s.th.; **stark gegen eine Sache sein**
[33]**gelten lassen*** to let pass, not dispute
[34]**erstaunen** to astonish, amaze
[35]**unausstehlich** insufferable, intolerable; **unerträglich**
[36]der **Duft, ¨-e** fragrance; **angenehmer Geruch**
[37]**welkend** wilting, withering; **verblühend**
[38]**fürs erste** for the present
[39]**steckte ich es auf** *(coll.)* I gave it up
[40]**einschenken** to pour *(a beverage)*
[41]die **Seife, -n** soap
[42]die **Empfindung, -en** feeling; das **Gefühl, -e**
[43]das **Etikett, -e** *or* **-s** label
[44]die **Weltausstellung, -en** world's fair
[45]**erhalten*** to receive; **bekommen***
[46]**daher** for this *or* that reason; **deshalb, deswegen**
[47]**beschließen*** to decide (to do); **sich entschließen***
[48]**nippen** to sip
[49]**vor kurzem** recently; **kürzlich, vor kurzer Zeit**
[50]**zaghaft** timid, hesitant; **zögernd**
[51]**neulich: vor kurzem, kürzlich**
[52]**ein freudiges Ereignis** a joyful event (d.h., die **Geburt eines Kindes)**
[53]der **Zwilling, -e** twin
[54]**übrigens** incidentally
[55]die **Gelegenheit, -en** opportunity, occasion
[56]die **Versuchung, -en** temptation
[57]**widerstehen*** *(dat.)* to resist
[58]**zur Kenntnis nehmen*** to take note *or* cognizance of
[59]**offensichtlich** obvious, apparent; **offenbar**
[60]**einsilbig** taciturn, monosyllabic; **wortkarg**
[61]**sich verabschieden** to take leave, say goodbye
[62]die **Meldung, -en** report; die **Nachricht, -en**
[63]**abhanden kommen*** to get lost, be mislaid
[64]der **Rangierbahnhof, ¨-e** shunting yard
[65]das **Opfer, -** victim
[66]**unlauter** dishonest, shady; **unehrlich**
[67]**sich mit jmdm. in etwas einlassen*** to have dealings in s.th. with s.o., get involved with s.o.; **mit jmdm. etwas zu tun haben**
[68]**außerdem** besides, moreover

# 20 Ein Mensch mit Namen Ziegler

[1]die **Gasse, -n** lane, (narrow) street, alley
[2]**unbegabt: ohne Talent**
[3]**feige** cowardly
[4]der **Trieb, -e** drive, urge
[5]die **Bestrebung, -en** endeavor
[6]die **Strafe, -n** punishment
[7]der **Zug, ¨-e** trait

[8]das **Exemplar, -e** copy
[9]das **Schicksal, -e** destiny, fate
[10]**mißbilligen** to disapprove
[11]die **Wissenschaft, -en** science
[12]die **Krebsforschung** cancer research
[13]**annehmen*** to assume
[14]**zulassen*** to permit, allow
[15]das **Bestreben** striving
[16]**sich auszeichnen** to distinguish o.s.
[17]**stets** constantly, continuously; **immer, jederzeit**
[18]**im Einklang** in harmony
[19]die **Afferei, -en** mimicry
[20]**viel auf etwas halten*** to regard s.th. highly
[21]der **Vorgesetzte, -en, -en** superior
[22]die **Schilderung, -en** description, portrayal; die **Beschreibung, -en**
[23]**reizend** charming
[24]**berechtigt** justified
[25]**zuwider** *(dat.)* contrary to
[26]**Anschluß finden*** to make some acquaintances, find contact
[27]**einem Verein beitreten*** to join a club
[28]das **Unglück** misfortune
[29]**darauf angewiesen sein** to have to rely on
[30]**sich um etwas kümmern** to concern o.s. with s.th.
[31]**gewissenhaft** conscientious
[32]**unentgeltlich** gratis; **kostenlos**
[33]**ermäßigen** to lower, reduce *(prices)*
[34]der **Tuchknopf, ¨-e** cloth button
[35]**kantig** edged
[36]die **Haltung, -en** posture, bearing
[37]der **Saal,** *(pl.)* **Säle** hall, large room
[38]**fromm** pious, well-behaved
[39]**preisen*** to praise; **loben**
[40]**verdienstvoll** meritorious
[41]die **Zuverlässigkeit** reliability
[42]**erweisen*** to prove
[43]**schließen*** *here:* to deduce
[44]der **Kram** junk, trash
[45]**grünspanig** covered with copper acetate
[46]**beherrschen** to have command of, be master of
[47]**bezeichnen** to label, mark
[48]**abschaffen** to abolish; **beseitigen**
[49]die **Scheibe, -n** pane of glass
[50]**vorzüglich** excellent, first-rate; very well
[51]**kontrollieren** to check, adjust
[52]**aufatmen** to breathe a sigh of relief
[53]**würdigen** to deem worthy (of)
[54]das **Erzeugnis, -se** product
[55]der **Holzschnitzer, -** woodcarver
[56]**tüchtig** able, capable
[57]der **Kerl, -e** fellow
[58]die **Standuhr, -en** grandfather clock
[59]**elfenbeinern** ivory
[60]**billigen** to approve of, countenance
[61]**gähnen** to yawn
[62]das **Erbstück, -e** heirloom
[63]**fesseln** to hold, capture *(curiosity)*
[64]der **Gegenstand, ¨-e** object
[65]der **Aberglaube, (-ns)** superstition
[66]das **Zauberbuch, ¨-er** book of magic
[67]der **Hexenstaat** witchcraft trappings
[68]die **Esse, -n** forge
[69]der **Mörser, -** mortar
[70]**bauchig** bulgy, bellied
[71]**dürr** withered
[72]die **Schweinsblase, -n** pig's bladder
[73]der **Blas(e)balg, ¨-e** bellows
[74]das **Seil, -e** rope
[75]**unbedenklich** unhesitating
[76]**betasten** to finger, feel
[77]das **Zeug** stuff
[78]**sich mit etwas befassen** to concern o.s. with, deal with
[79]**hingegen** on the other hand
[80]der **Goldmachertiegel, -** smelting pot for making gold
[81]das **Gewicht, -e** weight
[82]**genieren** *(French)* embarrass
[83]**darum** for that reason; **deswegen, deshalb**
[84]**harzartig** resinous
[85]**hochmütig** haughty, arrogant
[86]**je nachdem (wie)** depending on (how)
[87]**aus Versehen** inadvertently, by mistake
[88]**kratzen** to scratch
[89]**hinabspülen** to wash down
[90]der **Käfig, -e** cage
[91]**Stand fassen** to stop, take up a position
[92]**jmdn. anblinzeln** to wink at s.o.
[93]**gutmütig** good-natured
[94]**jmdm. zunicken** to nod to s.o.
[95]**angewidert** disgusted, nauseated
[96]die **Meerkatze, -n** long-tailed monkey
[97]**ausgelassen** boisterous
[98]**jmdn. nachahmen** to imitate s.o.
[99]der **Hungerleider, -** needy wretch
[100]die **Zähne blecken** to bare one's teeth
[101]**ertragen*** to bear, stand
[102]**bestürzt** dismayed, aghast
[103]**lenken** to steer, direct
[104]der **Hirsch, -e** stag, deer
[105]das **Reh, -e** deer
[106]das **Gitter, -** bars *(of a cage)*
[107]die **Ergebung:** die **Resignation**

[108]**überlegen** superior
[109]**samt** *(dat.)* together with
[110]das **Geschmeiß** vermin
[111]**lächerlich** ridiculous
[112]**widerlich** loathsome, repulsive
[113]das **Vieh** beast, dumb animal
[114]der **Steinbock, ¨e** Alpine ibex
[115]die **Gemse, -n** chamois, Alpine goat
[116]**würdelos** undignified
[117]**geckenhaft** dandyish, foolish
[118]die **Verkleidung, -en** disguise
[119]**sachlich** factual; **objektiv**
[120]**gemessen** precise, in measured words
[121]**sich äußern** to express o.s.
[122]**erstarrt** paralyzed, stiff, rigid
[123]die **Schwermut** melancholy
[124]der **Ast, ¨e** branch
[125]der **Häher, -** jay
[126]der **Anstand** decorum, proper demeanor
[127]das **Achselzucken** shrug of the shoulders
[128]**benommen** benumbed, confused
[129]die **Not, ¨e** need, want
[130]**lauschen** to listen for, eavesdrop
[131]**tröstlich** consoling
[132]die **Gebärde, -n** gesture, bearing, appearance
[133]**enttäuschen** to disappoint
[134]**entartet** degenerate, debased
[135]**sich verstellen** to dissemble, pretend, sham
[136]**unbändig** tremendous, mighty
[137]der **Stiefel, -** boot, shoe
[138]**schluchzen** to sob
[139]das **Aufsehen** commotion, sensation

# 21 Du fährst zu oft nach Heidelberg

[1]**zutreffen*** to be true, apply; **stimmen**
[2]**wegrutschen** to slip away
[3]**spürbar** perceptible
[4]der **Schrebergarten, ¨** small community garden plot on the outskirts of a town *(named after Daniel Schreber, 1808-1861)*
[5]die **Laube, -n** little garden house *or* shed
[6]der **Friedhof, ¨e** cemetery
[7]der **Rand, ¨er** edge
[8]**Tempo geben*** to speed up; **beschleunigen**
[9]die **Beschleunigung** acceleration
[10]die **Geschwindigkeit, -en** speed
[11]der **Vorsatz, ¨e** resolve, intention; die **Absicht, -en**
[12]das **Abendgymnasium** *(night school leading to the* **Abitur** *needed for admission to the university)*
[13]**er hatte wenig dran tun können** he had not been able to work at it very much
[14]der **Schlitten, -** sled, *(slang)* bike
[15]**mit jmdm. zurechtkommen*** to get along with s.o., cope with s.o.
[16]der **Teppichboden** carpet floor(ing)
[17]die **Bude, -n** *(slang)* pad, room
[18]die **Jalousie, -n** Venetian blind
[19]**der wohlige Rückgriff** the pleasant recalling
[20]**jmdm. (etwas) vorwerfen*** to blame or reproach s.o. for s.th.
[21]der **Bezirksmeister, -** district champion
[22]**überstehen*** to endure, survive; **aushalten***
[23]die **Mohrrübe, -n** carrot
[24]der **Kirsch: das Kirschwasser** a schnapps made from cherries
[25]die **Schwägerin, -nen** sister-in-law
[26]**einmütig** unanimously; **einstimmig**
[27]**verwöhnen** to pamper, spoil
[28]**Hosen- und Fransen- und Rekorderkram** pants- and fringes- and recorder stuff
[29]der **Seufzer, -** sigh
[30]die **Unterredung, -en** conversation
[31]**gesinnt** disposed, inclined
[32]die **Volkshochschule** adult classes
[33]**Unkraut jäten** to pull weeds, weed
[34]der **Beutel, -** bag
[35]**zwingen*** to force
[36]die **Bereifung** tires
[37]**vorführen** to demonstrate, show
[38]**abhorchen** to listen to and try to detect
[39]**herunterkurbeln** to crank down
[40]**als gelte** as if it were aimed at
[41]die **Leistungsfähigkeit, -en** capability, capacity
[42]**klapp(e)rig** shaky, rickety, clattering
[43]**sich** *(dat.)* **etwas leisten** to afford s.th.
[44]die **Herrschaften** *(pl.)* master and mistress (*i.e.*, the parents)
[45]die **Karre, -n** cart, crate
[46]**ausrichten lassen*** to leave a message; *(literally)* to have a message conveyed
[47]**verblaßt** faded
[48]**großzügig** generous, large
[49]die **Verkommenheit** run-down state
[50]die **Fuge, -n** joint, space
[51]die **Fliese, -n** paving stone, tile
[52]**reizen** to irritate, provoke; **ärgern**

[53]**solches** such things
[54]**bürgerlich** bourgeois
[55]**mochte er sie regelrecht** he downright liked them
[56]**entzückend** charming, delightful
[57]**verlegen** embarrassed
[58]**eine Runde drehen** *(slang)* to pedal a lap
[59]**der Prachtschlitten, -** *(slang)* splendid bike
[60]**loben** to praise
[61]**begeistert** enthusiastic
[62]der **Neid** envy
[63]**zufällig** by chance, coincidentally; **durch Zufall**
[64]die **Ampel, -n** traffic light
[65]die **Stauung, -en** traffic jam
[66]**zerzaust** disheveled
[67]**tatsächlich** really, in fact
[68]**jmdm. zuflüstern** to whisper to s.o.
[69]die **Planstelle, -n** planned teaching position
[70]**knapp** scarce(ly), barely
[71]**etwas vorschützen** to plead as an excuse
[72]**drängen** to urge
[73]das **Geschirr** dishes, utensils
[74]**heftig** passionate; vigorous; **leidenschaftlich**
[75]der **Antrag, ¨-e** application
[76]der **Fragebogen, ¨-** questionnaire
[77]das **Gesuch, -e** petition
[78]**ins reine tippen** to type a clean/final copy
[79]die **Gewerkschaft, -en** union
[80]der **Zuschuß, ¨-(ss)e** subsidy; **finanzielle Unterstützung**
[81]das **Erholungsheim, -e** rest home, convalescent home
[82]**eifrig** eager, enthusiastic
[83]der **Chilene, -n, -n** Chilean
[84]**geraten* in** *(acc.)* to get into, get stuck in
[85]**abgelegt** laid aside, discarded
[86]**spirrig** *(slang)* weak and spindly
[87]die **Wahl, -en** election
[88]der **Erdrutsch, -e** landslide
[89]**dementieren** to deny, contradict, refute
[90]der **Kurs, -e** price *or* rate for stock, bonds, or currency
[91]**rumoren** to rumble, cause a row
[92]**jmdm. etwas übelnehmen*** to take offense at s.o. for s.th.
[93]**aufmuntern** to encourage, cheer up
[94]der **Stubs:** der **Stups, -e** nudge
[95]**spröde** stiff, reserved
[96]**fördern** to support, sponsor; **unterstützen, begünstigen**
[97]**unterschätzen** to underestimate
[98]das **Erschöpfungsmerkmal, -e** sign of exhaustion
[99]**scheitern** to founder, run aground
[100]**vorzüglich** superior, first-rate
[101]**VHS: Volkshochschule**
[102]**schüchtern** shy
[103]**lagen ihm nicht** didn't suit him; were not his thing
[104]die **Vorschrift, -en** regulation, rule
[105]die **Richtlinie, -n** guideline
[106]der **Ratschlag, ¨-e** advice
[107]**leiden*** to suffer; **jmdm. weh tun***
[108]der **Dolmetscher, -** interpreter
[109]die **Maklerfirma, -men** brokerage firm

# Strong and Irregular Verbs

This list provides the principal parts of all strong and irregular verbs occurring in this reader. Prefix verbs, such as **umbringen** *(separable)* or **verfliegen** *(inseparable)*, are not included since their principal parts are the same as those of the basic verbs **bringen** and **fliegen**. Occasionally a prefix verb is included if the basic form does not exist or is highly uncommon. Present tense forms of the third person singular are given for those verbs that have a vowel change in the second and third persons singular. The auxiliary, **sein** or **haben**, is indicated by **(s)** or **(h)** after the infinitive. Verbs that take either auxiliary, depending either upon meaning or whether they are used transitively with **haben** or intransitively with **sein**, are indicated by **(h** *or* **s)**.

| *Infinitive* | *3rd sing. pres.* | *Past* | *Past participle* |
|---|---|---|---|
| **befehlen (h)** to command, order | **befiehlt** | **befahl** | **befohlen** |
| **befleißen** | **befleißt** | **befliß** | **beflissen** |
| **beginnen (h)** to begin | | **begann** | **begonnen** |
| **beißen (h)** to bite | | **biß** | **gebissen** |
| **bergen (h)** to hide, conceal | **birgt** | **barg** | **geborgen** |
| **biegen (h)** to bend | | **bog** | **gebogen** |
| **bieten (h)** to offer | | **bot** | **geboten** |
| **binden (h)** to bind | | **band** | **gebunden** |
| **bitten (um) (h)** to request | | **bat** | **gebeten** |
| **blasen (h)** to blow | **bläst** | **blies** | **geblasen** |
| **bleiben (s)** to remain | | **blieb** | **geblieben** |
| **braten (h)** to fry, roast | **brät** | **briet** | **gebraten** |
| **brechen (h** *or* **s)** to break | **bricht** | **brach** | **gebrochen** |
| **brennen (h)** to burn | | **brannte** | **gebrannt** |
| **bringen (h)** to bring | | **brachte** | **gebracht** |
| **denken (h)** to think | | **dachte** | **gedacht** |
| **dringen (h** *or* **s)** to press, force | | **drang** | **gedrungen** |
| **dürfen (h)** to be permitted | **darf** | **durfte** | **gedurft** |
| **erlöschen (s)** to go out *(light)* | **erlischt** | **erlosch** | **erloschen** |
| **erschallen (s)** to sound, ring out | | **erscholl/ erschallte** | **erschollen/ erschallt** |
| **erschrecken (s)** to be frightened *or* startled | **erschrickt** | **erschrak** | **erschrocken** |
| **essen (h)** to eat | **ißt** | **aß** | **gegessen** |
| **fahren (h** *or* **s)** to go, ride; drive | **fährt** | **fuhr** | **gefahren** |
| **fallen (s)** to fall | **fällt** | **fiel** | **gefallen** |
| **fangen (h)** to catch | **fängt** | **fing** | **gefangen** |

| *Infinitive* | *3rd sing. pres.* | *Past* | *Past participle* |
|---|---|---|---|
| **fechten (h)** to fight; to fence | **ficht** | **focht** | **gefochten** |
| **finden (h)** to find | | **fand** | **gefunden** |
| **fliegen (h** *or* **s)** to fly; to be fired | | **flog** | **geflogen** |
| **fliehen (s)** to flee | | **floh** | **geflohen** |
| **fließen (s)** to flow | | **floß** | **geflossen** |
| **fressen (h)** to eat (*of animals*) | **frißt** | **fraß** | **gefressen** |
| **frieren (h** *or* **s)** to be freezing, freeze | | **fror** | **gefroren** |
| **gebären (h)** to give birth | **gebärt/gebiert** | **gebar** | **geboren** |
| **geben (h)** to give | **gibt** | **gab** | **gegeben** |
| **gedeihen (s)** to thrive | | **gedieh** | **gediehen** |
| **gehen (s)** to go | | **ging** | **gegangen** |
| **gelingen (s)** to succeed | | **gelang** | **gelungen** |
| **gelten (h)** to be valid, hold true for | **gilt** | **galt** | **gegolten** |
| **genesen (s)** to recover (*from illness*) | | **genas** | **genesen** |
| **genießen (h)** to enjoy | | **genoß** | **genossen** |
| **geschehen (s)** to happen | **geschieht** | **geschah** | **geschehen** |
| **gewinnen (h)** to win | | **gewann** | **gewonnen** |
| **gießen (h)** to pour | | **goß** | **gegossen** |
| **gleichen (h)** to resemble | | **glich** | **geglichen** |
| **gleiten (s)** to glide, slide | | **glitt** | **geglitten** |
| **graben (h)** to dig | **gräbt** | **grub** | **gegraben** |
| **greifen (h)** to seize, grab | | **griff** | **gegriffen** |
| **haben (h)** to have | **du hast, er hat** | **hatte** | **gehabt** |
| **halten (h)** to hold; to stop | **hält** | **hielt** | **gehalten** |
| **hängen (h)** to hang | | **hing/hängte** | **gehangen/gehängt** |
| **hauen (h)** to thrash, strike, chop | | **hieb/haute** | **gehauen** |
| **heben (h)** to lift, raise | | **hob** | **gehoben** |
| **heißen (h)** to be called | | **hieß** | **geheißen** |
| **helfen (h)** (*dat.*) to help | **hilft** | **half** | **geholfen** |
| **kennen (h)** to know (*persons*) | | **kannte** | **gekannt** |
| **klingen (h)** to sound | | **klang** | **geklungen** |
| **kommen (s)** to come | | **kam** | **gekommen** |
| **können (h)** to be able | **kann** | **konnte** | **gekonnt** |
| **kriechen (s)** to crawl | | **kroch** | **gekrochen** |
| **laden (h)** to load | **lädt** | **lud** | **geladen** |
| **lassen (h)** to let, leave | **läßt** | **ließ** | **gelassen** |
| **laufen (s)** to run | **läuft** | **lief** | **gelaufen** |
| **leiden (h)** to suffer | | **litt** | **gelitten** |
| **leihen (h)** to lend | | **lieh** | **geliehen** |
| **lesen (h)** to read | **liest** | **las** | **gelesen** |

| *Infinitive* | *3rd sing. pres.* | *Past* | *Past participle* |
|---|---|---|---|
| **liegen (h)** to lie, be situated | | **lag** | **gelegen** |
| **lügen (h)** to lie, tell a lie | | **log** | **gelogen** |
| **meiden (h)** to avoid | | **mied** | **gemieden** |
| **messen (h)** to measure | **mißt** | **maß** | **gemessen** |
| **mögen (h)** to like; may | **mag** | **mochte** | **gemocht** |
| **müssen (h)** to have to, must | **muß** | **mußte** | **gemußt** |
| **nehmen (h)** to take | **nimmt** | **nahm** | **genommen** |
| **nennen (h)** to name | | **nannte** | **genannt** |
| **pfeifen (h)** to whistle | | **pfiff** | **gepfiffen** |
| **preisen (h)** to praise | | **pries** | **gepriesen** |
| **quellen (s)** to gush | **quillt** | **quoll** | **gequollen** |
| **raten (h)** to advise | **rät** | **riet** | **geraten** |
| **reiben (h)** to rub | | **rieb** | **gerieben** |
| **reißen (h** *or* **s)** to tear, rip | | **riß** | **gerissen** |
| **reiten (h** ***or*** **s)** to ride (*on an animal*) | | **ritt** | **geritten** |
| **rennen (s)** to run | | **rannte** | **gerannt** |
| **riechen (h)** to smell | | **roch** | **gerochen** |
| **rufen (h)** to call | | **rief** | **gerufen** |
| **saufen (h)** to drink, booze | **säuft** | **soff** | **gesoffen** |
| **saugen (h)** to suck | | **sog/saugte** | **gesogen/gesaugt** |
| **schaffen (h)** to create[1] | | **schuf** | **geschaffen** |
| **scheiden (h** *or* **s)** to part, separate | | **schied** | **geschieden** |
| **scheinen (h)** to shine; to seem | | **schien** | **geschienen** |
| **schieben (h)** to shove | | **schob** | **geschoben** |
| **schießen (h)** to shoot | | **schoß** | **geschossen** |
| **schlafen (h)** to sleep | **schläft** | **schlief** | **geschlafen** |
| **schlagen (h)** to strike, hit | **schlägt** | **schlug** | **geschlagen** |
| **schleichen (s)** to sneak, creep | | **schlich** | **geschlichen** |
| **schließen** to close | | **schloß** | **geschlossen** |
| **schmeißen (h)** to fling | | **schmiß** | **geschmissen** |
| **schmelzen (h** *or* **s)** to melt | **schmilzt** | **schmolz** | **geschmolzen** |
| **schneiden (h)** to cut | | **schnitt** | **geschnitten** |
| **schreiben (h)** to write | | **schrieb** | **geschrieben** |
| **schreien (h)** to scream, cry out | | **schrie** | **geschrie(e)n** |
| **schreiten (s)** to stride | | **schritt** | **geschritten** |

[1] Used as a weak verb, **schaffen schaffte geschafft** means *to accomplish* or *do s.th.* or *to work hard.*

| *Infinitive* | *3rd sing. pres.* | *Past* | *Past participle* |
|---|---|---|---|
| **schweigen (h)** to be silent | | **schwieg** | **geschwiegen** |
| **schwellen (s)** to swell | **schwillt** | **schwoll** | **geschwollen** |
| **schwimmen (h** *or* **s)** to swim | | **schwamm** | **geschwommen** |
| **schwinden (s)** to disappear | | **schwand** | **geschwunden** |
| **schwingen (h** *or* **s)** to swing | | **schwang** | **geschwungen** |
| **schwören (h)** to swear | | **schwor** | **geschworen** |
| **sehen (h)** to see | **sieht** | **sah** | **gesehen** |
| **sein (s)** to be | **ist** | **war** | **gewesen** |
| **senden (h)** to send | | **sandte/sendete** | **gesandt/gesendet** |
| **singen (h)** to sing | | **sang** | **gesungen** |
| **sinken (s)** to sink | | **sank** | **gesunken** |
| **sinnen (h)** to think, ponder | | **sann** | **gesonnen** |
| **sitzen (h)** to sit | | **saß** | **gesessen** |
| **sollen (h)** shall, ought to | **soll** | **sollte** | **gesollt** |
| **spinnen (h)** to spin; to be crazy | | **spann** | **gesponnen** |
| **sprechen (h)** to speak | **spricht** | **sprach** | **gesprochen** |
| **springen (s)** to jump | | **sprang** | **gesprungen** |
| **stechen (h)** to sting, prick | **sticht** | **stach** | **gestochen** |
| **stecken (h)** to stick; to be (hidden) | | **stak/steckte** | **gesteckt** |
| **stehen (h)** to stand | | **stand** | **gestanden** |
| **stehlen (h)** to steal | **stiehlt** | **stahl** | **gestohlen** |
| **steigen (s)** to climb | | **stieg** | **gestiegen** |
| **sterben (s)** to die | **stirbt** | **starb** | **gestorben** |
| **stinken (h)** to stink | | **stank** | **gestunken** |
| **stoßen (h)** to push | **stößt** | **stieß** | **gestoßen** |
| **streichen (h)** to stroke | | **strich** | **gestrichen** |
| **streiten (h)** to argue, quarrel | | **stritt** | **gestritten** |
| **tragen (h)** to carry; to wear | **trägt** | **trug** | **getragen** |
| **treffen (h)** to meet; to hit | **trifft** | **traf** | **getroffen** |
| **treiben (s)** to drift, float | | **trieb** | **getrieben** |
| **treten (h** *or* **s)** to step; to kick | **tritt** | **trat** | **getreten** |
| **trinken (h)** to drink | | **trank** | **getrunken** |
| **trügen (h)** to be deceitful | | **trog** | **getrogen** |
| **tun (h)** to do | | **tat** | **getan** |
| **verderben (h** *or* **s)** to spoil | **verdirbt** | **verdarb** | **verdorben** |
| **verdrießen (h)** to annoy | | **verdroß** | **verdrossen** |
| **vergessen (h)** to forget | **vergißt** | **vergaß** | **vergessen** |
| **verlieren (h)** to lose | | **verlor** | **verloren** |
| **wachsen (s)** to grow | **wächst** | **wuchs** | **gewachsen** |
| **waschen (h)** to wash | **wäscht** | **wusch** | **gewaschen** |

| *Infinitive* | *3rd sing. pres.* | *Past* | *Past participle* |
|---|---|---|---|
| **weichen (s)** to yield, give way | | **wich** | **gewichen** |
| **weisen (h)** to show, point | | **wies** | **gewiesen** |
| **wenden (h)** to turn | | **wandte/ wendete** | **gewandt/ gewendet** |
| **werben um (h)** to apply for, woo | **wirbt** | **warb** | **geworben** |
| **werden (s)** to become | **wird** | **wurde** | **geworden** |
| **werfen (h)** to throw | **wirft** | **warf** | **geworfen** |
| **wiegen (h)** to weigh | | **wog** | **gewogen** |
| **winden (h)** to wind | | **wand** | **gewunden** |
| **wissen (h)** to know (*facts*) | **weiß** | **wußte** | **gewußt** |
| **wollen (h)** to want, intend | **will** | **wollte** | **gewollt** |
| **zeihen (h)** to accuse | | **zieh** | **geziehen** |
| **ziehen (h** *or* **s)** to move, go; to pull | | **zog** | **gezogen** |
| **zwingen (h)** to force | | **zwang** | **gezwungen** |

# Vocabulary

This vocabulary includes all German words and idioms occurring in this book except geographical and proper names, articles, possessive adjectives, numbers, diminutives, and some obvious cognates. When reading, students should not need to refer to the end vocabulary, since presumably all unfamiliar words are explained in the glosses for each story.

The vocabulary contains the following features:

1. Meanings for words are given for the specific contexts in which they occur in this reader. However, every attempt has been made also to provide indications of the major or most common meanings of a word.
2. Plural endings are listed unless the plural is uncommon or does not exist. Irregular genitive endings are also given.
3. Strong and irregular verbs are indicated by an asterisk (*). (For the principal parts of strong and irregular verbs, see pp. 257–261.)
4. Verbs with separable prefixes are hyphenated.
5. Verbs that normally require the auxiliary verb **sein** are indicated by **(s)** after the verb. Verbs that take either auxiliary, depending in most cases on whether they are used transitively (with **haben**) or intransitively (with **sein**), are indicated by **(h** *or* **s).**
6. A dative object is indicated by **jmdm. (jemandem)** or *(dat.)*; an accusative object is indicated by **jmdn. (jemanden)** or *(acc.)*.
7. Reflexive verbs are preceded by **sich.** If the verb can also be used nonreflexively with exactly the same meaning, this is indicated by **(sich).** A dative reflexive is indicated by *(dat.)*.

Abbreviations

| | | | |
|---|---|---|---|
| *acc.* | accusative | *interject.* | interjection |
| *adj.* | adjective | *jmdm.* | *jemandem* (dative) |
| *adv.* | adverb | *jmdn.* | *jemanden* (accusative) |
| *arch.* | archaic | *o.s.* | oneself |
| *coll.* | colloquial | *past. part.* | past participle |
| *comp.* | comparative | *pl.* | plural |
| *conj.* | conjunction | *prep.* | preposition |
| *d.h.* | *das heißt* (that is) | *rel.* | relative |
| *dat.* | dative | *sing.* | singular |
| *gen.* | genitive | *s.o.* | someone |
| *i.e.* | (*Latin*) *id est* that is (to say) | *s.th.* | something |
| *inf.* | infinitive | *z.B.* | *zum Beispiel* (for example) |

# A

**ab** off; **ab und zu** now and then, off and on
**ab-brechen* (h** *or* **s)** to break off
**ab-drehen** to turn off, switch off
**ab-drucken** to print (a copy of)
der **Abend, -e** evening; **eines Abends** one evening; **abends** in the evening
das **Abendbrot, -e** cold supper
das **Abendessen, -** evening meal
das **Abendgymnasium** night classes at a **Gymnasium**
der **Aberglaube (-ns)** superstition
**abermals** again
**ab-fahren* (h** *or* **s)**; to depart; to drive away
die **Abfahrt, -en** departure
die **Abfahrtszeit, -en** departure time
sich **ab-finden mit* etwas** to come to accept, resign o.s. to, *or* come to grips with s.th.
das **Abgas, -e** exhaust fume(s)
**ab-geben*** to hand over, check *(baggage)*; to give *(an opinion, testimony, etc.)*
**abgegriffen** worn (out) from being handled
**ab-gehen* (s)** depart
**abgesehen von** not taking into account
**abgezirkelt** precise, exact
der **Abgrund, ¨-e** abyss, chasm, deep hole
**abhanden kommen* (s)** to get lost, become mislaid
**abhold** *(with dat.)* averse to
**ab-holen** to fetch, pick (s.o.) up
**ab-horchen** to listen carefully for
das **Abitur** graduation certificate from a **Gymnasium**
**ab-legen** to discard; set down
**ab-lehnen** to decline, refuse, reject
**ab-leiten** to derive
**ab-lenken** to distract, divert one's attention
**ab-machen** to settle, conclude an agreement
**ab-nehmen*** to take off; to remove; to reduce, lose weight; **jmdm. etwas abnehmen** to relieve s.o. of s.th.
**ab-pflücken** to pluck, pick
**ab-räumen** to clear away *or* off
**ab-reißen* (h** *or* **s)** to tear off *or* away
der **Absatz, ¨-e** paragraph
**ab-schaffen** to do away with, abolish
**ab-schließen*** to conclude; to close off
der **Abschluß (-sses), ¨-(ss)e** close, conclusion; end; edge, border
**ab-schneiden*** to slice off; **sich bei jmdm. eine Scheibe abschneiden** to take a leaf out of s.o.'s book, learn from s.o.'s example
der **Abschnitt, -e** segment, section; paragraph
**ab-sehen* (jmdm. etwas)** to learn s.th. by watching s.o. do it
**abseits** off to the side, off the beaten path
die **Absicht, -en** intention
**ab-sinken* (s)** to drop off, lose speed
sich **ab-spielen** to take place, occur, happen
**ab-stammen (s)** to be descended from
**abstauben** to wipe off the dust
**ab-steigen* (s)** to climb off, dismount
**ab-stellen** to put down
**ab-streiten*** to dispute, deny *(an assertion, a fact, etc.)*
das **Abteil, -e** compartment
die **Abteilung, -en** department, section, division
der **Abteilungsleiter, -** department head
**ab-trennen** to separate, detach
**ab-tupfen** to wipe *or* dab off
**ab-warten** to wait for, await the outcome
**ab-waschen*** to wash off
**ab-wechseln** to alternate
die **Abwechslung, -en** change (of pace), variety
**ab-wenden*** *(also weak)* to prevent, avert; to turn away; to ward off
**abwesend** absent; absent-minded
**ab-ziehen* (h** *or* **s)** to pull off; to leave, depart
**ach!** oh! ah! alas; **ach so!** oh, I see; **ach was!** nonsense; oh, come on! certainly not!
das **Achselzucken** shrugging of the shoulders; **die Achseln zucken** *or* **mit den Achseln zucken** to shrug one's shoulders
**achten** to heed, pay attention
**achtlos** inattentive, negligent
die **Achtung** attention; esteem, respect
**ächzen** to moan, groan
der **Adel** nobility
die **Ader, -n** vein, artery
der **Affe, -n, -n** monkey, ape
das **Affenhaus, ¨-er** monkey house
die **Afferei, -en** mimicry
**ahnen** to have an inkling, have a foreboding *or* premonition, suspect
die **Ähnlichkeit, -en** similarity
die **Ahnung, -en** presentiment, inkling
der **Akkord** wage *(based on piece work rather than hours worked)*
die **Akkordprämie, -n** piece work bonus

**akkurat** precisely, meticulously
die **Aktie, -n** stock in a corporation
**aktuell** up-to-date, topical
**albern** silly, daffy, foolish
**all-** all
**alle** *(coll.)* sold out, gone, at an end, over
**allein** alone; however; **von allein** without help, by oneself
**allerhand** all kinds of, all sorts of
**allerlei** all kinds of
**allerletzt-** the very last
**alles** everything; **alles in allem** all in all; **alles daran setzen** to do everything possible to assure an outcome
**allgemach** gradually
**allgemein** general
**allmächtig** almighty, omnipotent
**allmählich** gradually
**alltäglich** daily
der **Alltagstrott** daily routine, everyday humdrum
**allzu** all too
**als** as, when; as if; than
**also** so, thus; okay, well; therefore, consequently
**als wo** except for where
**alt** old
das **Alter** age
**älter** older, elderly
**ältlich** oldish, appearing old
**altmodisch** old-fashioned
die **Ampel, -n** traffic light
das **Amt, ¨-er** official position, office
das **Amtsdeutsch** German language of the officials, officialese
der **Amtsrat, ¨-e** office counselor *(Austrian civil service supervisor title)*
**amtsrätlich** pertaining to s.o. who is an **Amtsrat**
**an** at, to, by, near
**an-bauen** to build on, add on
**an-blicken** to look at, view
**an-blinzeln** to wink at
**an-brennen*** to scorch; **(s)** to start to burn
**ander-** other
**ändern** to change; sich **ändern** to change, become changed
**an-deuten** to indicate, intimate
**aneinander** together; to *or* against one another; **aneinandergedrängt** pushed *or* shoved together; **aneinander vorbei** past one another
das **Anerbieten, -** proposal
**anerkennend** acknowledging, approving
der **Anfang, ¨-e** beginning, start; **von Anfang an** from the very start
**an-fangen*** to begin, start
der **Anfänger, -** beginner
**anfänglich** beginning, initial
**anfangs** in the beginning, initially
**an-fassen** to take hold of, touch
**an-fragen** to inquire
sich **an-freunden mit** to make friends with
**an-führen** to bring forward *(arguments)*
die **Angabe, -n** statement; assertion
**an-geben*** to state, give *(facts)*
das **Angebot, -e** offer
**an-gehen*** to approach, solicit; **jmdn. nichts angehen (s)** to not concern s.o., not be s.o.'s business
**an-gehören** *(dat.)* to belong to, be part of
die **Angelegenheit, -en** affair, matter, business
**angemessen** appropriate, suitable, fitting
**angenehm** pleasant, pleasing
**angespannt** drawn taut, tense
**angewidert** disgusted, nauseated
**angewiesen sein* (s) auf** to have to rely on *(acc.)*, be left with nothing to do but
die **Angst, ¨-e** fear; **Angst haben*** to be afraid
**ängstlich** fearful
**an-halten*** to stop, halt; to continue unabated, not cease; **den Atem anhalten** to hold one's breath
**anhand (von)** with the aid of
der **Anhänger, -** follower, adherent, disciple, fan
**an-heften** to fasten (on), pin on, affix
**an-klagen** to accuse
**an-klopfen** to knock, tap (to s.o.)
**an-knurren** to growl at, grumble at
**an-kommen* auf** to depend on, be a matter of; **es kommt darauf an** it all depends
**an-kreuzen** to mark with an x
**an-kündigen** to advertise, proclaim; to announce
die **Ankunftszeit, -en** arrival time
**an-lächeln** to smile at
**an-langen (bei) (s)** to arrive (at), reach
**an-nehmen*** to assume; to accept
die **Annonce, -n** advertisement, announcement
**annoncieren** to advertise
**an-ordnen** to arrange, put in order
die **Anpassung** adapting, adjustment, conformity
**an-reden** to address, speak to
**anrüchig** disreputable, shady
der **Anruf, -e** telephone call
**an-rufen*** to call up, phone
**an-schaffen** to purchase; to procure
die **Anschaffung, -en** purchase
**an-schauen** to look at,

observe; sich **etwas anschauen** to take a look at s.th.
der **Anschein** appearance, impression; **den Anschein erwecken** to create the impression, appear *or* look as if
der **Anschluß, -(ss)es, ¨-(ss)e** contact; **Anschluß finden*** to find contact, make some acquaintances
**an-schreien*** to scream at, shout at
**an-sehen*** to look at, view, regard; **jmdm. etwas an-sehen** to see s.th. from one's appearance; sich **etwas an-sehen** (*dat.*) to take a look at s.th.
das **Ansehen** appearance; **ohne Ansehen** (*arch.*) without respect to; **vom Ansehen** by sight, from appearance
die **Ansicht, -en** view, opinion; **meiner Ansicht nach** in my opinion
die **Ansichtskarte, -n** picture postcard
**an-sprechen*** to speak to; appeal to, take one's fancy
**an-springen* (s)** to start *(a motor)*
der **Anstand** decorum, proper demeanor
**an-starren** to stare at
**an-stellen** to appoint, employ; to cause *or* do *(mischief, something naughty, etc.)*
der **Anstoß, ¨-e** impetus
**an-strahlen** to illuminate, shine light on
**anstrengend** strenuous
die **Anstrengung, -en** exertion, effort, strain
die **Anteilnahme** interest, concern
der **Antrag, ¨-e** application, petition
**an-treffen*** to come across, find *(at home)*
**an-tun*** to put on *(clothing)*
die **Antwort, -en** answer
**antworten** to answer
die **Anweisung, -en** instruction, direction
**an-wenden*** *(also weak)* to make use of, use, apply
**an-widern** to disgust, nauseate
die **Anzeige, -n** ad; notice, announcement
**an-ziehen*** to dress, put on; to attract; sich **an-ziehen** to get dressed
der **Anzug, ¨-e** suit
**an-zünden** to ignite, light
**apart** unusual, striking
der **Apfel, ¨** apple
die **Apfelsorte, -n** kind of apple
der **Apparat, -e** apparatus, device
**appetitlich** appetizing
die **Arbeit, -en** work; (academic) paper
**arbeiten** to work
der **Arbeiter, -** worker
das **Arbeitsamt, ¨-er** employment office
die **Arbeitserfahrung, -en** work experience
die **Arbeitserlaubnis, -se** work permit
der **Arbeitskittel, -** work smock, frock
der **Arbeitskollege, -n, -n** work colleague
die **Arbeitsleistung, -en** work output
das **Arbeitszimmer, -** workroom, den
**arg** bad
der **Ärger** annoyance, irritation
**ärgerlich** annoying, irritating
**ärgern** to annoy, irritate, provoke; sich **ärgern** to be annoyed
**argwohnen** to suspect, be suspicious
die **Art, -en** type, kind; way, manner, fashion; **auf solche Art** in such a manner
**-artig** *suffix* -like
die **Arzneipille, -n** medicinal pill
der **Arzt, ¨-e** doctor
der **Aschenbecher, -** ashtray
der **Ast, ¨-e** branch
das **Atelier, -s** art studio
der **Atem** breath
**atemlos** breathless
die **Atempause, -n** breather, breathing pause
der **Atemzug, ¨-e** breath of air
**atmen** to breathe
**auch** also; **auch wenn** *or* **wenn auch** even if, even though
**auf** *(prep.)* on, onto, upon; **auf** *(adv. or sep. prefix)* up, upward; open; **auf einmal** suddenly, all of a sudden, all at once; **auf ewig** forever; **auf und ab** up and down; **auf ... zu** up to, toward
**auf-atmen** to breathe a sigh of relief
**auf-bauen** to construct
**auf-binden*** to tie up
**auf-blasen*** to inflate, puff up
der **Aufenthalt, -e** stay, abode
die **Aufenthaltserlaubnis, -se** residency permit
**auf-fallen* (s)** to be noticeable, be conspicuous
**auf-fressen*** to eat up *(of beasts)*; to devour
**auf-geben*** to give up
**auf-gehen* (s)** to open up
**aufgeregt** excited, agitated
**auf-halten*** to hold up, delay, stop
**auf-heben*** to keep, save; to pick up, raise
**auf-hören** to cease, stop (doing)
**auf-knöpfen** to unbutton
die **Auflage, -n** edition
(sich) **auf-lösen** to dissolve
**auf-machen** to open (up); sich **auf-machen** to get up; to set out on one's way

**aufmerksam** attentive; **aufmerksam machen auf** to draw attention to
die **Aufmerksamkeit, -en** attentiveness
**auf-muntern** to cheer up, encourage
**auf-nehmen*** to take up *or* in; receive; to photograph
(sich) **auf-opfern** to sacrifice (o.s.)
**auf-passen** to watch out, take care; **auf-passen auf** *(acc.)* to keep an eye on, take care of
der **Aufputz** finery, flashy dress
**auf-räumen** to clean up, put things away
**auf-regen** to excite, stir up; sich **auf-regen** to get excited, become upset
**aufregend** exciting; upsetting
sich **auf-richten** to sit up, raise o.s., get into an erect position
**aufrichtig** honest, sincere
der **Aufruhr, -e** tumult, uproar, riot
der **Aufsatz, ¨-e** written composition, article
sich **auf-schieben*** to push (itself) open, open
**auf-schlagen*** to open up; to break open
**auf-schließen*** to open up, unlock
**auf-schneiden*** to cut open
**auf-schreiben*** to write down
die **Aufschrift, -en** label
**auf-sehen*** to look up(ward), raise one's head
das **Aufsehen** commotion
**auf-setzen** to put on; to draw up *(a letter, petition)*
**aufs neue** anew
**auf-springen* (s)** to jump *or* leap up
**auf-stecken: es auf-stecken** to give it up
**auf-stehen* (s)** to stand up, get up; to stand open
**auf-steigen* (s)** to rise, climb up
**auf-stellen** to set up; sich **auf-stellen** to position o.s.
**auf-tauchen (s)** to arise, turn up
**auf-tauen (h** *or* **s)** to thaw (out)
**auf-tragen*** to lay or smear on; **dick auf-tragen** to lay on thick
**auf-tun*** to open (up)
**auf-wachen (s)** to awake, wake up
**auf-weisen*** to show, exhibit
**auf-wogen (s)** to billow up, surge up
**auf-zählen** to count up, enumerate
**auf-zeigen** to show, point out
**auf-ziehen*** to rise, draw up
das **Auge, -n** eye
der **Augenaufschlag** upward glance
der **Augenblick, -e** moment
**augenblicklich** momentar(il)y
die **Augenbraue, -n** eyebrow
**aus** out, out of, from; *(adv.)* over, past; **von mir aus** as far as I'm concerned (it's ok)
die **Ausbildung** education; training
**aus-denken*** to think up
der **Ausdruck, ¨-e** expression; **zum Ausdruck bringen*** to express
**aus-drücken** to express; to extinguish
die **Ausdrucksweise, -n** manner of expression, way of talking
**auseinander** apart
**aus-fallen* (s)** drop out
der **Ausflug, ¨-e** excursion, outing
**ausführlich** detailed, in detail
**aus-füllen** to fill out
die **Ausgangssituation, -en** initial situation, point of departure
**aus-geben*** to spend
**ausgebreitet** spread out
**ausgelassen** boisterous, hilarious
**ausgerechnet** *(adv.)* precisely; of all times (places, things, people, etc.)
**ausgesprochen** *(adj.)* pronounced, marked
**ausgezeichnet** excellent
**aus-halten*** to stand, endure
**aus-handeln** to negotiate, bargain for
die **Aushilfskraft, ¨-e** temporary help
die **Auskunft, ¨-e** information
das **Ausland** foreign countries; **im Ausland** abroad
der **Ausländer, -** person from a foreign country, foreigner
die **Ausländerfeindlichkeit** hostility toward foreigners
**aus-machen** to turn off; to find; to arrange, settle upon; **jmdm. etwas ausmachen** to matter to s.o., bother s.o.
**aus-probieren** to try s.th. out
**aus-richten** to convey a message; **aus-richten lassen*** to have s.o. convey a message
das **Ausrotten** extermination
**aus-rutschen (s)** to slip, lose one's traction *or* footing
die **Aussage, -n** statement
**aus-schlafen*** to get enough sleep
der **Ausschnitt, -e** décolletage, neckline
**aus-schreiben*** to write out
**aus-schütten** to shake out, pour out; **sein/ihr Herz**

**aus-schütten** to pour one's heart out
**aus-sehen*** to appear, look like
das **Aussehen** appearance, look
**außen** outside; **nach außen** outwards; outwardly
**außer** *(dat.)* except for, besides; outside of
**außerdem** besides, anyway, moreover
**äußerlich** outward, external; superficial
sich **äußern** to express o.s.; to manifest itself
die **Äußerung, -en** utterance, remark; expression, manifestation
die **Aussprache, -n** pronunciation
**aus-sprechen*** to say, speak (out); to pronounce
**aus-spucken** to spit out
**aus-steigen* (s)** to get off, climb out
**aus-stellen** to exhibit, display
**aus-suchen** to pick out
**aus-tauschen** to exchange
**aus-üben (einen Beruf)** to practice *(a profession)*
**aus-weichen* (s)** *(dat.)* to evade
**ausweichend** evasive
der **Ausweis, -e** ID, identification
**auswendig** by heart
**aus-wischen (jmdm. eins)** to pull a nasty one on s.o., deal s.o. a blow
sich **aus-zeichnen** to distinguish o.s.
der **Auszug, ¨-e** excerpt
die **Autobahn, -en** superhighway, freeway
die **Autoschlange, -n** line of cars
der **Autostopp** hitchhiking

# B

**Baal** Baal *(Canaanite god of fertility, later a false god or idol)*
das **Bächlein, -** little brook
**backen*** to bake
der **Bäcker, -** baker
der **Bahnbeamte** (ein **Bahnbeamter**) *(adj. noun.)* railroad offical
**bahnen; einen Weg bahnen** to make *or* clear a way, push *or* force one's way
der **Bahnhof, ¨-e** train station
der **Bahnsteig, -e** (station) platform
die **Bahnsteigkante, -n** edge of a train plattform
**bald** soon; **bald ... bald** now . . . now, sometimes . . . sometimes; **bald darauf** soon thereafter
der **Balkon, -e** *or* **-s** balcony
die **Bandenergie** band energy
**bang(e)** afraid, anxious; **mir wird bange** I am (becoming) afraid
**bangen** to be afraid *or* anxious; **es bangt mir vor etwas** I am afraid of s.th.
die **Bank, ¨-e** bench
die **Bank, -en** bank
der **Bär, -en, -en** bear
**bärenzuckersüß** liquorice-sweet
**barfuß** barefoot
der **Bau, -ten** structure, edifice; *(sing. only)* construction
die **Bauart, -en** style of construction
der **Bauch, ¨-e** belly
**bauchig** bellied, bulgy
**bauen** to build, construct
der **Baum, ¨-e** tree
die **Baustelle, -n** construction site
der **Bautyp, -en** model *(of a car, engine,etc.)*
das **Bauwesen** construction industry, building trades
**beachten** to heed, take note
der **Beamte** (ein **Beamter**) *(adj. noun)* official
das **Beamtentum** officialdom, administration
**beantworten** to answer
**beben** to tremble
der **Becher, -** cup, mug
**bedächtig** careful, deliberate, with thought
der **Bedarf** need, demand
**bedauern** to regret, be sorry for
**bedeuten** to mean, signify
**bedeutend** important; significant, weighty
**bedeutsam** meaningful, significant
die **Bedeutung, -en** meaning, significance
**bedienen** to serve, wait on
die **Bedienung** waiter; service
**bedrückt** depressed, oppressed
**bedürfen** *(gen.)* to require, need
das **Bedürfnis, -se** need
sich **beeilen** to hurry (up)
**beeindrucken** to impress
**beeinflussen** to influence
sich **befassen mit** to concern *or* occupy o.s. with, deal with
**befehlen* (jmdm.)** to order, command; to be in charge
sich **befinden*** to be
sich **befleiß(ig)en** *(gen.)* to take great pains *(to do correctly)*
die **Befreiung** freeing, deliverance
**begabt** gifted, talented
**begeben*: es begab sich, daß** *(arch.)* it happened *or* chanced that
**begegnen (jmdm.) (s)** to meet up with s.o., run across, encounter
die **Begegnung, -en** encounter; **keine einzige Begegnung** didn't meet anybody at all
**begehen*** to commit *(an error, sin, etc.)*
**begeistert** enthusiastic
die **Begeisterung** enthusiasm

**beginnen*** to begin
**beglücken** to make happy
das **Begräbnis, -se** burial, funeral
**begreifen*** to comprehend, understand
**begreifend** comprehending
der **Begriff, -e** concept, idea, conception; **im Begriff sein* (s)** to be about to do, be on the verge of doing
**begründen** to substantiate, give reasons
die **Begründung, -en** reason(s), ground(s)
**begrüßen** to greet
die **Begrüßung, -en** greeting
**begünstigen** to favor, show favor to
**behalten*** to keep, retain; to remember
**behandeln** to treat, deal with
die **Behandlung, -en** treatment
**behängen** to drape, cover
**behaupten** to maintain, assert, claim
die **Behauptung, -en** assertion, claim
**beheben*** to remove, eliminate
**behend** nimble, adroit
**beherrschen** to control, have command of, be master of; sich **beherrschen** to control o.s., restrain o.s.
**behilflich sein* (jmdm.)** to lend s.o. a helping hand
der **Behuf: zu diesem Behuf** to this end, for this purpose
**bei** by, near, with, among, at
**bei-bringen* (jmdm. etwas)** to teach (s.o. s.th.)
**beid-** both
**beidseitig** on both sides
der **Beifall** applause, cheering; approval
**bei-legen (einem Brief)** to enclose with a letter
das **Bein, -e** leg; bone
**beinahe** almost, nearly
**beiseite** aside; **beiseite legen** to set aside
das **Beispiel, -e** example; **z.B. = zum Beispiel** for example; **als Beispiel hin-stellen** to hold up as an example
**beißen*** to bite
**bei-treten* (s)** *(dat.)* to join
**beizen** to stain wool
**bekannt** known
**bekannt-geben*** to make known *or* public, announce
**bekanntlich** as is well known, as you know
**bekannt machen** to make known, introduce
die **Bekanntschaft, -en** acquaintance
sich **beklagen** to complain, lament
**bekleiden** to clothe
**bekommen*** to get, receive
**bekümmert** disturbed, troubled, sad
**belagern** to besiege
**belästigen** to annoy, pester
der **Beleg, -e** proof, evidence
**belehren** to instruct, enlighten; to apprise
**beleidigen** to insult, offend
**beliebt** popular
**bellen** to bark
**beloben** to praise, commend
**belügen** * to lie to, deceive by lying
**bemerken** to notice, comment, observe
**benachbart** neighboring
das **Benehmen** behavior
sich **benehmen*** to behave
**beneiden** to envy
**benommen** confused, benumbed
**benützen** *or* **benutzen** to use
**beobachten** to observe; follow, obey *(rules)*
**bequem** comfortable
**beraten*** to advise; sich **beraten** to consult; to take counsel
**berechtigt** justified
**bereden** to talk over, discuss s.th. with s.o.
der **Bereich, -e** field, area, domain
die **Bereifung** tires
**bereit** ready, prepared
**bereiten** to prepare
**bereits** already
**bereitwillig** ready, willing, eager
der **Berg, -e** mountain, hill
**bergen*** to hide, conceal; to shelter; to rescue
der **Bergsteiger, -** mountain climber
der **Bericht, -e** report
**berichten** to report
**berichtigen** to correct, make right
der **Beruf, -e** profession, occupation
**beruflich** occupational
das **Berufsleben** professional life
**beruhigen** to calm, quiet, reassure
**berühmt** famous
**berühren** to touch
**beschädigen** to damage
sich **beschäftigen mit** to occupy *or* concern o.s. with
**beschäftigt** occupied (with), busy
**bescheiden** modest, humble
**beschleunigen** to speed up, accelerate
die **Beschleunigung** acceleration
**beschließen*** to decide (to do), resolve
**beschmieren** to smear
**beschreiben*** to describe
die **Beschreibung, -en** description
**beschwatzen** *(coll.)* to persuade, talk into
sich **beschweren** to complain, make a complaint
**beseitigen** to eliminate, do away with
der **Besen, -** broom
die **Besenkammer, -n** broom closet

**besessen** possessed
**besetzen** to occupy; to fill a position
**besetzt** occupied
**besiegen** to conquer, overcome
**besichtigen** to inspect; to view
**besitzen*** to possess
der **Besitzer, -** owner
**besitzergreifend** taking possession
**besonders** particularly, especially; **ins besondere** in particular
**besorgt** worried, anxious, intent upon, worrying about
**besprechen*** to discuss
sich **bessern** to improve o.s.
**best-** best; **am besten** *(adv.)* (the best)
**beständig** constant, enduring, lasting
**bestätigen** to confirm, verify
**bestechen*** to bribe
**bestehen*** to be *(in existence)*; to pass an exam *or* test; **bestehen aus** to consist of; **bestehen in** to consist in
**besteigen*** to climb
**bestellen** to order *(goods, food, etc.)*; to put in order, set up
**bestimmen** to determine, ascertain
**bestimmt** *(adv.)* certainly, without doubt; for sure; *(adj.)* certain, determined, specific
die **Bestimmung, -en** rule, regulation
**bestrafen** to punish
das **Bestreben** striving, effort
die **Bestrebung, -en** endeavor, effort, exertion
**bestürzt** dismayed, aghast
der **Besuch, -e** visit; **zu Besuch kommen* (s)** to come to visit
der **Besucher, -** visitor
**betasten** to touch *or* feel *(with one's hands)*, finger
**betäuben** to bewilder; to stun, anesthetize
die **Betäubung** daze, stupor, numbness; anaesthesia
**beten** to pray
**beteuern** to assert, aver, swear
**betonen** to stress, accentuate, emphasize
**betrachten** to observe; to reflect on; to look at, view
das **Betragen** behavior
**betreten*** to enter, set foot on
**betreten** *(adj.)* disconcerted, surprised, stunned
**betreuen** to take care of, look after
der **Betrieb, -e** business, firm
**betroffen** taken aback
**betrübt** sad, gloomy, depressed
**betrügen*** to cheat, deceive
der **Betrüger, -** deceiver, imposter
**betrunken** drunk
das **Bett, -en** bed
**betteln** to beg
die **Bettkante, -n** edge of a bed
sich **beunruhigen** to become upset *or* worried
**beurteilen** to judge, form an opinion
der **Beutel, -** bag
sich **bewegen** to move (o.s.)
die **Bewegung, -en** movement, motion; emotion
der **Beweis, -e** proof, evidence
**beweisen*** to prove, demonstrate, show
sich **bewerben* um** to apply for
der **Bewohner, -** inhabitant, dweller
**bewußtlos** unconscious
das **Bewußtsein** consciousness
**bezahlen** to pay
**bezeichnen** to designate, label, mark
die **Bezeichnung, -en** designation, term
**bezeihen*** *(gen.) (arch.)* to accuse s.o. of
**beziehbar** ready for occupancy
die **Beziehung, -en** relationship
der **Bezirk, -e** district
der **Bezirksmeister, -** district champion
der **Bezug, ¨-e** reference; **in bezug auf** with regard to
**bezweifeln** to doubt, have one's doubts
die **Bibliothek, -en** library
die **Biene, -n** bee
das **Bild, -er** picture
**bilden** to form
die **Bildung, -en** formation, development; *(no pl.)* upbringing, education; culture
**billig** cheap, inexpensive
**billigen** to approve of
**bis** until; **bis auf** down to and including; **bis dahin** until then; **bis zu ... hin** down to, as far as
**bisher** up until now
**bißchen: ein bißchen** a little bit
**bisweilen** now and then, occasionally
**bitte** please
die **Bitte, -n** request
**bitten* um** to ask for, request
der **Blas(e)balg, ¨-e** bellows
**blasen*** to blow
das **Blatt, ¨-er** tree leaf, leaf of a book
der **Blattspinat** leaf spinach
**blättern** to page, leaf *(through a book)*
**blauen** to turn blue
das **Blech, -e** tin, sheet metal
**blecken: die Zähne blecken** to bare one's teeth

**bleiben* (s)** to remain, stay
**bleich** pale
der **Bleistift, -e** lead pencil
der **Blick, -e** glance, look; view, glimpse
**blicken** to look, glance
der **Blickkreis, -e** field of vision
der **Blindgänger, -** misfire, unexploded bomb; a person who is a dud
**blindlings** blindly, headlong
**blitzend** flashing, sparkling
**blitzschnell** quick as a flash
**blöd(e)** stupid, foolish
**bloß** simply, merely; **bloß so** simply
**blühen** to bloom, blossom
die **Blume, -n** flower
der **Blumenstrauß, ¨e** bouquet of flowers
die **Bluse, -en** blouse
der **Blust: in Blust** *(dialect)* in blossom
das **Blut** blood
**blutig** bloody
die **Blüte, -n** blossom, bloom
**BMW (Bayerische Motorenwerke)** *(a make of car)*
der **Boden, ¨** ground, soil; base, bottom, floor
der **Bogen, -** *or* **¨** arc; arch, bow; sheet of paper
**bohnern** to wax, polish
**bohrend** penetrating, drilling
die **Bohrmaschine, -en** drill
die **Bombe, -n** bomb
**böse** evil, bad; angry
**braten*** to fry, roast, grill
**brauchen** to need, want; to use
**brausen** to storm, roar; **brausen (s)** to rush
**brav** obedient, capable, hardworking
**brechen* (h** *or* **s)** to break; to pick *(flowers)*
**breit** broad
**brennen*** to burn
das **Brett, -er** board
die **Bretterwand, ¨e** board fence
der **Brief, -e** letter
der **Briefträger, -** letter carrier
die **Brille, -n** eyeglasses
**bringen*** to bring; **es weit bringen** to go a long way *(in one's career)*; **es zu etwas bringen** to have some success, make s.th. of o.s.; **etwas hinter sich bringen** to get s.th. behind one; **jmdn. dazu bringen** to get *or* induce s.o. (to do)
der **Brocken, -** morsel
die **Brücke, -n** route of contact; bridge; small narrow (Persian) carpet, runner
das **Bruderherz, -ens, -en** brother dear
**brüllen** to roar
**brummen** to mutter, mumble
die **Brust, ¨e** breast; chest; bosom
sich **brüsten** to boast, brag
der **Bube, -n, -n** boy
der **Buchstabe, -ns, -n** letter of the alphabet
sich **bücken** to stoop, bow, bend over
die **Bude, -n** stall, small room *(with sleeping quarters)*
das **Bügeleisen, -** *(clothes)*iron
die **Bügelfalte, -n** trousers' crease
**bummeln (s)** to stroll, walk around
der **Bundeskanzler, -** Federal Chancellor of Germany
**bunt** colored, multicolored
der **Bürger, -** citizen
**bürgerlich** bourgeois, middle class
der **Bürgermeister, -** mayor
der **Bürgersteig, -e** sidewalk
das **Büro, -s** office
**büßen** to pay for, suffer for, atone for

# C

der **Chef, -s** boss, head, manager
der **Chilene, -n, -n** Chilean
der **Chor, ¨e** choir; chorus

# D

**da** *(adv.)* here, there; *(conj.)* since
**dabei** by it *or* them; yet, for all that; while doing so; thereby; moreover
das **Dach, ¨er** roof; shelter
**dadurch** thereby, in that way
**dafür** for it *or* them; for that
**dagegen** on the other hand
**daheim** at home
**daher** thus, for this *or* that reason; (to) here
**dahin-schwinden*** (s) to fade out, gradually disappear
**dahinter-kommen* (s)** to find out, discover
**damalig** of that time
**damals** at that time, then
die **Dame, -n** lady
die **Damenwäsche** ladies' underwear
**damit** *(conj.)* so that, in order to; *(adv.)* with it *or* them, with that, therewith
**danach** thereafter, after that; after it; accordingly
**daneben** next to it *or* them
der **Dank** thanks
**dankbar** grateful
**danke** thanks, thank you
**danken (jmdm.)** to thank
**dann** then; **dann und wann** now and then
**daran** thereby; **daran ist nichts zu ändern** nothing about that can be changed
**darauf** on it *or* them, thereupon; afterward, then, next
**dar-stellen** to depict, portray, present

**darum** therefore, for that reason
**darunter** among them; by this
das **Dasein** being, existence
**dauerhaft** lasting
**dauern** to last, continue, endure, take *(time)*
**dauernd** continual(ly)
der **Daumen, -** thumb
**davon** from it *or* them
**dazu** to it *or* them, to that; besides, moreover
**dazwischen** in between
die **Decke, -n** blanket, cover; ceiling
**decken** to cover; to set *(a table)*
das **Deckengemälde, -** ceiling fresco
**dehnen** lengthen, stretch (out)
**dementieren** to deny
**demnächst** in the near future, shortly
**denken*** to think; sich **denken** *(dat.)* to imagine; **denken an** to think about, remember; **denken von** to think of *(opinion)*, have an opinion about
die **Denkgewohnheit, -en** mental habit
die **Denkmaschine, -n** thinking machine
die **Denkweise, -n** way of thinking
die **Denkweite** breadth of thought
**denn** *(conj.)* because, for, since; *(often used in questions for emphasis and not translatable)*
**dennoch** nevertheless, yet, still
**deprimiert** depressed
**derb** coarse, uncouth, rude
**dergleichen** the like
**derselbe, dieselbe, dasselbe** the same
**deshalb** therefore, for this reason
**desinfizieren** to disinfect
**dessen** *(adj.)* his, its (*i.e.,* the latter's); *(rel. pron.)* whose
**deswegen** for this reason, therefore
**deutlich** clear, distinct, evident
**deuten** to interpret, construe
die **Deutschkenntnis(se)** *(pl.)* ability in German
die **Deutung, -en** interpretation
**d.h. = das heißt** that is (to say), i.e.
**dicht** thick, tight
**dichten** to compose, write poetry
die **Dichtung, -en** fiction; poetic writing
**dick** fat; **dick auf-tragen*** to lay on thick
**dienen** *(dat.)* to serve
der **Diener, -** servant
der **Dienst, -e** service
die **Dienstleistung, -en** service performed
der **Dienstschluß** closing time
das **Ding, -e** thing, object
das **Discountgeschäft, -e** discount store
**doch** oh yes! yes, there is! *(contradicting a negative)*; but, yet, however; after all; indeed, of course; *(common intensifier with imperatives)*
**dolmetschen** to act as an interpreter
der **Dom, -e** cathedral; dome
der **Donnerschlag, ¨-e** thunderbolt
das **Dorf, ¨-er** village
**dort** there; **dort drüben** over there
**dosiert** in doses
**drahtig** wiry
**drall** buxom, robust
sich **drängeln** to push one's way, jostle, shove
**drängen** to press, urge; sich **drängen** to push one's way, crowd
**draußen** outside
der **Dreck** mud, dirt, filth; **jmdn. einen Dreck interessieren** *(coll.)* to not interest s.o. a damn
**drehen** to turn, twist, rotate; sich **drehen** to turn o.s.; **ein paar Runden drehen** to pedal a few laps
**dreimal** three times
**drin** *(coll.)* = **darin** in it
**drinnen** inside
**dringend** urgent, pressing
**dritt-** third; **zu dritt** in groups of three
**drohen (jmdm.)** to threaten; to be imminent
**dröhnen** to roar, boom, rumble
**drollig** droll, comical, odd
**drüben** over there, on the other side
der **Druck, ¨-e** pressure; impression; *(pl.* **-e***)* print
**drücken** to press; to pinch *(shoe)*
der **Druckfehler, -** misprint
der **Duft, ¨-e** fragrance, scent, odor, smell, aroma
**dulden** to tolerate, put up with
**dunkel** dark
das **Dunkel** dark(ness); **im Dunkeln** in the dark
**dunkelhäutig** dark-skinned
**dunkeln** to turn dark
**dünn** thin
**durch** *(prep.)* through; **durch ... hindurch** right through
**durchaus** thoroughly, quite, absolutely, completely, by all means; **durchaus nicht** absolutely not
das **Durcheinander** confusion, commotion
**durchgraut** filled with horror
**durch-kommen* (s)** to come through, get through
**durch-machen** to undergo, go through
sich **durch-setzen** to successfully assert o.s., get one's way

die **Durchsuchung, -en** search *(of baggage, etc.)*
**dürr** withered
die **Dusche, -n** shower
**düster** dark, gloomy, dire, ominous

# E

**eben** *(adv. and particle)* just, right now, precisely, exactly; *(adj.)* flat, level, even; **eben doch** but you see
**ebenso** just as, likewise
**ebensowenig** just as little
**echt** genuine
die **Echtheit** authenticity, genuineness
die **Ecke, -n** corner; edge
**eckig** cornered, edged
**egal** *(coll.)* all the same; **das ist mir ganz egal** it's all the same to me
**ehe** *(conj.)* before
die **Ehe, -n** marriage, wedlock
der **Ehebruch** adultery
die **Ehefrau, -en** wife
das **Eheleben** marital life
**ehemalig** former, past
das **Ehepaar, -e** married couple
**eher** sooner; but rather; formerly
die **Ehre, -n** honor; **jmdm. zu Ehren** in s.o.'s honor
**ehrlich** honest
das **Ei, -er** egg
der **Eichbaum, ¨-e** oak tree
**eifern** to compete for, strive
die **Eifersucht** jealousy
**eifersüchtig** jealous, envious
**eifrig** eager, keen, zealous; ardent
**eigen** *(adj.)* own
**eigenartig** peculiar, strange
die **Eigenschaft, -en** characteristic, trait
der **Eigensinn** obstinacy; caprice
**eigentlich** *(adv.)* strictly speaking, actually, really; *(adj.)* proper, true, real
sich **eignen (zu)** to be suited *or* qualified for
**eilen (h** *or* **s)** *or* sich **eilen** to hasten, hurry, make haste
**eilig** quick, speedy, in a hurry
**ein** *(prefix)* in, into; **ein paar** several, a few; **ein und aus** in and out
**ein-bauen** to install, build in
sich **ein-betten** to become embedded
der **Einbrecher, -** burglar
**eindringlich** forceful, urgent
der **Eindruck, ¨-e** impression
**eineinhalb** one and a half
**einer** (some)one
**einfach** simple
**ein-fallen* (jmdm.) (s)** to occur to s.o., come to mind
**ein-fangen*** to capture, catch; to captivate
sich **ein-finden*** to show up, arrive
**eingebildet** conceited
**eingehend** in detail
sich **ein-gewöhnen** to become accustomed to new surroundings
**ein-gießen*** to pour *(a drink)*
**ein-halten*** to adhere to, observe *(rules)*
**einig** in agreement, united, as one; (sich) **einig werden* (s)** to come to an agreement
**einig-** some
**einig** in agreement
sich **einigen über** *(acc.)* to agree upon, come to terms on
**einiges** a few things
der **Einkauf, ¨-e** shopping purchase
**ein-kaufen** to shop
die **Einkauferei** shopping
das **Einkaufsnetz, -e** string shopping bag
der **Einklang** accord, harmony
das **Einkommen** income
die **Einkünfte** *(pl.)* income, earnings
**ein-laden*** to invite
sich **ein-lassen* (mit jmdm. in** *or* **auf etwas)** to have dealings (in s.th. with s.o.), engage in (s.th. with s.o.), get involved (with s.o.)
**ein-legen** to insert, put in; **einen Spurt ein-legen** to put on a spurt, sprint
**einlösen** to cash *(a check)*; to redeem *(coupon, pledge)*
**ein-lullen** to lull to sleep, lull into
**einmal** once, one time; **auf einmal** all at once, suddenly; **es ist nun einmal so** well that's just the way it is; **nicht einmal** not even; **noch einmal** once more
**einmütig** unanimous
**ein-nehmen*** to occupy, take up *(space)*; to take in
sich **ein-reihen** to get in a line *or* row
sich **ein-rollen** to roll o.s. up (into s.th.)
die **Einsamkeit** loneliness
**ein-schenken** to pour *(a beverage)*, fill *(a glass)*
**ein-schlafen* (s)** to fall asleep
**ein-schlagen*** to hit, strike; to bash in
**ein-schließen*** to lock in, lock up; to enclose
**einschließlich** *(gen.)* including, inclusive of
**ein-sehen*** to see, realize, understand
**ein-setzen** to insert, put *or* set in
**einsilbig** taciturn, monosyllabic
**ein-singen*** to sing to sleep
**ein-spannen** to insert *(a piece of typing paper)*; to fasten in; to harness up
**einst** once, one day *(past or future)*

**ein-stecken** to put in *(one's pocket, purse, etc.)* put away; plug in
**ein-steigen* (s)** to get in, board, climb in
der **Einstieg, -e** entry
**ein-stellen** to put away *(a car)*; to focus, adjust, set, regulate; sich **bei jmdm. ein-stellen** to come to mind
**einstimmig** unanimous
**ein-teilen in** *(acc.)* to divide *or* separate into
**ein-tragen*** to enter, make entries *(in a book, register, etc.)*, post
**ein-treten* (s)** to enter
der **Eintritt, -e** entrance
die **Eintrittskarte, -n** ticket to an event
**ein-trocknen (s)** to dry in *or* up; shrivel up
das **Einverständnis** understanding, agreement, consent
**ein-wandern (s)** to immigrate
der **Einwurf, ¨e** interjection, interruption
**ein-ziehen* (s)** to move in
**einzig** single, only, sole; unique
das **Eis** ice cream; ice
**eisig** icy
der **Eisschrank, ¨e** ice box
der **Elch, -e** moose
das **Elend** misery, distress; misfortune
**elfenbeinern** ivory
**elterlich** parental
die **Eltern** *(pl.)* parents
**empfangen*** to receive; to welcome
**empfehlen*** to recommend
das **Empfehlungs-schreiben, -** written recommendation
**empfinden*** to feel, sense
die **Empfindung, -en** feeling, sentiment; sensation, perception
**empor-heben*** to lift, raise up
das **Ende, -n** end; **letzten Endes** in the final analysis, after all is said and done; **zu Ende** at an end, over; **zu Ende gehen* (s)** to come to an end
**enden** to end
**endlich** finally
**eng** narrow, confined, tight
**entarten (s)** to degenerate
**entartet** degenerate, debased
**entbrechen*** *only in the phrase:* **sich nicht entbrechen konnte** could not refrain from
die **Entdeckung, -en** discovery
**entfahren* (jmdm.) (s)** to slip out from *(of words)*; escape
**entfallen* (jmdm.) (s)** to slip out; to escape one's memory
**entfernen** to remove, take away, eliminate
**entfernt** distant, removed, remote; slight, faint
die **Entfernung, -en** distance, range; removal
**entfliehen* (s)** to flee from, escape
**enthalten*** to contain, hold
der **Enthusiasmus** enthusiasm
**entkräften** to refute *(an assertion)*
**entlang** *(followed by dat. or preceded by acc.)* along; **den Fluß entlang** *or* **entlang dem Fluß** along the river
**entlassen*** to dismiss
**entleeren** to empty
**entlegen** *(adj.)* distant, removed, remote
**entnehmen*** to deduce *or* infer, conclude, gather
**entscheiden*** to decide, determine, make a decision; sich **entscheiden** to decide, make up one's mind
**entscheidend** decisive, deciding
die **Entscheidung, -en** decision; **eine Entscheidung treffen*** to make a decision
sich **entschließen*** to decide
der **Entschluß, -(ss)es, ¨(ss)e** decision, resolve
**entschuldigen** to excuse, pardon
die **Entschuldigung, -en** excuse, apology
**entsetzlich** awful, horrible, frightful, dreadful
**entsetzt** horrified, appalled
**entspannen** to relax, relieve tension; sich **entspannen** to relax, become relaxed
**entsprechen*** *(dat.)* to correspond to, meet *(expectations)*
**entstehen* (s)** to originate, arise
**enttäuschen** to disappoint
die **Enttäuschung, -en** disappointment
**entweder ... oder** either . . . or
**entweichen* (s)** to vanish, escape
(sich) **entwickeln** to develop, evolve
die **Entwicklung, -en** development
**entzückend** delightful, enchanting
**entzwei** in two, asunder, apart; **entzwei-springen* (s)** to crack, split, burst, break into pieces
das **Erachten** opinion, estimation; **meines Erachtens** in my estimation
**erarbeiten** to work out, get by working
**erbauen** to erect, construct; to edify
der **Erbe, -n, -n** heir
**erblicken** to catch sight of, behold, see
die **Erbse, -n** pea
das **Erbstück, -e** heirloom
das **Erdbeben, -** earthquake
das **Erdbeereis** strawberry ice cream

der **Erdboden** earth, ground
die **Erde** earth, ground, soil; planet earth
der **Erdrutsch, -e** landslide
das **Ereignis, -se** event; **ein freudiges Ereignis** a joyful event *(i.e., the birth of a child)*
**erfahren*** to come to find out, learn, discover
die **Erfahrung, -en** (practical) experience
**erfassen** to seize; to comprehend, grasp
**erfinden*** to invent
der **Erfinder, -** inventor
die **Erfindung, -en** invention
der **Erfolg, -e** success
**erfragen** to inquire into, ascertain by questioning
**erfreulich** pleasing, welcome
**ergänzen** to complete, add to
die **Ergänzung, -en** complement, supplement, completion
sich **ergeben* aus** to be the consequence of, ensue from
die **Ergebenheit** devotion, loyalty
das **Ergebnis, -se** result
die **Ergebung** resignation
**ergießend** pouring, outflowing
**ergreifen*** to seize, take hold of, grasp
**erhalten*** to get, receive; to preserve, maintain
sich **erhängen** to hang o.s.
**erheben*** to lift, raise; sich **erheben** to get up, raise o.s, rise
**erhöhen** to heighten
das **Erholungsheim, -e** convalescent home
**erinnern** to remind; sich **erinnern** to remember
die **Erinnerung, -en** remembrance, recollection
**erkennen*** to recognize, discern
die **Erkenntnis** insight, realization
**erklären** to explain; to declare
die **Erklärung, -en** explanation
sich **erkundigen (nach)** to inquire (about)
**erlauben** to allow, permit
die **Erlaubnis, -se** permission; license
**erläutern** to explain, elucidate
**erleben** to experience, to live *or* go through
**erledigen** to take care of *or* finish *(a task)*, discharge *(a duty)*
der **Erlkönig, -e** king of the elves
**erlogen** false, fabricated
der **Erlös, -e** (net) proceeds
**erlöschen* (s)** to be(come) extinguished
der **Erlöser, -** redeemer, savior
**ermahnen** to admonish, warn
**ermäßigen** to reduce, lower
**ermitteln** to ascertain, find out
**ermüdend** tiring, fatiguing
**erneut** *(adv.)* anew, again
**ernst** serious, grave; earnest
**ernstlich** serious
**erobern** to conquer, overcome
**eröffnen** to open, start
**erquicken** to refresh, revive
**erraten*** to guess correctly
**erregen** to stir, excite
**erregend** arousing, provoking
die **Erregung** excitement, emotion, agitation
**erreichen** to reach, attain
(sich) **ersäufen** to drown o.s.
**erschallen*** *(also weak)* to resound, ring
**erscheinen* (s)** to appear; to seem
**erschießen*** to shoot (and kill)
**erschnappen** to snatch, grab
das **Erschöpfungsmerkmal, -e** sign of exhaustion
**erschrecken* (s)** to be frightened; to be startled
**erschrocken** startled, frightened, scared
**ersehen*** to see, perceive; **daraus ist zu ersehen** from that it is clear
**ersehnen** to long for, desire
**ersetzen** to replace
**erst** *(adv.)* (at) first; not until, only, just; *(adj.)* first, foremost; **fürs erste** for the present
**erstarrt** paralyzed with fear, benumbed, stiff, rigid
**erstatten** to give *(an answer, report)*
**erstaunen** to astonish, amaze; **(s)** to be astonished *or* surprised
**erstaunlich** amazing, astonishing
**erstaunt** amazed
**ersterben* (s)** to die, vanish *(sounds, smiles, feelings)*
**ertappen** to catch in the act
**ertönen** to ring, resound
**ertragen*** to endure, bear, stand
(sich) **ertränken** to drown o.s.
**erwachen (s)** to wake up, awake
**erwachsen* (s)** to grow, arise
**erwachsen** *(adj.)* grown up
**erwähnen** to mention
**erwarten** to expect, await
die **Erwartung, -en** expectation
**erwecken** to awaken, wake up
**erweisen*** to prove; to show, demonstrate; sich **erweisen als** to prove to be
**erweislich** demonstrable, provable
**erwerben*** to acquire, gain, obtain

**erwidern** to reply, answer
**erwischen** to catch, nab, get a hold of
**erzählen** to tell, relate, narrate
die **Erzählkarte, -n** card with cue words for telling a story
das **Erzeugnis, -se** product
die **Erziehung** education, upbringing
die **Erziehungsweise, -n** method of upbringing
das **Erziehungswesen** educational system
**erzwingen*** to force; to gain by force
der **Esel, -** ass, donkey
die **Esse, -n** forge
**essen*** to eat
das **Essen, -** food, meal
der **Esser, -** eater
das **Etikett, -e** *or* **-s** label, tag
**etlich** some, a few
**etwa** about, roughly; perhaps, perchance
**etwas** *(pron. & adj.)* something, anything; *(adv.)* somewhat
**ewig** eternal; **auf ewig** forever
das **Exemplar, -e** copy; specimen

# F

**fabelhaft** fabulous
die **Fabrik, -en** factory
das **Fabrikareal, -e** factory area
der **Fabrikbesitzer, -** factory owner
**fahren* (s)** to go *(in a vehicle)*, travel, ride; **(h)** to drive; **mit der Hand darüber fahren** to pass one's hand (over s.th.); **fahren lassen*** to let loose, drop
der **Fahrer, -** driver
der **Fahrgast, ¨-e** passenger
der **Fahrplan, ¨-e** schedule, time-table
**fahrplanmäßig** according to schedule
die **Fahrt, -en** ride, drive, trip
das **Fahrzeug, -e** vehicle, vessel
das **Faktum,** *(pl.)* **Fakta** *or* **Fakten** fact
der **Fall, ¨-e** case; instance, event; **auf jeden Fall** in any case; by all means
die **Falle, -n** trap; **in eine Falle geraten* (s)** to fall into a trap
**fallen* (s)** to fall; **fallen lassen*** to drop
die **Falte, -n** fold, crease, wrinkle
**falten** to fold
das **Familienmitglied, -er** family member
**fangen*** to catch
die **Fangfrage, -n** question to trap s.o.
die **Farbe, -n** color, tint; paint, dye
der **Farbfilm, -e** color film
**fassen** to seize, grasp; sich **fassen** to compose o.s., pull o.s. together
die **Fassung, -en** composure; setting, mounting
**fast** almost
**faul** lazy, indolent; rotten
die **Faust, ¨-e** fist
die **Feder, -n** pen, quill
**fehlen** to be missing *or* lacking
der **Fehler, -** mistake, error
**fehlerfrei** free of errors *or* flaws
die **Feier, -n** celebration, party; ceremony
**feierlich** solemn, ceremonious
**feige** cowardly
die **Feile, -n** file, rasp
**fein** fine
**feindlich** hostile
das **Feld, -er** field
das **Fenster, -** window
die **Fensterscheibe, -n** windowpane
die **Ferien** *(pl.)* vacation
**fern** far, distant
die **Ferne** distance, distant place *or* time
**fern-liegen* (s)** to be far from one's thoughts
**fern-sehen*** to watch television
das **Fernsehen** television
der **Fernseher, -** television set
die **Fernsehillustrierte, -n** TV magazine
**fertig** ready, finished, done
**fertigbringen*** to achieve, accomplish, do
der **Fesselballon, -e** *or* **-s** tethered hot-air ballon
**fesseln** to fetter, chain, bind; to fascinate, capture *(attention)*
**fest** firm, solid, fast, stable
**festgenagelt** firmly fastened
(sich) **fest-halten* (an)** *(dat.)* to keep a firm grip, hold fast *or* tight (to), not let go (of s. th.)
**fest-legen** to determine; to stipulate
**fest-nehmen*** to seize
**fest-setzen** to stipulate
**fest-stehen*** to be certain, be for sure
**fest-stellen** to ascertain, determine
**fett** fat; greasy
der **Fettdruck** boldface print
der **Fetzen, -** rag, tatter, shred
**feucht** moist
das **Feuer, -** fire
die **Figur, -en** figure, **(k)eine gute Figur machen** to (not) do well, (not) cut a good figure
die **Fingerspitze, -n** finger tip
**finster** dark, gloomy, grim
die **Firma, -men** firm, business
**fixieren** to fix one's eyes on
**flach** flat, plain, level
**flackern** to flicker
die **Flasche, -n** bottle
**flattern** to flutter, float in the wind; to dangle
der **Fleck(en), -** spot, mark
das **Fleisch** meat; flesh, pulp

die **Fleischerfaust, ¨-e** butcher's fist
der **Fleiß** diligence, hard work
**fliegen* (s)** to fly; to get the sack *(slang)*, be fired; to flunk an exam
**fliehen* (s)** to flee
die **Fliese, -n** flagstone, paving stone, tile
das **Fließband, ¨-er** conveyor belt, assembly line
die **Flosse, -n** fin
**fluchen** to curse, swear
das **Flugzeug, -e** airplane
der **Flur, -e** hallway, entrance hall, corridor; floor
**flüstern** to whisper
die **Flut, -en** incoming tide; flood
**fluten (s)** to flow, flood, cascade
die **Folge, -n** series; result
**folgen (s)** *(dat.)* to follow; **daraus folgt** from this it follows
**folglich** accordingly
der **Fonds, -** fund
die **Fontäne, -n** fountain
**fordern** to demand
**fördern** to further, support, sponsor
das **Formular, -e** form, blank
die **Forschung, -en** research, investigation
**fort** away, gone; on, forward
**fort-dauern** to last, continue, endure
**fort-fahren*** to continue, go on (with s.th.); **(s)** to depart
**fort-gehen* (s)** to go away; to continue
**fort-reißen*** to carry away *(by passion, excitement)*
der **Fortschritt, -e** progress, advance
die **Fortsetzung, -en** continuation
**fort-tragen*** to carry off
**fort-ziehen*** to drag away; **(s)** to move away
der **Fotoapparat, -e** camera
die **Frage, -n** question, inquiry
der **Fragebogen, -** *or* **¨** questionnaire
**fragen** to ask; **fragen nach** to inquire about
die **Franse, -n** fringe *(clothing)*
der **Franzose, -n, -n** Frenchman
**französisch** French
die **Frau, -en** woman; Mrs.; Ms.
**frech** impudent, cheeky
**frei** free; open
**freilich** to be sure
**freimütig** frank, candid
**freitags** *(on)* Fridays
**fremd** foreign, strange, unfamiliar
der **Fremde** (ein **Fremder**) *(adj. noun)* stranger, foreigner
die **Fremdsprache, -n** foreign language
**fressen*** to eat *(of beasts)*, devour
die **Freude, -n** joy
**freudestrahlend** beaming for joy
**freudig** joyful, joyous, happy
**freuen** to make glad, delight; sich **freuen (über)** to rejoice, be glad (about)
der **Freund, -e** (boy)friend
die **Freundin, -nen** girlfriend, lady friend
**freundlich** friendly
die **Freundschaft, -en** friendship
**frevel(haft)** wanton, sacrilegious
der **Friede(n), -ns, -n** peace
der **Friedhof, ¨-e** graveyard, cemetery
**friedlich** peaceful
**frieren* (h** *or* **s)** to freeze; to be *or* feel cold
die **Frischhaltepackung, -en** sealed *or* vacuum packed bag *or* container
die **Frisur, -en** hairdo
**froh** happy
**fröhlich** cheerful, gay
**fromm** pious, well-behaved; gentle, meek
der **Frosch, ¨-e** frog
die **Frucht, ¨-e** fruit
**früh** early; **in der Frühe** (early) in the morning
**früher** earlier, previous
der **Frühling, -e** spring
das **Frühstück, -e** breakfast
die **Fuge, -n** joint
**fühlen** to feel, sense; sich **fühlen** to feel
**führen** to lead, guide; to bring
der **Fuhrherr, -n,** *(pl.)* **-leute** (horse)cart driver
die **Führung** command, leadership
**füllen** to fill
der **Füller, -** fountain pen
die **Füllfeder, -n** fountain pen
das **Fünkchen, -** little spark
**funkeln** to sparkle, twinkle, flash
**funktionieren** to work, function, operate
die **Funktionspartikel, -n** flavoring particle
die **Furcht** fear
**furchtbar** frightful, terrible, awful
**fürchten** to fear; sich **fürchten vor** *(dat.)* to be afraid of
der **Fürst, -en, -en** prince, sovereign
der **Fuß, ¨-e** foot; **zu Fuß** on foot
die **Fußstapfe, -n** footprint, footstep
das **Futter, -** lining

## G

die **Gabel, -n** fork
der **Gabelgriff, -e** fork handle
**gähnen** to gape; to yawn
der **Gang, ¨-e** hall, corridor; gait
**ganz** whole, entire, complete; **ganz und gar** completely, totally
das **Ganze** whole, entirety

**gar** even, very; **gar nicht** not at all; **gar nichts** nothing at all
**garantieren** to guarantee
die **Gardine, -n** drape, curtain
die **Gasse, -n** lane, street, alley
die **Gassenaussicht, -en** view of the street
das **Gassenkabinett, -e** *(Austrian)* small one-room, street-level apartment
der **Gast, ¨-e** guest
der **Gastarbeiter, -** foreign worker
der **Gastgeber, -** host; die **Gastgeberin, -nen** hostess
das **Gasthaus, ¨-er** restaurant; inn
das **Gastland, ¨-er** host country
die **Gaststätte, -n** restaurant, inn
der **Gaukler, -** juggler, illusionist, magician
die **Gebärde, -n** gesture; bearing, appearance
das **Gebäude, -** building, structure
**geben*** to give; **es gibt** there is, there are
das **Gebiß, -(ss)e** dentures, set of artificial teeth; set of teeth
**gebrauchen** to use
die **Gebrauchsanweisung, -en** operating instructions
die **Geburt, -en** birth
der **Geburtstag, -e** birthday
das **Gebüsch, -e** bushes
**geckenhaft** dandyish, foolish
das **Gedächtnis** memory
der **Gedanke, -ns, -n** thought, idea
**gedankenlos** thoughtless
das **Gedeck, -e** table setting
das **Gedicht, -e** poem
das **Gedröhn** roar, thundering sounds
die **Geduld** patience
**geduldig** patient
die **Gefahr, -en** danger
**gefallen* (jmdm.)** to be pleasing (to s.o.); **es gefällt mir** I like it; sich **gefallen lassen*** *(dat.)* to put up with
der **Gefallen, -** favor, good turn; **jmdm. einen Gefallen tun*** to do s.o. a favor
die **Gefangenschaft** captivity
das **Gefängnis, -se** prison, jail
**gefrieren* (s)** to freeze solid, congeal
**gefroren** frozen, icy
das **Gefühl, -e** feeling
**gegen** against; toward
der **Gegensatz, ¨-e** opposite, contrast
**gegenseitig** mutual, each to the other, reciprocal
der **Gegenstand, ¨-e** object
**gegenüber** across from, vis-à-vis; sich **gegenüber** across from each other
der **Gehalt** literary content
**geheim** secret, secretive; **in(s)geheim** secretly
das **Geheimnis, -se** secret
**gehen* (s)** to go; **es geht um etwas** it is a matter of, it is about, the point is
das **Gehirn, -e** brain; brain power
**gehoben** elevated
**gehören** *(dat.)* to belong to; **gehören zu** to be part of, belong to
**gehörig** fitting, right, proper
**gehorsam** obedient
der **Gehorsam** obedience
der **Geier, -** vulture
der **Geist, -er** spirit; mind, intellect; ghost
**gekachelt** tiled
das **Gelächter** laughter
das **Gelände** tract of land, area
das **Geländer, -** railing, banister
das **Geld, -er** money
die **Gelegenheit, -en** opportunity, occasion
**gelingen* (jmdm.) (s)** to succed *(in doing)*
**gellend** shrieking, piercing
**gelten*** to be valid, hold true for; to be aimed at, concern **gelten lassen*** to let pass, not dispute
das **Gelüst, -e** desire
das **Gemälde, -** painting
**gemeinsam** (in) common, mutual; jointly, together
**gemessen** precise, in measured words
das **Gemisch** mixture, mix
die **Gemse, -n** chamois, Alpine goat
der **Gemüsegarten, ¨** vegetable garden
**genau** exact, precise; **genauso** just as, exactly as
**genial** ingenious, very creative
**genieren** *(from French)* to embarrass
**genießen*** to enjoy
**genug** enough
**genügen** to suffice, be enough
**gerade** *(adv.)* precisely, particularly, quite, exactly, just, at that very moment; *(adj.)* straight; even
**geradeaus** straight ahead
**geradezu** downright
das **Gerät, -e** tool, instrument, apparatus
**geraten (s) in** *(acc.)* to fall into, get into; **außer Fassung geraten** to lose one's composure
das **Geräusch, -e** noise
das **Gerede** talk, gossip
**gereizt** irritated
die **Gereiztheit** irritation
das **Gericht, -e** court of law, tribunal
der **Gerichtsdiener, -** court officer *or* usher
**gering** slight, trifling
**geringschätzig** disdainful
**gern** gladly
der **Geruch, ¨-e** smell, odor, aroma

der **Geruchssinn** sense of smell
**gesamt** whole, entire, complete
der **Gesang, ¨-e** singing; song
das **Geschäft, -e** store
**geschehen* (s)** to happen, occur
das **Geschenk, -e** present, gift
die **Geschichte, -n** story; history
die **Geschichtsfälschung** falsifying of history
das **Geschirr** dishes, tableware
das **Geschlecht, -er** sex
**geschliffen** polished; elegantly formed
der **Geschmack, ¨-e** taste, flavor
**geschmeidig** supple, lithe
das **Geschmeiß** vermin
**geschwind** quick, swift
die **Geschwindigkeit, -en** speed, velocity
die **Gesellschaft, -en** society; company
die **Gesellschaftsschicht, -en** social stratum
das **Gesicht, -er** face
der **Gesichtsausdruck, ¨-e** facial expression
**gesinnt** minded, disposed, inclined
das **Gespräch, -e** conversation, discussion, talk; **ein Gespräch führen** to converse, carry on a conversation
die **Gestalt, -en** figure; shape
die **Geste, -n** gesture
**gestehen*** to admit, confess
**gestern** yesterday
das **Gesuch, -e** petition, application; **ein Gesuch auf-setzen** to draw up a petition
**gesund** healthy
das **Getränk, -e** drink
sich **getrauen** *(dat.)* to feel confident, trust o.s. to do
die **Gewalt, -en** power, force; violence
**gewaltig** mighty, huge, vast
das **Gewand, ¨-er** garment, gown
die **Gewerkschaft, -en** trade union
das **Gewicht, -e** weight
**gewillt** willing, inclined
**gewinnen*** to win, gain
**gewiß** *(adv.)* certainly, of course; *(adj.)* certain; sure
**gewissenhaft** conscientious
die **Gewißheit** certainty, assurance
**gewitternd** stormy, tempestuous
**gewitzigt** made wise by experience
sich **gewöhnen (an)** *(acc.)* to become accustomed, to, get used to
die **Gewohnheit, -en** habit
**gewöhnlich** usual, customary; regular; **für gewöhnlich** usually
**gewohnt** accustomed, customary
**gießen*** to pour; **Blumen gießen** to water flowers
das **Gift, -e** poison
**giftig** poisonous
das **Gitter, -** bars *(of a cage)*
der **Glanz** splendor, radiance
**glänzen** to shine, glitter, be resplendent
**glänzend** splendid; gleaming, radiant
die **Glasplatte, -n** glass plate
der **Glasschrank, ¨-e** glass cabinet
**glatt** smooth; slippery
die **Glatze, -n** bald head; bald spot
der **Glaube, (-ns)** belief, religious faith
**glauben** to believe
**glaubhaft** plausible, credible
**gleich** *(adj.)* equal, like, same; *(adv.)* just, immediately, alike; **gleich, als** as soon as
**gleich-bleiben* (s)** to remain the same
**gleichen*** to resemble
**gleichgestellt** equal in rank, on a par with
**gleichsam** as it were, as if; almost
**gleichzeitig** simultaneous
**gleiten* (s)** to slide, glide
das **Glied, -er** limb
das **Glockenspiel, -e** carillon, chimes
der **Glockenturm, ¨-e** bell tower
das **Glück** luck, good fortune; happiness; **Glück haben*** to be lucky *or* fortunate
**glücklich** happy; fortunate
**glühen** to glow; to burn
die **Glut, -en** passion, ardor; glow, heat
der **Glutqualm** scorching fumes *or* smoke
**gnädig** gracious; die **Gnädige** *or* **gnädige Frau** madam
der **Goldmachertiegel, -** smelting pot for gold
die **Gondel, -n** gondola
**gotisch** Gothic
die **Gottheit, -en** deity
der **Götze, -n, -n** idol, false deity
der **Graben, ¨** ditch, trench
der **Grabstein, -e** gravestone
**gräßlich** awful, horrible
**gratulieren (jmdm.)** to congratulate
**grau** gray
**grausen: mir graust es** I dread, I am afraid
**grausig** dreadful, horrible
**greifen*** to grip, seize; **greifen nach** to reach for, grab
der **Greis, -e** old man
**grell** dazzling *(of colors)*; shrill *(of sounds)*
die **Grenze, -n** border
der **Grieche, -n, -n** Greek
**grob** uncouth, coarse, rude
**grollen** grumble
**groß** large, great, big; tall; **im großen und ganzen** by and large, for the most part
**großartig** splendid, great, grand

die **Großmutter, ¨-** grandmother
**großzügig** generous, on a grand scale, large
die **Grube, -n** pit
der **Grund, ¨-e** reason, argument; ground; base, bottom, foundation; **im Grunde (genommen)** basically, actually, in reality
**grundsätzlich** on principle
**grünspanig** covered with copper acetate
die **Gruppe, -n** group
**grüßen** to greet
das **Guckloch, ¨-er** peephole
**gülden** *(poetic)* golden
die **Gummihülle, -n** rubber holder
die **Gunst** favor, goodwill
**günstig** favorable, advantageous
**gut** good
**gut-gehen* (s)** to go well
**gutmütig** good-natured
der **Gymnasiast, -en, -en** student in a **Gymnasium**
die **Gymnastik** calisthenics, exercises

# H

das **Haarwuchsmittel, -** hair-growing tonic
die **Habe** belongings
**haben*** to have
der **Häher, -** jay
der **Haifisch, -e** shark
**halb** half
**halber** *(with preceding gen.)* because of, on account of
die **Hälfte, -n** half; **zur Hälfte** *(adv.)* half way
die **Halle, -n** hall
der **Hals, ¨-e** neck; throat
die **Halskette, -n** necklace
**halt** *(particle)* well; just
der **Halt, -e** stop
**halten*** to hold, keep; to stop sich **halten (an)** to stick to, depend upon; **halten für** to regard as, consider to be; **halten von** to have an opinion about; **viel auf etwas halten** to hold in high regard
die **Haltestelle, -n** bus stop
die **Haltung, -en** posture, bearing; attitude
die **Hand, ¨-e** hand; **zur Hand nehmen*** to take in one's hand
**handeln** to act, behave; **es handelt sich um etwas** it is a question *or* a matter of; **handeln von** to be about *(of stories)*
die **Handfeuerwaffe, -n** gun, rifle, pistol; weapon
die **Handfläche -n** palm
der **Händler, -** dealer
die **Handlung, -en** plot; shop, store
der **Handlungsablauf** plot ending
das **Handlungsgerüst, -e** main points of the plot
der **Handschuh, -e** glove
die **Handtasche, -n** handbag
das **Handwerk, -e** trade, craft
**hängen*** *(also weak)* to hang
der **Harlekin, -e** joker, clown *(comic figure from the Italian commedia dell'arte)*
**harren auf** *(acc.)* to wait for
**harzartig** resinous
(das) **Haschen** game of tag
der **Haß** hate
**hassen** to hate
**häßlich** ugly
die **Hast** haste
**hasten (s)** to hasten, hurry
**hastig** hasty
die **Haube, -n** bonnet, hood
**häufig** frequent(ly)
das **Haupt, ¨-er** head
der **Hauptgedanke, -ns, -n** main idea
das **Hauptgericht, -e** main course of a meal
das **Haupthaar** hair on the head
die **Hauptperson, -en** main person
die **Hauptsache, -n** main thing
das **Haus, ¨-er** house; home; **nach Hause** (go) home; **zu Hause** (be) at home
der **Hausangestellte** (ein **Hausangestellter**) (domestic) servant; *(adj. noun)* die **Hausangestellte** maid
die **Hausaufgabe, -n** homework assignment
der **Hausbesitzer, -** homeowner
der **Hausbewohner, -** house occupant
der **Häuserblock, (s)** *or* **¨-e** block of houses
der **Hausherr, -n, -en** head of the family, master of the house
der **Hausmeister, -** building caretaker
die **Haut, ¨-e** skin; hide
**heben*** to raise, lift; sich **heben** to rise
die **Hebung, -en** accented syllable
die **Hecke, -n** hedge
**heda!** hey there!
das **Heft, -e** notebook, booklet
**heftig** hard, with intensity; fervent, passionate
**heilig** sacred
**heilsam** beneficial to
**heim** home
**heim-bringen*** to bring home
**heim-kehren* (s)** to return home
**heim-kommen* (s)** to come home
**heimlich** secret(ly); secretive(ly)
der **Heimweg, -e** way home
das **Heimweh** homesickness
**heiß** hot
**heißen*** to be called; to bid, order; **das heißt** that is (to say); **es heißt** it says (that)
**heiter** cheerful, serene; amusing
die **Heiterkeit** cheerfulness; merriment

die **Heizung, -en** heating
der **Held, -en, -en** hero
**heldenmütig** heroic, valiant
das **Heldentum** heroism
**hell** bright, light
der **Helm, -e** helmet
das **Hemd, -en** shirt
**hemmungslos** unrestrained
**her** (to) here, this way; **es ist** *or* **es sind fünf Jahre her** it has been five years; **von ... her** from
**heran-ziehen*** to consult
**herauf-ziehen*** to pull up
**heraus-brechen* (h** *or* **s)** to break out
**heraus-fallen*** to fall out
**heraus-suchen** to pick out
**heraus-werfen*** to throw out **(s)**
**heraus-ziehen*** to pull out; to move out
der **Herd, -e** stove
**herein-kommen* (s)** to come in
**herein-strömen (s)** to stream in
das **Herkommen** tradition, custom
**hernach** after this, hereafter, afterward
der **Herr, -n, -en** gentleman; lord; sir; Mr.
**herrlich** splendid, magnificent
die **Herrlichkeit, -en** magnificence, splendor
die **Herrschaften** *(pl.)* master and mistress; illustrious persons
**her-sagen** to recite
**her-stellen** to make, produce
**herüber-schauen** to look over toward
**herumbummeln (s)** to stroll about
**herum-gehen* (s)** to go around, walk about
**herum-kommen* (s)** to get around
**herum-liegen*** to lie around
**herum-tanzen (s)** to dance around
sich **herum-treiben*** to gad about; to loiter
**herunter-haben*** to have kilometers *or* miles on an engine
**herunter-hängen*** to hang down
**herunter-kurbeln** to crank down
**herunter-stürzen (s)** to plunge down, fall
**hervor-bringen*** to bring forth; to utter
**hervor-gehen* (s)** to go forth
**hervor-kommen* (s)** to come forth
**hervor-treten* (s)** to stick out; to step forward
**hervor-ziehen*** to pull out *or* forth
das **Herz, -ens, -en** heart; **jmdm. am Herzen liegen*** to be very important to s.o.
das **Herzklopfen** palpitations
**herzlich** cordial; sincere
die **Hetze, -n** chase, pursuit; mad rush
**heute** today
**heutzutage** nowadays
der **Hexenschwindel** witches' hocus-pocus
der **Hexenstaat** witchcraft trappings
die **Hilfe, -n** help; **jmdm. zu Hilfe kommen* (s)** to come to one's aid
**hilflos** helpless
**hilfsbereit** helpful, obliging
der **Himmel** sky; **freier Himmel** open sky
die **Himmelskönigin, -nen** queen of heaven
der **Himmelskörper, -** celestial body
**hin** (to) there; toward; **hin und her** to and fro, back and forth; **vor sich hin** in front of oneself
**hinab** (to go) down(ward)
**hinab-spülen** to wash down
**hinauf** (to go) up(ward)
**hinauf-blicken** to look up (at)
**hinaus** (to go) out
**hinaus-blicken** to look out(ward)
**hinaus-sehen*** to see out, look out
**Hinblick: im Hinblick auf** *(acc.)* with *or* in regard to
**hinein-bitten*** to ask s.o. (to go) in
**hinein-gehen* (s)** to go in(to)
**hinein-gucken** to peek in
**hinein-schauen** to look in(to)
sich **hinein-insetzen** to sit down in
die **Hingabe** submission, surrendering of o.s.
**hingegen** on the other hand
**hin-kommen* (s)** arrive (there)
**hin-legen** to set down
**hin-schauen** to look over toward
**hin-stellen** to set down, place; **als ein Beispiel hin-stellen** to hold up as an example
**hinter** behind
**hinterdrein** after, behind
der **Hintergedanke, -ns -n** ulterior motive
**hinterher (hinter ... her)** after or behind s.o.
**hinterlassen*** to leave behind
die **Hinterseite, -n** other side; drawback
die **Hinterziehung** (tax) evasion
**hinüber-treten* (s)** to walk over (to)
**hinunter** down, downward
**hinunter-laufen* (s)** to run down
**hinweg-strecken** to stretch over (toward)
**hinweg-wenden*** to turn away
**hinzu-fügen** to add, append
das **Hirn, -e** brain, mind; brain power, intellect
der **Hirsch, -e** deer, elk

die **Hitze** heat
**hoch** high; upward
die **Hochachtung** high regard, respect
**hoch-heben*** to lift up
(sich) **hoch-klappen** to flip up
**hochmütig** haughty, arrogant
**höchst** *(adj.)* highest; *(adv.)* highly, extremely; **höchste Zeit** high time, about time
**höchstbestens** *(coll., interject.)* great!
**höchstens** at most, at best
die **Hochzeit, -en** wedding
die **Hochzeitsreise, -n** honeymoon trip
**hocken** to crouch, squat
der **Hof, ¨-e** backyard; courtyard, court; manor, house
der **Hofarzt, ¨-e** court physician
**hoffen auf** *(acc.)* to hope for
**hoffentlich** hopefully
die **Hoffnung, -en** hope
**höflich** polite
die **Höflichkeit, -en** politeness, courtesy
die **Höflichkeitsform, -en** polite form of address
**hohe** *see* **hoch**
die **Hoheit, -en** nobility; Highness *(title)*
**holen** to fetch, come and pick up
**höllisch** hellish
das **Holz, ¨-er** wood
das **Holzkreuz, -e** wooden cross
der **Holzschnitzer, -** woodcarver
der **Holzzaun, ¨-e** wooden fence
**honett** *(French)* respectable, honorable
der **Honig** honey
der **Hörapparat, -e** hearing aid
**hören** to hear
das **Hörensagen** hearsay
der **Hörer, -** (telephone) receiver
das **Hörspiel -e** radio play
der **Hörtext, -e** listening text
die **Hosenfalte, -n** pant crease
**hübsch** pretty, handsome, nice, lovely
der **Hubschrauber, -** helicopter
der **Hügel, -** hill, knoll
die **Hühnerhaut** goose bumps
der **Hund, -e** dog
der **Hungerleider, -** needy wretch
**hüpfen (s)** to hop; to leap, skip
**husten** to cough
der **Hut, ¨-e** hat, cap
**hüten** to look after, take care of; sich **hüten vor** *(dat.)* to be on guard against, watch out for

## I

die **Illustrierte, -n** illustrated magazine
**immer** always; continually; **immer mehr** more and more; **immer noch** still; **immer schneller** faster and faster
**immerfort** continuously
**immerhin** still, yet, all the same
**immerzu** continually, all the time
die **Impfung, -en** vaccination, inoculation
**imponieren (jmdm.)** to impress
**indem** *(conj.)* by . . . -ing; in that
der **Inder, -** native of India
**indes(sen)** meantime, meanwhile
**infam** shameless
der **Infanterist, -en, -en** infantryman
der **Ingenieur, -e** engineer
der **Inhalt, -e** content(s)
die **Inhaltsaussage, -n** statement on the content
die **Initiale, -n** initial
**inne-halten*** to pause, stop (doing s.th.)
**innerlich** inner, internal
**innig** fervent, intense, with deep feeling
der **Insasse, -n, -n** passenger; occupant; inmate
**insbesondere** in particular
das **Insekt, -en** insect
das **Inserat, -e** advertisement, ad insert *(in newspaper)*
**insgesamt** altogether
das **Interesse, -n** interest
**inwiefern** to what extent
**inzwischen** in the meantime, meanwhile
**irgend (-)** some . . . ; any . . . ; **irgendein-** some [thing] or other; **irgendeiner** someone or other, anyone; **irgendwann** sometime or other **irgendwas** *(coll.)* = **irgend etwas** something or other; **irgendwer** someone or other; **irgendwo** somewhere or other
sich **irren** to err, be mistaken, be wrong
das **Irrenhaus, ¨-er** insane asylum, madhouse
die **Irrgänge** *(pl.)* maze, labyrinth
das **Irrlicht, -er** jack-o'-lantern
der **Irrtum, ¨-er** mistake, error
der **Italiener, -** Italian
**italienisch** Italian
**i wo! = ach was!** *(interject.)* oh, come on!, out of the question!

## J

**ja** yes; indeed; of course
die **Jacke, -n** jacket
**jagen** to chase, race, rush
der **Jäger, -** hunter
das **Jahr, -e** year
das **Jahrhundert, -e** century
**-jährig** -year old; **zweijährig** two-year(s) old

die **Jalousie, -n** Venetian blind
**jäten** to weed
**jauchzen** to rejoice, shout with joy, exult
**je** each, in each case; ever; **je mehr . . . um so** *or* **desto mehr** the more . . . the more; **je nachdem** depending on (how)
**jed-** every, each; **ein jeder** each one
**jedenfalls** in any case, in any event, at any rate
**jedesmal** every time
**jedoch** however, nevertheless
**jeglich** *(elevated style)* each, every
**jemals** ever
**jemand** someone
**jen-** that; *(pl.)* those
**jenseits** on the other side, beyond, yonder
**jetzt** now
**jetzig** present, current, existing now
**jeweilig** respective, at the moment
**jeweils** in each case, respectively
**johlen** to howl
der **Jude, -n, -n** Jew
**jüdisch** Jewish
die **Jugend** youth, adolescence
das **Jugendtheater** theater for young people
der **Jugoslawe, -n, -n** Yugoslavian
**jung** young
der **Junge, -n, -n** boy, youth; **Jungs** *(coll.)* guys, fellows, gang
der **Jüngling, -e** youth, lad, young man
**juristisch** pertaining to the question of legality, legal
der/das **Juwel, -en** jewel, gem

# K

die **Kachel, -n** ceramic tile
der **Käfig, -e** cage
**kahl** bald; bare
der **Kai, -e** *or* **-s** wharf, quay
**kalt** cold
die **Kälte** cold(ness)
**kämpfen** to fight, battle
die **Kanne, -n** jug, pot
**kantig** edged
die **Kantine, -n** canteen, mess
die **Kapelle, -n** band, small orchestra
die **Kappe, -n** cap, hood
**kaputt** broken, ruined
das **Karenzjahr, -e** *(Austrian)* year of maternity *or* medical leave
die **Karre, -n** cart, crate
die **Kartoffel, -n** potato
die **Kasse, -n** cash register
der **Kassenraum** cash register area
der **Kasten, ¨** chest, case, box
der **Kastenbau, -ten** case construction
die **Katze, -n** cat; **die Katze im Sack kaufen** to buy a pig in a poke
**kauen** to chew
**kaufen** to buy
der **Kaufvertrag, ¨e** purchase contract
**kaum** scarcely, barely
**keck** bold, brazen
die **Kehle, -n** throat
**kehren** to sweep
die **Kehrseite, -n** reverse side
**keiner** no one
**keinerlei** not any
der **Keller, -** cellar, basement
**kennen*** to know, be acquainted with
**kennen-lernen** to become acquainted with, get to know
die **Kenntnis, -se** knowledge, information; **zur Kenntnis nehmen*** to take note *or* cognizance of
**kennzeichnen** to mark, characterize
der **Kerl, -e** fellow
der **Kinderwagen, -** baby carriage
die **Kinderwiege, -n** child's cradle
**kindisch** childish
das **Kino, -s** cinema, movie theater
das **Kinoinserat, -e** movie advertisement
die **Kinovorstellung, -en** movie showing
die **Kirche, -n** church
der **Kirchenchor, ¨e** church choir
die **Kirchenglocke, -n** church bell
der **Kirsch** *(a schnapps made from distilled cherries)*
die **Kirsche, -n** cherry
die **Kiste, -n** box, chest, trunk, crate, case
der **Kitsch** rubbish, kitsch
die **Kittelschürze, -n** smocklike apron
**klagen** to bring legal action; to complain, bemoan
der **Klang, ¨e** sound, ring
**klappen** to work out ok, go well
**klappern** to clatter; to rattle; **mit den Zähnen klappern** to chatter one's teeth
**klapprig** shaky, rickety, clattering
die **Klassenarbeit, -en** classwork
das **Klavier, -e** piano
**kleben** to paste, glue, stick
das **Kleid, -er** dress; *(pl.)* clothes
**kleiden** to dress
die **Kleidung** clothing
das **Kleidungsstück, -e** piece of clothing
**klein** small, little
**klettern (s)** to climb, scramble
die **Klingel, -n** doorbell, chime
**klingeln** to ring, chime
**klingen*** to sound ring
die **Klinke, -n** door handle
**klirren** to rattle, clatter, clank
**klopfen** to knock, tap
der **Knabe, -n, -n** boy, lad

**knapp** terse, succinct; scarce
der **Knecht, -e** serf, servant; warrior *or* knight *(older meaning)*
die **Knechtenschar, -en** group of **Knechte**
das **Knie, -** knee
der **Knochen, -** bone
der **Knopf, ¨-e** button
der **Knopfdruck, ¨-e** pressing a button
**knurren** to grumble
**kochen** to cook
der **Koffer, -** suitcase, trunk
der **Kohlenmann, ¨-er** coal-delivery man
**kohlschwarz** coal black
der **Kollege, -n, -n** colleague
das **Kollektivgesicht, -er** collective face, face like all the others
**komisch** strange, odd; funny, comical
**kommen* (s)** to come; **um etwas kommen** to lose, be deprived of
der **Konditor, -en** confectioner, baker of fancy pastry
die **Konferenz, -en** conference, meeting
der **König, -e** king
das **Königsmahl, -e** festive meal of a king
der **Königssaal, -säle** banquet room of a king
die **Kontaktgläser** *(uncommon)* = **Kontaktlinsen** *(pl.)* contact lenses
**kontrollieren** to check, adjust
das **Konzentrations-lager, -** concentration camp
der **Kopf, ¨-e** head
**kopflos** headless
das **Kopftuch, ¨-er** *(cloth worn over the head by women from the Middle East)*
**kopfunten** upside down
der **Korb, ¨-e** basket
der **Körper, -** body
**korrigieren** to correct
der **Korybant, -en, -en** Corybant *(any of the attendants to the Phrygian goddess Cybele)*
der **Krach** crash, noise, ruckus; **zu einem Krach kommen* (s)** to come to a quarrel *or* scene
**krachen** to crash, slam; **ins Schloß krachen** to slam shut
die **Kraft, ¨-e** strength; power, force; **bei Kräften sein* (s)** to have one's strength
**kräftig** strong, powerful, vigorous, firm; **ein kräftiger Schluck** a big gulp *or* swallow
der **Kragen, -** collar
der **Kram** trash, junk; small wares
der **Krampf, ¨-e** cramp, spasm
**krampfhaft** convulsive
der **Kran, ¨-e** crane, hoist
**krank** sick, ill
**kränken** to offend, insult
das **Krankenbett, -en** sickbed
das **Krankenhaus, ¨-er** hospital
**kratzen** to scratch
das **Kraut, ¨-er** cabbage; herb
die **Krawatte, -n** necktie
der **Krawattensitz** way a necktie sits
der **Krebs** cancer
die **Krebsforschung** cancer research
der **Kreidestaub** chalk dust
der **Kreis, -e** circle; circuit
das **Kreuz, -e** cross
die **Kreuzung, -en** crossing
**kribbeln** to tickle, tingle
der **Krieg, -e** war; **Krieg führen** to wage war
**kriegen** *(coll.)* to get
**kriegerisch** warlike, militant
der **Kriminalfilm, -e** crime *or* detective film
die **Krone, -n** crown
die **Küche, -n** kitchen
der **Kuchen, -** cake; pastry
die **Kugel, -n** sphere, ball
die **Kuh, ¨-e** cow
**kühl** cool
die **Kühltasche, -n** bag for keeping s.th. cold
**kulant** *(French)* accommodating, obliging
das **Kulturamt** office for cultural affairs
der **Kummer** worry, sorrow, care
sich **kümmern um** to concern o.s. with, care for, worry about
der **Kunde, -n, -n** customer; die **Kundin, -nen** female customer
**künden** to proclaim, announce
die **Kunst, ¨-e** art; skill
der **Künstler, -** artist
die **Kuppel, -n** cupola, dome
der **Kurs, -e** price of stocks, currencies, etc.; course, class
die **Kursivschrift** italics
der **Kursteilnehmer, -** course participant
**kurz** short, brief; **vor kurzem** recently
**kürzlich** recently
die **Kußhand: jmdm. eine Kußhand zuwerfen*** to toss s.o. a kiss

# L

**lächeln** to smile
**lachen** to laugh
**lächerlich** ridiculous
der **Lack, -e** enamel paint; lacquer
**laden*** to invite; to load
der **Laden, ¨** store, shop
das **Lager, -** camp
**lagern** to camp
**lackieren** to enamel, paint
das **Lamm, ¨-er** lamb
der/das **Lampion, -s** Chinese lantern
das **Land, ¨-er** land; country; **aufs Land fahren* (s)** to travel into the country(side)

die **Landpartie, -n** country outing
der **Landsmann,** die **Landsleute** compatriot, fellow countryman
**lang** long; tall
**lange** for a long time; **lange her** a long time ago
**langen (nach)** to reach (for)
**länger** longer
die **Lang(e)weile** boredom
**langsam** slow(ly)
**längst** long since, long ago; **längst vorbei** long since past; **schon längst** long since, long ago
**langweilen** to bore; sich **langweilen** to be bored
**langweilig** boring
**lärmen** to make noise, make a racket
**lärmend** noisy, unruly
**lassen*** to let, leave *(in a certain state)*; **lassen** + *inf.* to let *or* have s. th. be done, let *or* have s.o. do; **das muß man ihm lassen** you have to give/concede him that
die **Last, -en** burden, loan
**lästern** to blaspheme, slander
der **Lastwagen, -** truck, van
die **Laube, -n** little garden house, garden shed
der **Lauf, ¨-e** course; **im Lauf(e)** in *or* during the course of
**laufen* (s)** to run; to go; to walk
**lauschen** *(dat.)* to listen for, eavesdrop (on)
**laut** loud
der **Laut, -e** sound, tone
**läuten** to ring
**lauter** nothing but
**lautlos** silent
der **Lautsprecher, -** loudspeaker
**leben** to live
das **Leben, -** life
die **Lebensanschauung, -en** outlook on life
der **Lebensbereich, -e** area of life
die **Lebensbeschreibung, -en** biography
die **Lebensgeschichte, -n** life story, biography
der **Lebenslauf, ¨-e** curriculum vitae, résumé
die **Lebensmittelversorgung** food supply
die **Lebensweise, -n** way of living
der **Lebtag: dein Lebtag** your life long
**lecker** tasty, appetizing
**ledig** unmarried, single
**leer** empty; **ins Leere treten* (s)** to step into empty space
**leeren** to empty
die **Leerstelle, -n** vacant *or* empty spot in a text, s.th. left unsaid
**legen** to lay, put, place; sich **legen** to lie down; to subside, die down
(sich) **lehnen** to lean
die **Lehre, -n** lesson, moral
**lehren** to teach, instruct
die **Lehrerin, -nen** female teacher
der **Lehrling, -e** apprentice
die **Lehrstelle, -n** teaching position
der **Leib, -er** body *(of a living thing)*
**leibhaft** in the flesh
**leichenstill** deathly still, still as a corpse
**leicht** easy; light
der **Leichtsinn** rashness, recklessness
das **Leid** hurt, harm; **jmdm. ein Leid(s) (an)tun*** to harm s.o.
**leiden*** to suffer, tolerate, put up with; **jmdn. leiden können*** to like s.o.
**leidenschaftlich** passionate; avid, enthusiastic
**leider** unfortunately
**leidlich** tolerable, passable
**leid tun*** to be sorry, regret; **es tut mir leid** I am sorry
**leise** soft; low-voiced; gentle, light
sich *(dat.)* **leisten können*** to be able to afford
die **Leistung, -en** accomplishment
die **Leistungsfähigkeit** capacity, performance
**leiten** to guide, lead
der **Leiter, -** manager
die **Leitung, -en** (telephone) line
die **Lektüre, -n** reading
**lenken** to steer, direct
die **Lerche, -n** lark
**lernen** to learn
**lesen*** to read
der **Lesezirkel, -** reading circle
**letzt-** last; **die letzteren** the latter; **zum letztenmal** for the last time
**leuchten** to shine, gleam
die **Leute** *(pl.)* people
das **Licht, -er** light
**lieb** dear
die **Liebe, -n** love
**lieben** to love
**liebenswürdig** kind, obliging
**lieber** *(comp. of* **gern***)* preferably, sooner, rather
der **Liebesfilm, - e** romantic film
das **Liebespaar, -e** couple in love
der **Liebhaber, -** lover
**liebkosen** to caress
**lieblich** lovely, charming
die **Lieblingsfarbe, -n** favorite color
das **Lieblingswort, ¨-er** favorite word
die **Lieferung, -en** delivery
**liegen*** to lie, be situated; **das liegt mir nicht** that is not my thing, that does not fit my character; **es liegt daran** it is because
**links** to the left, on the left
der **Lippenstift, -e** lipstick
**loben** to praise; **das lobe ich mir** that I like
das **Loch, ¨-er** hole

**locken** to lure, entice, attract
**löffeln** to spoon
der **Lohn, ¨-e** wage
der **Lokalteil, -e** local section *(of a newspaper)*
**los** loose; **was ist los?** what's up? what's wrong?
**lösen** to loosen, detach; to dissolve; to solve *(a problem, riddle, etc.)*
**los-fahren* (s)** to drive off, depart
der **Löwe, -n, -n** lion
der **Löwenzahn** dandelion
die **Lücke, -n** gap, opening
die **Luft, ¨-e** air; **Luft holen** to get a breath of air
der **Luftballon, -s** balloon
der **Luftbefeuchter, -** humidifier
die **Lüge, -n** lie; **jmdn. Lügen strafen** to give s.o. the lie
**lügen*** to tell a lie
**Lungenzüge machen** to inhale
die **Lust, ¨-e** desire, wish, longing; **vor Lust** with/for joy
der **Lustgarten, ¨-e** pleasure grounds, pleasure garden
**lustig** merry, gay; comical, funny
sich **lustig machen (über)** to make fun of

# M

die **Mäanderwindung, -en** meandering turn
**machen** to do; to make
die **Macht, ¨-e** power, force
**mächtig** mighty
das **Mädchen, -** girl
der **Mädchenhändler, -** dealer in young women
der **Magier, -** soothsayer
die **Mahlzeit, -en** meal; **eine Mahlzeit einnehmen*** to eat a meal
der **Mai** May
das **Maiglöckchen, -** lily of the valley
die **Maklerfirma, -men** agency, brokerage
**mal** *(particle)* just; **-mal** times; **einmal** once; **dreimal** three times
das **Mal, -e** time, turn; **zum ersten Mal** (for) the first time
**man** one, they, we, you, people
**manch-** many a; **mancher** many a person
**manchmal** sometimes, now and then
**mangeln (jmdm.)** to be missing, be lacking
**männlich** male; manly
die **Mannschaft, -en** team
der **Mantel, ¨** overcoat
das **Märchen, -** fairy tale
die **Margerite, -n** daisy
**markieren** to mark, indicate
die **Markthalle, -n** covered market, market hall
die **Marmorschale, -n** marble bowl, marble basin
die **Maßnahme, -n** measure; **Maßnahmen treffen*** to take measures
die **Mauer, -n** stone *or* cement wall
das **Maul, ¨-er** mouth *(of animals)*, snout
**maulen** to whine, moan
das **Medikament, -e** medicine, drug
das **Meer, -e** sea; ocean
der **Meeresgrund** ocean floor, bottom of the sea
die **Meerkatze, -n** long-tailed monkey
**mehr** more
**mehrere** several
**mehrmals** several times
**meiden*** to avoid
**meinen** to be of the opinion; say; to mean, intend
die **Meinung, -en** opinion; **der Meinung sein* (s)** to be of the opinion; **ihrer Meinung nach** in her opinion
die **Meinungsaussage, -n** statement of opinion
die **Meinungsäußerung, -en** expression of opinion
**meist** most, mostly
**meistens** mostly
der **Meister, -** boss; master; champion
**melden** to report, send word; sich **melden** to report (in), announce one's presence
die **Meldung, -en** announcement, report
die **Menge, -n** multitude
der **Mensch, -en, -en** human being, man, person
der **Menschenfresser, -** cannibal
die **Menschengestalt, -en** human form *or* shape
das **Menschengewühl** throng of people
die **Menschenmenge** crowd of people
der **Menschenstrom, ¨-e** throng of people
die **Menschheit** humankind
**merken** to observe, notice, note; sich *(dat.)* **etwas merken** to take note of s.th.
**merklich** noticeable
das **Merkmal, -e** indicator
**merkwürdig** remarkable, strange
der **Metzger, -** butcher
die **Miene, -n** mien; facial expression
die **Miete, -n** rent
**minder** less
**minderjährig** under age
der **Minderwertigkeitskomplex** inferiority complex
**mindestens** at least
**mischen** to mix
**mißbilligen** to disapprove
**mißfallen* (jmdm.)** to displease
**mißmutig** in ill humor
**mißtrauisch** distrustful
das **Mißvergnügen** dissatisfaction
**mit** with; **mit weg** gone like the others

der **Mitarbeiter, -** co-worker
**mit-bringen*** to bring along
**miteinander** with each other, together; **miteinander teilen** to share with each other
das **Mitglied, -er** member
**mit-lachen** to join in laughter
**mit-nehmen*** to take along
**mit-spielen** to play along
**Mittag: zu Mittag** at noon
das **Mittagessen, -** noonday meal, lunch
die **Mittagspause, -n** noonday break
die **Mittagszeit, -en** noontime
die **Mitte** middle
**mit-teilen** to inform, notify, impart, communicate
die **Mitteilung, -en** communication, announcement, notice, news
**mittel: mittlerer** medium, average, middle
das **Mittel, -** means
**mittelalterlich** medieval
der **Mittelpunkt, -e** center
**mitten in** in the midst of, in the middle of
**mittlerweile** meanwhile
**mit-ziehen* (s)** to go along with, accompany
das **Möbel, -** piece of furniture, *pl.* furniture
**möchte(n)** would like; might
die **Mode, -n** fashion
das **Modejournal, -e** fashion magazine
**möglich** possible
**möglichst** as much as (is) possible
der **Mohnstrudel** poppyseed strudel
die **Mohrrübe, -n** carrot
der **Monat, -e** month
der **Mord, -e** murder
der **Morgen, -** morning
das **Morgenrot** red of morning, dawn, sunrise
**morgens** in the morning, mornings
die **Moritat, -en** song of evil deeds
der **Mörser, -** mortar
der **Moschusochse, -n, -n** musk ox
die **Mühe, -n** trouble, pains, effort
das **Mühlenrad, ¨-er** mill wheel
die **Müllabfuhr, -en** garbage pickup
der **Mund, ¨-er** mouth
**mündlich** oral
der **Mundwinkel, -** corner of the mouth
**munter** lively, alive; cheerful
**murmeln** to murmur, mutter
das **Musikstück, -e** piece of music
der **Muskel, -n** muscle
**müssen*** to have to, must
**müßig** idle, lazy
das **Muster, -** model, specimen, pattern
der **Mut** courage
**mütterlicherseits** on the mother's side, maternal
die **Muttersprache, -n** mother tongue, native language
die **Mütze, -n** cap

# N

**na** *(interj.)* well; what did I tell you? **na ja** oh well; **na, denn nicht** OK, let's not
**nach** after; toward, to; **nach und nach** little by little
**nach-ahmen (jmdn.)** to imitate s.o.
der **Nachbar, -n** *or* **-s, -n** neighbor
die **Nachbarstadt, ¨-e** neighboring city
**nachdem** *(conj.)* after
**nach-denken* (über etwas)** to ponder, think (s.th. over)
**nachdenklich** reflective, pensive
**nachdrücklich** emphatic
**nach-eifern** to strive in pursuit of
**nach-erzählen** to retell
die **Nacherzählung, -en** retelling
**nach-forschen** to trace, investigate
**nach-geben*** to give in, yield
**nach-gehen* (s)** *(dat.)* to pursue *(a matter)*, inquire into
**nachher** afterward
**nach-holen** to do s.th. previously omitted, make up
**nach-kommen* (jmdm.) (s)** to come after *or* behind s.o.; to rejoin
**nachlässig** careless, lax
**nachmittags** afternoons
**nach-rennen* (s)** *(dat.)* to run after
die **Nachricht, -en** news
das **Nachspiel, -e** epilogue
**nächst** next, nearest
die **Nacht, ¨-e** night; **eines Nachts** one night
der **Nachtisch, -e** dessert
**nächtlich** nocturnal
**nachts** at night, nights
**nachtschwarz** night black
**nach-wachsen* (s)** to grow back (in)
der **Nachwuchs** progeny, one's children
**nackt** naked
das **Nagetier, -e** rodent
**nah(e)**, near, close
die **Nähe** proximity; **in der Nähe** nearby, close by
**nahe-liegen*** to be obvious *or* manifest, suggest itself
**nahe-stehen* (jmdm.)** to be close to s.o.
die **Nahrung** food, nourishment
der **Name, -ns, -n** name
**namentlich** namely, especially
**nämlich** namely, that is, you see
**närrisch** foolish, silly, eccentric
die **Nase, -n** nose
**naß** wet, damp
die **Naturerscheinung, -en** natural phenomenon

**natürlich** *(adj.)* natural; *(adv.)* of course
der **Nebelstreif, -e** wisp *or* streak of fog
**neben** beside
**nebenan** next door
**nebenbei** by the way
**nebeneinander** side by side
das **Nebenhaus, ¨er** house next door
der **Nebentisch, -e** next table
der **Nebenweg, -e** indirect path *or* road
**nehmen*** to take
der **Neid** envy
die **Neigung, -en** proclivity, inclination; slope
die **Nelke, -n** carnation
**nennen*** to name
der **Nerv, -es** *or* **en, -n** nerve; **jmdm. auf die Nerven gehen* (s)** to get on one's nerves
**nett** nice
**neuartig** new kind of, new-fashioned
die **Neugierde** curiosity
**neugierig** curious
**neulich** recently
**nicht** not; **nicht einmal** not even; **nicht mehr** no more, no longer; **nicht wahr?** isn't it? aren't you? right?
**nichts** nothing
**nicken** to nod
**nie** never
**nieder** *(adj.)* low, inferior; *(adv.)* down
sich **nieder-beugen** to bend over *or* down, bow
**nieder-blicken** to glance *or* look down
**nieder-fahren* (s)** to come down, descend
**nieder-legen** to lay down, put down
**nieder-sinken* (s)** to drop, sink
**niedrig** low(ly); inferior; base, mean
**niemals** never
**niemand** no one, nobody
die **Niere, -n** kidney
die **Nierengegend** kidney area
**nimmer** never, nevermore; **nie und nimmer** never at any time
**nippen** to sip, taste
der **Nischentisch, -e** table in a niche *or* alcove
**noch** still; **noch mal** *(coll.)* **= noch einmal** once more, once again; **noch immer** still; **noch nicht** not yet; **noch nie** never before
die **Nonne, -n** nun
die **Normaluhr, -en** public clock
die **Not, ¨e** need, want; danger, peril; difficulty
die **Note, -n** grade
**notieren** to make a note of, jot down
**nötig** necessary
die **Notiz, -en** note
**notwendig** necessary
**Nu: im Nu** in no time at all, in an instant, in the twinkling of an eye
**nuancieren** to give a particular nuance to
die **Null, -en** zero
die **Nullkenntnis** *(pl.)* zero knowledge
**nun** *(adv.)* now, at present; *(particle)* now, well; **es ist nun einmal so** well, that's just the way it is
**nur** only; *(particle)* just
**nützlich** useful

## O

**ob** whether
**oben** above, overhead
das **Oberhemd, -en** dress shirt
**oberst-** highest, top
**obgleich** although
die **Obligation, -en** bond, promissory note
der **Obstbauer, -n, -n** fruit farmer
**obwohl** although
der **Ofensetzer, -** stove fitter
**offen** open
**offenbar** evident, obvious
**offensichtlich** obvious, apparent
**öffnen** to open; sich **weit / tief öffnen** to gape
**oft** often
**öfter (s)** frequently, often; more often
**ohne** without; **ohne . . . zu** without . . . -ing
**ohnehin** anyway, as it is
die **Ohnmacht, -en** faint, swoon, unconsciousness; powerlessness
**ohnmächtig** unconscious; powerless
das **Ohr, -en** ear
die **Ohrfeige, -n** slap in the face, box on the ear
das **Ohrgehänge, -** earring
die **Ölblumen,** *(pl.)* oil painting of flowers
**ölverschmiert** oil-stained
die **Oma, -s** grandma
der **Onkel, -** uncle
die **Operette, -n** operetta
das **Opfer, -** victim; sacrifice
der **Orden, -** medal, decoration
**ordentlich** decent, respectable; tidy, neat; *(adv.)* really
die **Ordnung** order, arrangement; orderliness
der **Ort, -e** place, spot, site

## P

**paar: ein paar** a few, several; **(ein) paarmal** a few times
das **Pack** mob, pack
**packen** to pounce on, grasp, clutch
die **Pädagogik** teacher education, pedagogy
das **Paket, -e** packet, package, parcel
der **Palast, ¨e** palace
die **Palme -n** palm
der **Pantoffel, -** *or* **-n** slipper
die **Papeterie, -n** *(French)* stationery store
der **Passagier, -e** *(French)* passenger

**passen** *(dat.)* to fit, suit
**passend** appropriate, fitting
**passieren (s)** to happen
**pechschwarz** pitch-black
**peinlich** embarrassing, awkward
die **Pendeluhr, -en** pendulum clock
die **Pension** retirement
**per** *(prep. with acc.)* per, by
der **Personalausweis, -e** personal identification card
der **Personalchef, -s** personnel manager
die **Persönlichkeit, -en** personality
die **Pest, -en** plague, epidemic
der **Pfadfinder, -** Boy Scout
der **Pfahl, ¨-e** piling, post
die **Pfeife, -n** pipe; whistle
**pfeifen*** to whistle
der **Pfeiler, -** pillar
das **Pferd, -e** horse
der **Pferdefuß, ¨-e** drawback, catch
der **Pfirsich, -e** peach
die **Pflanze, -n** plant
**pflegen** to take care of
der **Pflegeurlaub** leave to take care of s.o.
**pflücken** to pick, pluck
das **Pfund, -e** pound
**pikiert** piqued, miffed
das **Plakat, -e** placard, poster
der **Plan, ¨-e** plan
**planmäßig** (as) scheduled
die **Planstelle, -n** planned *or* budgeted position
die **Plastiktüte, -n** plastic bag
der **Plattfuß, ¨-e** flat foot
der **Platz, ¨-e** place, spot; seat; (city) square; **am Platz(e)** in the proper place, in order, called for; **Platz nehmen*** to take a seat
**platzen (s)** to burst, pop, explode
**plaudern** to chat, converse
**plötzlich** sudden
**polieren** to polish
der **Polizist, -en, -en** policeman
die **Portiersleute** *(pl.)* building caretakers
der **Posten, -** post, position, job; sentry
**prächtig** splendid, magnificent
der **Prachtschlitten, -** splendid sled (*i.e,* bicycle)
die **Praline, -n** chocolate *(as in a box of chocolates)*
**prall** taut, stretched
der **Preis, -e** price; prize
**preisen*** to praise
die **Pritsche, -n** plank bed
die **Probe, -n** rehearsal; test, experiment; proof
die **Probefahrt, -en** test drive
das **Protokoll, -e** protocol, report
der **Prozeß, -(ss)e** lawsuit, trial; process
**prüfen** to test, examine
der **Puff, ¨-e** push, bump, nudge; blow
der **Punkt, -e** point; **Punkt zehn Uhr** at the stroke of ten
**pünktlich** punctual
die **Pünktlichkeit** punctuality
der **Purzelbaum, ¨-e** somersault; **einen Purzelbaum schlagen*/machen** to do a somersault
**putzen** to clean, scrub, polish

## Q

die **Qual, -en** torment, agony, pain
die **Qualitätsware, -n** quality product
die **Querstraße, -n** crossroad

## R

die **Rache** revenge
sich **rächen** to take revenge, be revenged
der **Rachen, -** jaws *(of beasts);* throat
**rad-fahren* (h** *or* **s)** to cycle, ride a bike
der **Radsport** sport of cycling
die **Rakete, -n** rocket
der **Rand, ¨-er** edge, border; brim; circle *(under eyes)*
der **Rangierbahnhof, ¨-e** shunting yard
die **Rangliste, -n** ranking in order
**rasch** quick
**rasen (s)** to speed, race, drive fast
der **Rat** advice
der **Ratschlag, ¨-e** (piece) of advice
das **Rätsel, -** puzzle, riddle
**rauben** to rob
der **Rauch** smoke
**rauchen** to smoke
das **Rauchzeichen, -** smoke signal
der **Raum, ¨-e** room, space
**räumen** to clear away, clean up
der **Rausch** rapture, ecstasy, intoxication
**rauschen** to make a rushing sound, rustle
**reagieren auf** *(acc.)* to react to
**rechnen** to do figures, calculate; **rechnen mit** to count on, figure on
die **Rechnung, -en** bill; calculation
**recht** right; real, very; **recht haben*** to be right; **jmdm. recht sein* (s)** to be fine *or* OK by s.o.
**rechts** to the right, on the right
**rechtzeitig** on time, punctual
der **Redakteur, -e** editor
die **Redaktion, -en** editorial staff
die **Rede, -n** words, talk
das **Redemittel, -** useful expression *or* phrase
**reden** to talk, speak
die **Redewendung, -en** expression, turn of phrase
der **Redner, -** speaker

das **Regal, -e** row of shelves
**regelmäßig** regular
**regeln** to regulate, control
**regelrecht** downright, thoroughly
der **Regen** rain
der **Regenschirm, -e** umbrella
der **Regenschirmstock, ¨-e** umbrella cane
die **Regenwolke, -n** rain cloud
**regieren** to rule, govern
die **Regierung, -en** government
der **Regierungsbeamte** (ein **Regierungs-beamter)** *(adj. noun)* government official
der **Regierungsbezirk, -e** administrative district
**regnen** to rain
das **Reh, -e** deer
**Rei** *(brand name for a cleaning agent)*
**reichen** to reach, extend; to suffice, be enough
**reichlich** abundant, plentiful, ample
der **Reichstag** Imperial Diet *(of the Holy Roman Empire)*
der **Reichtum, ¨-er** riches; wealth, richness, abundance
**reif** ripe, mature
**reiflich** careful, thorough
die **Reihe, -n** row, series; **der Reihe nach** one after the other
die **Reihenfolge, -n** sequence
der **Reihn: Reigen** *(name of dance done in a circle)*
**rein** clean, neat; pure; **ins Reine tippen** to type a neat copy
**rein = herein** into
die **Reise, -n** trip, journey
der **Reiseleiter, -** trip leader
**reisen (s)** to travel
der **Reisescheck, -s** traveler's check
**reißen* (h** *or* **s)** to tear, rip
**reiten* (h** *or* **s)** to ride *(an animal)*
der **Reiter, -** rider
**reizen** to irritate, provoke; to excite, stimulate
**reizend** charming
**rennen* (s)** to run
**renovieren** to renovate
die **Rente, -n** pension; **in Rente gehen* (s)** to retire
**restlich** remaining
die **Rezension, -en** review, critique
sich **richten nach** to conform to, take one's bearings from
der **Richter, -** judge
der **Richterstuhl, ¨-e** tribunal
**richtig** correct, right
die **Richtigkeit** correctness
die **Richtlinie, -n** guideline
die **Richtung, -en** direction
**riechen * (nach)** to smell (like)
**riesig** gigantic, enormous
der **Rock, ¨-e** coat *(for men)*; skirt *(for women)*
**roh** raw; rough, coarse
die **Rohkost** uncooked, vegetarian food *(fruits, vegetables, nuts, etc.)*
die **Rohrzange, -n** type of pipe wrench
**rostig** rusty
**rot** red
(das) **Rotkäppchen** Little Red Riding Hood
die **Roulade, -n** hair curl made by a roller
der **Rückblick** glance back; **im Rückblick** in retrospect
der **Rücken, -** back
die **Rückfahrt, -en** return trip
der **Rückgriff** recalling
die **Rückkehr** return
die **Rücksicht** respect, regard, consideration
die **Rücksichtnahme** respect, consideration; **unter Rücksicht-nahme auf** with due regard to, in due consideration of
der **Rückspiegel, -** rear view mirror
das **Ruder, -** oar; rudder
**rudern** to row, paddle
**rufen*** to call
die **Ruhe** rest
**ruhen** to rest
**ruhig** calm
die **Rührung** emotion, feeling
**rülpsen** to belch
**rumoren** to make noise, kick up a row
**rum-stehen*** *(coll.)* = **herum-stehen*** *(North German)* **(h)**; *(South German)* **(s)** to stand around
**rund** round; **rund um** around, all around
die **Runde, -n** round; lap; **eine Runde drehen** to pedal a lap
(das) **Russisch** Russian
(das) **Rußland** Russia
**runter** *(coll.)* = **herunter** down(ward)

# S

der **Saal,** *(pl.)* **Säle** hall, large room
die **Sache, -n** matter, business, affair; **zur Sache** to the point
**sachlich** objective
der **Sachschaden, ¨-** property damage
**sachte** gently, cautiously
**sacken (s)** to sag, sink, collapse
**sagen** to say
die **Salbe, -n** salve
**sammeln** to collect, gather
**samt** *(dat.)* together with
der **Samt** velvet
**sämtlich** complete, entire; *(pl.)* all
**sanft** soft, gentle
die **Sanftmut** gentleness, meekness
der **Sänger, -** singer
**satt** full, satiated; **es satt haben*** to be fed up with
sich **satt-sehen* an** (to get) to see enough of, get one's fill
der **Satz, ¨-e** sentence

der **Satzbau** sentence structure
die **Sau, ¨-e** sow, swine; slut
**sauber** clean; neat, tidy
**säuseln** to rustle, whisper
**sausen (s)** to whiz, zoom
**schäbig** shabby, threadbare
**schade!** *(interject.)* too bad! a pity!; **zu schade** too good for
**schaffen*** to create
**schaffen** to do, accomplish; to work hard
die **Schale, -n** bowl, basin; bowl-like glass
**schälen** to peel
**schallen** to make a loud sound, ring, resound, peal
die **Schallplatte, -n** phonograph record
sich **schämen** to be ashamed
**schänden** to violate, rape; to desecrate
der **Scharfsinn** acuity, perception
der **Schatten, -** shadow; shade
**schauen** to see, look (at); **in die Runde schauen** to look from one person to the next
das **Schaufenster, -** display window
der **Schaukasten, ¨-** display case
**schaukeln (h** *or* **s)** to swing, rock
**schäumend** foaming
der **Schauspieler, -** actor, performer
der **Schausteller, -** performer, showman
die **Scheibe, -n** pane of glass; slice; **sich eine Scheibe ab-schneiden*** to take a leaf out of s.o.'s book, learn from s.o.'s example
der **Scheibenwischer, -** windshield wiper
**scheinbar** seeming, apparent
**scheinen*** to seem, appear; to shine
der **Scheinwerfer, -** floodlight; headlight
**scheitern** to run aground, shipwreck, founder
der **Schenkel, -** thigh
**schenken** to give; **Leben schenken** to give birth
die **Schere** (pair of) scissors, clippers
**scheu** shy, timid
die **Scheu** timidity, shyness
**scheuern** to scrape, rub, scour, scrub
die **Schicht, -en** (work) shift
**schicken** to send, dispatch
das **Schicksal, -e** destiny, fate
**schieben*** to shove, push; sich **schieben** to push one's way
die **Schiene, -n** rail, track
**schießen* (h** *or* **s)** to shoot, fire; to shoot *or* burst forth
das **Schild, -er** sign
**schildern** to depict, describe
die **Schilderung, -en** description, portrayal
**schimmern** to glitter, glisten
**schimpfen** to express anger, curse; to use bad language
die **Schlacht, -en** battle
der **Schlaf** sleep
der **Schlafanzug, ¨-e** pajamas
die **Schläfe, -n** temple, side of the head
**schlafen*** to sleep
**schlaff** limp, slack; flabby
der **Schlag, ¨-e** stroke; strike, punch
**schlagen*** to hit, strike, beat, slap
**schlagfertig** quick with a repartee *or* clever response
der **Schlamm** mud, muck, mire
**schlank** slim, slender
**schlau** sly
die **Schläue** slyness, cunning
**schleppen** to drag
**schließen*** to close, shut; to conclude, deduce
**schließlich** *(adv.)* after all; finally, at last
der **Schlitten, -** sled
das **Schloß, ¨-(ss)er** castle; lock; **ins Schloß krachen** to slam shut
der **Schlosser, -** mechanic
der **Schlot, -e** smokestack
**schluchzen** to sob
der **Schluck, -e** swallow, gulp
**schlucken** to swallow
**schlummern** to slumber
**schlurfen** to shuffle
der **Schluß, -(ss)es, ¨-(ss)e** end, conclusion
**schmal** narrow, slender
**schmecken (nach)** to taste (like)
der **Schmerz, -es, -en** pain, ache
**schmerzen** to pain, hurt, distress
**schmerzhaft** painful
der **Schmetterling, -e** butterfly
**schmücken** to decorate, adorn
**schnarchen** to snore
der **Schnee** snow
die **Schneiderin, -nen** seamstress
**schnell** fast, quick
**schnellen (s)** to flip up, spring up
die **Schnittblume, -n** cut flower
**schnüffeln** to sniff, snoop
die **Schnur, ¨-e** *or* **-en** string, cord, twine
der **Schnurrbart, ¨-e** mustache
**schon** *(adv. and particle)* already, so far; probably; for sure; **schon einmal** ever before; **schon lange** for some time now, for a long time
**schön** beautiful, lovely, pretty
**schonen** to protect, preserve; sich **schonen** to look after o.s., take it easy

der **Schornstein, -e** chimney
**schrauben** to screw, turn a screw; to twist
der **Schraubstock, ¨-e** bench vice
der **Schrebergarten, ¨-** small garden plot allotted by a municipality
der **Schreck, -e;** der **Schrecken, -** fright
**schrecklich** terrible
**schreiben*** to write
die **Schreibmaschine, -n** typewriter; **Schreibmaschine können*** to be able to type
der **Schreibtisch, -e** desk
das **Schreibwarengeschäft, -e** stationery store
**schreien*** to scream, shout, yell
**schreiten* (s)** to stride
die **Schrift, -en** writing; handwriting; script
**schriftlich** written
**schrillen** to sound shrill
der **Schritt, -e** step
**schrumpfen (s)** to shrivel, shrink, contract
**schüchtern** shy, timid
der **Schuh, -e** shoe
die **Schularbeit, -en** schoolwork, homework
die **Schuld** guilt, blame
**schulden** to owe, be indebted
die **Schule, -n** school
der **Schüler, -** pupil
der **Schulhof, ¨-e** schoolyard
die **Schulleitung** school directors
die **Schulter, -n** shoulder; **die Schultern heben*** to raise *or* shrug one's shoulders
das **Schultor, -e** school gate *or* entry
die **Schulung, -en** training, schooling
**schüren** to stir up, stoke *(the fire)*
die **Schürze, -n** apron
die **Schüssel, -n** bowl
**schütteln** to shake
**schwach** weak
die **Schwäche, -n** weakness, foible
die **Schwachheit** weakness, feebleness
der **Schwachsinn** imbecility, feeble-mindedness
die **Schwägerin, -nen** sister-in-law
**schwälen** to smoulder
**schwanger** pregnant
**schwanken** to waver, sway, totter
**schwarz** black
**schweben (s)** to float *(through the air)*, hover
der **Schweif, -e** trail, tail
**schweigen*** to keep silent, say nothing; **ganz zu schweigen** not to mention
**schweigsam** silent, taciturn
die **Schweinsblase, -n** pig's bladder
die **Schweiz** Switzerland
**schwer** heavy; difficult, hard
**schwerhörig** hard of hearing
die **Schwermut** melancholy
die **Schwierigkeit, -en** difficulty
der **Schwindel** dizziness, giddiness; swindle
**schwirren** to whir, buzz; **(s)** to fly about
**schwitzen** to sweat, perspire
**schwören** to swear, take an oath
die **See, -n** sea
die **Seele, -n** soul, spirit
der **Seetang** seaweed
der **Segen, -** blessing
**sehen*** to see; **sehen Sie nur** just look
die **Sehenswürdigkeit, -en** sightseeing attraction
**sehr** very, much
**seicht** shallow; insipid
die **Seife, -n** soap
das **Seil, -e** rope
**sein* (s)** to be, exist
**seinesgleichen** of the likes of him
**seit** *(prep. or conj.)* since; for; **seitdem** *(conj.)* since *(temporal sense only)*
die **Seite, -n** side; page; **von Seiten** on the basis of, on the part of
**-seits: seinerseits** for his part, **ihrerseits** for her part
der **Sekt, -e** champagne
die **Sekunde, -n** second
**selber, selbst** self; *(with personal pronouns)* **ich selber** *or* **selbst** I myself; **wir selber** *or* **selbst** we ourselves
**selbst** even
**selbstlos** selfless
die **Selbstvergessenheit** forgetting of o.s.
**selbstverständlich** *(adv.)* of course; *(adj.)* taken for granted, as it should be; self-evident, obvious
das **Selbstvertrauen** self-confidence
**selbst wenn** even if
**selig** deceased; blessed, blissful, happy
**selten** *(adv.)* seldom; *(adj.)* rare, unusual
**seltsam** strange, odd, unusual
**senken** to lower, (cause to) sink
der **Sessel, -** easy chair
**setzen** to set, place; sich **setzen** to sit down
**seufzen** to sigh
der **Seufzer, -** sigh
**sicher** *(adv.)* for sure, certainly; *(adj.)* safe, secure
**sicherlich** for sure
**sichern** to secure, safeguard
**siehe da!** *(interject.)* lo and behold!
**singen*** to sing
der **Sinn, -e** sense, intellect, mind; **aus dem Sinn gehen* (s)** to leave one's mind; **in den Sinn kommen* (s)** to come to mind; **keinen**

**Sinn haben*** to make no sense, have no purpose
**sinnlos** senseless, meaningless
der **Sitz, -e** seat
**sitzen*** to sit
der **Sitzplatz, ¨-e** place to sit, seat
die **Skigymnastik** ski exercise (class)
**so** thus, in such a way, like this
**so ein-** such a(n)
**so lange** as long as
**so (et)was** such a thing, something
**sodann** *(arch.)* then, forthwith
**sofort** immediately
**sogar** even
**sogleich** immediately, at once
der **Sohn, ¨-e** son
**solch-** such
**sollen** to be supposed to, ought to; to be said to
die **Sonne, -n** sun
die **Sonnenbrille, -n** sunglasses
der **Sonnenstrahl, -en** sunbeam, ray of sunshine
**sonnig** sunny
**sonst** otherwise, else; **sonst niemand** nobody else
die **Sorge, -n** care, worry; sich **Sorgen machen um** to be worried about
**sorgen für** to provide for; to see to it; to take care (that)
**sorgfältig** careful; precise, accurate
**sorglos** without worry, carefree; careless
**sorgsam** careful; cautious
**sowieso** anyway
das **Sozialamt, ¨-er** social services office
**sozusagen** so to speak
der **Spalt, -e** crack, slit, gap
die **Spalte, -n** column
das **Sparkassenbuch, ¨-er** savings book
**sparsam** thrifty
der **Spaß, ¨-e** fun; joke
**spät** late
**spätabends** late in the evening
**spazieren (s)** to take a walk *or* stroll
der **Spazierstock, ¨-e** walking cane
die **Speise, -n** food; meal, dish
der **Speisesaal, -säle** dining hall
der **Spiegel, -** mirror; *(name of a German weekly news magazine)*
das **Spiegelbild, -er** reflection
**spiegelblank** mirror-clear
das **Spiegelei, -er** fried egg
**spiegeln** to mirror, reflect; sich **spiegeln** to be reflected
das **Spiel, -e** game
**spielen** to play; to flash, sparkle
der **Spielmann, -leute** minstrel
das **Spielzeug, -e** toy
der **Spinat** spinach
**spirrig** *(coll.)* weak and spindly
der **Spitzbogen, -** *or* ¨- Gothic *or* pointed arch
die **Spitze, -n** tip, point
die **Spitzen** *(pl.)* lace(work)
die **Spitzendecke, -n** lace tablecloth
der **Sportanhänger, -** sports fan
die **Sportleistung, -en** athletic accomplishment
der **Spott** ridicule, scorn, mockery
das **Spottgeld, -er** trifling sum
die **Sprache, -n** language; speech, diction
der **Sprachgebrauch** language use
die **Sprachkürze** terseness
**sprechen*** to speak
das **Sprichwort, ¨-er** proverb, saying
**springen* (s)** to leap, jump, spring
**spröde** brittle; rough, rasping; stiff, reserved
der **Spruch, ¨-e** sentence, verdict; saying
der **Sprudel** carbonated water, soda water
die **Spur, -en** trace, track
**spürbar** perceptible
**spüren** to feel, sense, perceive, be conscious of; **zu spüren bekommen*** to begin to feel, discover
der **Staat, -en** state, country, government
der **Staatsanwalt, ¨-e** public prosecutor
die **Staatsbahn, -en** national railroad
der **Stab, ¨-e** bar *(of a cage)*
die **Stadt, ¨-e** city, town
die **Stadtgrenze, -n** city limit(s)
**stammen (s)** to be descended
der **Stand, ¨-e** stand; **Stand fassen** to stop, take up a position
**ständig** constant(ly), permanent(ly)
der **Standplatz, ¨-e** bus *or* taxi stand
die **Standuhr, -en** grandfather clock
die **Stärke** strength
sich **stärken** to take refreshment
**stärker** stronger
**starr** stiff, rigid; fixed, staring
**starren (auf)** *(acc.)* to stare (at)
der **Starrsinn** obstinacy
**statt** instead of
**stattdessen** *(adv.)* instead
**statt-finden*** to take place, happen
der **Staub** dust
die **Stauung, -en** traffic jam
das **Stechen** stabbing pain, stinging
**stecken** to stick, put; to be (hidden)
der **Stecker, -** electrical plug
**stehen*** to stand
**stehen-bleiben* (s)** to stop, come to a standstill; to remain standing

**stehen lassen*** to drop *(what one is doing)*, stop doing
**stehlen*** to steal
**steif** stiff
**steigen* (s)** to climb; to rise, increase
**steil** steep, precipitous
der **Stein, -e** stone
der **Steinbock, ¨-e** Alpine ibex
die **Stelle, -n** place, spot, point; **an Stelle** in place (of); **zur Stelle schaffen** to produce here on the spot
**stellen** to place, set; sich **stellen** to position o.s., take one's place; **eine Frage stellen** to ask a question
die **Stellung, -en** position
die **Stenographie** shorthand; **Stenographie können*** to be able to do shorthand
**sterben* (s)** to die
der **Sterbetag, -e** anniversary of a death
**stets** always, continually, constantly
die **Steuer, -n** tax(es)
das **Stichwort, -e** key word, cue phrase
**stickig** stifling, suffocating
der **Stiefel, -** boot
**stier** fixed, staring
**still** quiet, silent; **im stillen** quietly, secretly, privately
**stillen** to satisfy *(one's hunger or thirst)*
die **Stimme, -n** voice; **jmdm. die Stimme verschlagen*** to put s.o. at a loss for words
**stimmen** to be correct
die **Stimmung, -en** mood, atmosphere
**stinken*** to stink
die **Stirn(e), -n** forehead, brow
der **Stock, ¨-e** cane, stick; story *(of a house)*
**stolpern (s)** to stumble, trip
**stolz auf** *(acc.)* proud of
der **Stolz** pride
**stören** to disturb, bother, annoy, interrupt
**störrig** headstrong, obstinate
**stoßen* (s)** to spurt (out); **(h)** to push; to punch; sich **stoßen (an)** to bump (against), knock against, hit
die **Strafe, -n** punishment
**strafen** to punish; **jmdn. Lügen strafen** to give s.o. the lie
der **Strahl, -en** stream, jet *(of water etc.)*; beam, ray
**strahlen** to beam
**strahlend** radiant
die **Strähne, -n** lock *or* strand of hair
der **Strand, ¨-e** shore, beach
die **Straße, -n** street
der **Straßenanzug, ¨-e** casual suit
die **Straßenbahn, -en** streetcar
das **Straßencafé, -s** sidewalk café
der **Straßenrand, ¨-er** side of the road
sich **sträuben** to stand on end, bristle
der **Strauß, ¨-e** bouquet
**streben** to strive; **um die Wette streben** to compete, vie
**strebsam** ambitious, industrious, zealous
die **Strecke, -n** stretch, distance
**strecken** to stretch
**streicheln** to caress, stroke softly
**streichen*** to stroke, rub gently
der **Streifen, -** strip, stripe
der **Streit, -e** quarrel, dispute, strife
**streng** strict, stern, severe
**stricken** to knit
der **Strom, ¨-e** broad river, stream; electricity
**strömen (s)** to stream, flow
die **Strophe, -n** stanza
die **Stube, -n** parlor, room
der **Stubs** *(usually* **Stups, -e***)* nudge, push
das **Stück, -e** piece, bit
die **Studentenschaft** student body; student affairs offices
der **Studienweg, -e** track *or* route of one's studies
das **Studium, -dien** study
die **Stufe, -n** step, rung
der **Stuhl, ¨-e** chair, stool
**stumm** mute, silent, unable to speak
der **Stumpfsinn** stupidity, dullness
die **Stunde, -n** hour; (class) period
die **Stundengeschwindigkeit, -en** speed per hour
der **Stundenlohn** hourly wage; **nach Stundenlohn** by the hour
der **Stundenschlag, ¨-e** striking of the hour
der **Sturz, ¨-e** fall, tumble, plunge
**stürzen (s)** to plunge, fall; sich **stürzen auf** *(acc.)* to rush, dash, plunge at
das **Substantiv, -e** noun
**suchen** to seek, search *or* look (for)
**summen** to hum, buzz
die **Sünde, -n** sin
**sündig** sinful
**sündigen** to sin
**süß** sweet
die **Süßigkeit, -en** sweet, *(pl.)* sweets, candy

# T

das **Tablett, -e** *or* **-s** tray
**tadellos** flawless
die **Tafel, -n** sign; wafer; table
der **Tag, -e** day; **an den Tag legen** to show *or* display for all to see; **eines Tages** one day
das **Tagebuch, ¨-er** diary
**tagen** to dawn, start turning light
der **Tageslichtprojektor, -en** type of overhead projector

die **Tageszeitung, -en** daily newspaper
**täglich** daily
**tags vorher** the day before
die **Tante, -n** aunt
der **Tanzabend, -e** evening of dancing
**tanzen (h** *or* **s)** to dance
der **Tanzlehrer, -** dancing instructor
der **Tanzschritt, -e** dance step
**tappen (s)** to walk *or* go with uncertainty *or* blindly
die **Tasche, -n** pocket; purse, satchel
das **Taschenmesser, -** pocket knife
die **Taschenuhr, -en** pocket watch
die **Tasse, -n** cup
sich **tasten** to grope, feel one's way
die **Tat, -en** deed, action; **in der Tat** indeed
**tätig** active, employed
die **Tätigkeit, -en** activity
die **Tatsache, -n** fact
**tatsächlich** real(ly), actual(ly)
**taub** deaf
der **Tausch, -e** exchange, trade
**tauschen** to exchange, trade
**täuschen** to deceive; sich **täuschen** to be mistaken, deceive o.s.
die **Technik** technology
der **Techniker, -** technician, engineer
der **Tee, -s** tea
**teigig** doughy, puffy
der **Teil, -e** part, section; **zum Teil** partly
**teilen** to divide, share
die **Teilnahme** participation, sympathy
**teils** partly
der **Teller, -** plate
**tellerweiß** white as a plate
das **Tempo** pace, speed; **Tempo geben*** to speed up, increase the pace
der **Teppich, -e** carpet
der **Teppichboden** wall-to-wall carpeting
das **Teppichklopfen** hitting a carpet to knock out the dirt
die **Teppichstange, -n** carpet bar *(over which a carpet is draped for cleaning)*
der **Termin, -e** appointment; deadline
**teuer** expensive
der **Teufel, -** devil
das **Textverständnis** comprehension of the text
die **Theke, -n** counter
das **Thema, -men** topic, subject
die **Thematik** theme(s)
**tief** deep
die **Tiefe, -n** depth
der **Tiefkühler, -** freezer
das **Tiefkühlfach, ¨er** freezing compartment
der **Tiefschnee** deep snow
der **Tiefsinn** deep thought, perceptiveness
das **Tier, -e** animal
**tierähnlich** animallike
der **Tierfilm, -e** film on animals
die **Tierforschung** animal research
das **Tierzeug** animal life, animals
die **Tinte, -n** ink
**tippen** to type
der **Tisch, -e** table
der **Titel, -** title
**toben** to rage
die **Tochter, ¨** daughter
der **Tod, -e** death
**todmüde** dead tired
**toll** crazy, mad, insane; fantastic
der **Ton, ¨e** sound; note, tone
**tönen** to sound
das **Tor, -e** gate
**tot** dead
**töten** to kill
**totenblaß** deathly pale
der **Totengräber, -** grave digger
**träg(e)** lazy, indolent
**tragen*** to carry; to wear
der **Träger, -** wearer; bearer
die **Träne, -n** tear
sich **trauen** to dare, venture
die **Trauer** sadness, mourning
die **Trauergemeinde** mourners
der **Traum, ¨e** dream
**träumen** to dream
**träumerisch** dreamy
das **Traumgesicht, -er** dream face
**traurig** sad, depressed
die **Traurigkeit** sadness
**treffen*** to hit *(the target)*, strike; to meet
**treiben*** to drive, impel; **(s)** to drift, float
das **Treiben** actions, doings, goings-on
**trennbar** separable
die **Treppe, -n** stair(s), flight of stairs
**treten* (s)** to tread, walk, step; **(h)** to kick
die **Treue** loyalty, fidelity
der **Trieb, -e** drive, urge, instinct
**trinkbar** potable
**trinken*** to drink
der **Tritt, -e** step, pace; kick
**trocken** dry
die **Trommel, -n** drum
die **Trompete, -n** trumpet
der **Tropfen, -** drop
der **Troß** (group) of followers
**trösten** to console
**tröstlich** consoling
der **Trottel, -** dimwit, nincompoop, simpleton
**trotz** *(gen.)* in spite of
**trotzdem** *(conj.)* in spite of the fact that; *(adv.)* in spite of this
**trotzig** defiant, obstinate
**trüb** gloomy; cloudy
**trübsinnig** gloomy, sad, melancholic
der **Tschusch, -en, -en** *(derogatory term for Southeastern Europeans and Middle Easterners)*
der **Tuchknopf, ¨e** cloth button
**tüchtig** capable, able
die **Tugend, -en** virtue

(sich) **tummeln** to romp, frolic
die **Tulpe, -n** tulip
**tun*** to do; to put; **tun, als ob** to act as if
das **Tun** actions, doings
die **Tür, -en** door
der **Türke, -n, -n** Turk
der **Turm, ¨-e** tower
der **Turmfalke, -n, -n** kestrel *(a small European falcon)*
der **Türsteher, -** doorkeeper, porter

# U

**u.a. = unter anderem** among other things
die **U-Bahn, -en** subway
**übel-nehmen* (jmdm.)** to hold against s.o., take amiss
**über** beyond; **über ... hinaus** over and beyond
**überall** everywhere
**überaus** extremely, excessively
der **Überblick, -e** overview
**übereinander** one on top of the other; about each other
**überein-stimmen mit** to agree with, be in agreement with
**überfahren*** to run over *(with a vehicle)*
**überfliegen*** to skim, glance over, read over quickly
**über-fließen* (s)** to overflow
**überflüssig** superfluous
**überfüllt** overfilled
der **Übergang, ¨-e** transition
**überhaupt** in general, generally; really, after all; **überhaupt kein-** no . . . at all; **überhaupt nicht** not at all; **überhaupt nichts** nothing at all
**überholen** to pass, overtake; to overhaul, recondition
**überlassen** to leave (to s.o.); to abandon
**überlegen** to ponder, think over, reflect on; sich *(dat.)* **überlegen** to consider, think over
**überlegen** *(adj.)* superior
die **Überlegenheit** superiority
die **Überlegung, -en** consideration, reflection
**überliefern** to pass down, hand on
**übermorgen** the day after tomorrow
**übermütig** high-spirited; arrogant
**übernächst-** after the next; **am übernächsten Tag** on the day after tomorrow
**übernachten** to stay the night
**übernatürlich** supernatural
**überraschen** to surprise
**überraschend** surprising, startling
die **Überraschung, -en** surprise
**überreden** to persuade
**überreichen** to present, hand over
die **Überschrift, -en** heading, title
**übersehen*** to overlook
**übersetzen** to translate
**über-springen* (s)** to jump *or* leap over to
**überstehen*** to endure, survive, overcome
**übersteigen*** to exceed, surpass
die **Überstunden** *(pl.)* overtime
**übertreiben*** to exaggerate
**überweisen*** to transfer, remit *(money)*
**überwinden*** to overcome, surmount
**überzeugen** to convince; sich **überzeugen** to see for o.s., satisfy o.s. about s.th.
**üblich** customary; **wie üblich** as is customary
**übrig** left over, remaining
**übrig-bleiben* (s)** to be left (over)
**übrigens** by the way, incidentally; moreover; **im übrigen** in other respects, otherwise
die **Übung, -en** exercise, practice
die **Uhr, -en** clock
**um** around; at; for; by; **um ... her** all around; surrounding; **um ... willen** *(gen.)* for . . . sake; **um ... zu** in order to
**umarmen** to embrace
**um-benennen*** to rename
**um-binden*** to tie *or* bind around
**um-bringen*** to kill, murder
**um-fallen* (s)** to fall over
der **Umfang** extent
der **Umgang** social intercourse, relations; **im Umgang mit** in dealing with
**um-gehen*: mit etwas umgehen** to use *or* handle s.th.
**umgekehrt** vice versa, conversely
**umher-irren (s)** to roam around, wander around
**umher-laufen* (s)** to run around
**umhin: nicht umhin-können*** cannot help but (do)
sich **um-schauen** to look around, take a look around
**umschließen*** to enclose, clasp
**um-schreiben*** to rewrite, alter; *(insep.)* paraphrase
sich **um-sehen*** to look around
**um sein* (s)** to be over, past
**umsonst** in vain, to no purpose
**um-steigen* (s)** to transfer *(trains, buses, etc.)*
sich **um-taufen** to rename o.s.
**umwehen** to waft around, fan

(sich) **um-wenden*** *(also weak)* to turn (o.s.) around
**unangenehm** unpleasant
**unanständig** improper, indecent, obscene
**unausstehlich** intolerable, insufferable
**unbändig** tremendous, mighty; unruly
die **Unbedachtsamkeit** lack of caution, carelessness, negligence
**unbedenklich** unhesitating
**unbedingt** absolutely, without fail
**unbegabt** untalented, ungifted
**unbegreiflich** incomprehensible
**unbegrenzt** unlimited
**unbeliebt** disliked, unpopular
**unbestochen** uncorrupted
**unentgeltlich** without compensation, gratis
die **Unentschiedenheit** indecision
**unerfindlich** incomprehensible, baffling
**unerträglich** intolerable
**unerwartet** unexpected
der **Unfallwagen, -** car that has been in an accident
**unflätig** filthy, dirty; lewd
**ungefähr** approximately
**ungefährlich** not dangerous
**ungeheuer** huge, monstrous
**ungelegen** inconvenient, inopportune
**ungenügend** insufficient
**ungewiß** uncertain
**ungewöhnlich** unusual, unaccustomed
**unglaublich** unbelievable
das **Unglück, -e** misfortune, accident
**ungut** not good
**uninteressant** uninteresting
das **Unkraut** weeds
**unlauter** shady, dishonest
**unmittelbar** immediate, direct
**unmöglich** impossible
**unpünktlich** not punctual
**unruhig** uneasy, unsettled
**unschätzbar** invaluable, inestimable
**unsicher** uncertain unsure
die **Unsicherheit, -en** uncertainty
der **Unsinn** nonsense
**unsinnig** absurd, nonsensical, insane
die **Untat, -en** crime, misdeed
**unten** *(adv.)* beneath, below; **nach unten** downward
**unterbrechen*** to interrupt
die **Unterbrechung, -en** interruption
**unter-bringen*** to house, lodge, put up, store
**unterdessen** in the meantime, meanwhile
**untereinander** among themselves
sich **unterhalten*** to converse; to amuse o.s.
die **Unterhaltung, -en,** amusement; conversation
die **Unterlippe, -n** lower lip
**untermalen** to provide background *or* accompaniment
der **Untermieter, -** subtenant
das **Unternehmen, -** firm, business, enterprise
die **Unterredung, -en** conversation, talk, interview
der **Unterricht** instruction
**unterrichten** instruct, teach
die **Unterrichtsstunde, -n** instructional hour, class hour
**unterschätzen** to underestimate
**unterscheiden*** to distinguish, differentiate
der **Unterschied, -e** difference
**unterschreiben*** to sign
die **Unterschrift, -en** signature
**unterstreichen*** to underline
**unterstützen** to support
die **Unterstützung** support
**untersuchen** to investigate, examine, look into
die **Unterwühlung, -en** undermining
**unterzeichnen** to sign
**untrennbar** inseparable
**ununterbrochen** uninterrupted
**unvergnügt** dissatisfied
**unverwüstlich** indestructible
**unwillig** indignant, angry
**unzufrieden** dissatisfied
die **Urkunde, -n** certificate, document
der **Urlaub, -e** leave, vacation; **in Urlaub fahren*** to take a vacation trip
das **Urteil, -e** judgement, verdict

## V

sich **verabreden** to make an appointment
die **Verabredung, -en** appointment; agreement
sich **verabschieden** to take leave, say goodbye
die **Verachtung** contempt
sich **verändern** to change, become changed
**veranstalten** to arrange, put on *(an event)*
die **Veranstaltung, -en** performance, event, meeting
**verantwortlich** responsible for
die **Verantwortung** responsibility
**verantwortungsvoll** responsible, full of responsibility
**verärgern** to irritate, annoy, anger
der **Verband, ¨-e** bandage; association
**verbessern** to improve, correct
**verbieten*** to forbid, prohibit

**verbinden*** to bind, connect, unite, join
**verblaßt** pale, faded
die **Verborgenheit** obscurity, concealment
das **Verbot, -e** prohibition
**verbotenerweise** although forbidden
die **Verbotstafel, -n** sign prohibiting s.th.
die **Verbreitung** spread(ing)
**verbringen*** to spend *(time)*
**verdächtigen** to suspect, be suspicious of
**verdammt** damn; damned
**verdanken (jmdm. etwas)** to be indebted to s.o., have s.o. to thank for s.th.
**verdattert** flabbergasted
**verdeutlichen** to elucidate, make clear
**verdienen** to earn, merit
**verdienstvoll** meritorious
**verdrucken** to print wrong
sich **verdrücken** to sneak off, slink away
der **Verein, -e** club, society
**vereinbaren** to agree on, reconcile
**vereinfachen** to simplify
die **Vereinigten Staaten** United States
**vereist** covered with ice, iced over
**verfassen** to compose, write *(text)*
**verfluchen** to curse
**verfolgen** to follow, pursue
die **Verfolgung, -en** persecution
**verfremdet** taken aback, puzzled
die **Verfügung, -en** order, directive; **Verfügungen treffen*** to give orders *or* instructions with regard to s.th.
**verführen** to lead astray, seduce
**vergangen** past, gone
die **Vergangenheit** past
**vergeben** *(past. part.)* given, promised
**vergehen* (s)** to pass *(of time)*, slip by, fade away, vanish
**vergessen*** to forget
**vergießen*** to shed *(blood, tears, etc.)*
**vergleichen*** to compare; **vgl. = vergleich(e)!**
**vergleichend** comparative
das **Vergnügen** pleasure
**vergnügt** delighted, pleased, glad
**verhaften** to arrest
die **Verhaftung, -en** arrest
das **Verhalten** behavior
**verhalten** *(adj.)* reserved, restrained
sich **verhalten*** to behave, act
das **Verhältnis, -se** relationship
**verheiraten** to give in marriage; perform the wedding ceremony; **verheiratet** married
sich **verirren** to become lost
der **Verkauf, ¨-e** sale
**verkaufen** to sell
der **Verkäufer, -** salesperson
der **Verkaufsladen, ¨-** stand, booth
der **Verkehr** traffic
**verklagen** to sue, bring action against; sich **verklagen** to sue each other
die **Verkleidung, -en** disguise
sich **verkleinern** to grow smaller
**verklingen* (s)** to fade away *or* die out *(of sounds)*
die **Verkommenheit** run-down state, degeneracy
**verkörpern** to embody, personify, typify
**verkünden** to proclaim, announce
der **Verlag, -e** publishing house
**verlangen** to demand; **mich verlangt** I am eager (to know, hear)
**verlängern** to lengthen, extend
**verlassen*** to leave, forsake, go away *(requires direct object)*; sich **verlassen* auf** *(acc.)* to rely upon, depend upon
der **Verlauf** course (of time)
**verlaufen* (s)** to proceed, turn out
**verlegen** *(adj.)* embarrassed
die **Verlegenheit, -en** embarrassment, awkward situation; **vor Verlegenheit** of *or* from embarrassment
**verleihen*** to bestow, confer, grant; to lend, give
**verleiten** to lead astray, tempt
**verlernen** to forget what one knew *or* once learned
**verletzen** to offend, injure, damage
sich **verlieben (in)** *(acc.)* to fall in love (with)
**verliebt** in love
**verlieren*** to lose
**verlobt** engaged
die **Verlobte** (ein **Verlobter)** *(adj. noun)* fiancée
die **Verlobung, -en** engagement
die **Verlobungsanzeige, -n** engagement announcement
**verlogen** deceitful, not truthful
der **Verlust, -e** loss
**vermachen** to bequeath
**vermeiden*** to avoid
**vermieten** to rent out
die **Vermittlung** agency; mediation
**vermögen** (+ **zu** *and inf.)* to be able (to do)
**vermuten** to presume, suppose
**vermutlich** presumably
**vernehmen*** to perceive, hear; to interrogate
**vernichten** to exterminate, annihilate
**verpacken** to pack

**verraten*** to divulge, reveal; to betray
der **Verräter, -** traitor, betrayer
**verrückt** crazy
die **Versammlung, -en** assembly, gathering
**verschenken** to give away
**verschieden** different, various
**verschlafen** sleepy, drowsy
**verschleiern** to veil, cover with a veil
**verschlingen*** to devour
die **Verschmelzung** melting, fusion, blending
die **Verschnaufpause, -n** breather, break
**verschweigen*** to not mention, keep silent *(about s.th.)*, keep secret
**verschwinden* (s)** to disappear
das **Versehen, -** oversight, blunder; **aus Versehen** inadvertently
**versichern (jmdm.)** to assure s.o.
**versichert** insured
**versinken* in** *(acc.)* **(s)** to become engrossed in
**versorgen** to take care of, provide for
sich **verspäten** to come (too) late, be late
die **Verspätung, -en** delay, lateness
**verspielt** playful
**versprechen*** to promise
das **Versprechen, -** promise
der **Verstand** intellect, intelligence, reason
**verständlich** intelligible
das **Verständnis** comprehension
**verstehen*** to understand; sich **verstehen** to understand each other, be in agreement; sich **verstehen auf** to be skilled at, be knowledgeable about; **(es) versteht sich** it goes without saying
sich **verstellen** to pretend, dissemble, sham
**verstimmt** ill humored, in a bad mood
**verstorben** dead, deceased
**verstummen (s)** to fall silent
**versuchen** to try, attempt; to tempt
die **Versuchung, -en** temptation
sich **verteidigen** to defend o.s.
**verteilen** to distribute, divide
sich **vertiefen in** *(acc.)* to engross o.s. in
der **Vertrag, ¨-e** contract
die **Verträglichkeit** accommodating nature, compatibility
**vertrauen (jmdm.)** to trust, confide in s.o.
das **Vertrauen** trust, confidence; **zu jmdm. Vertrauen fassen** to (begin to) trust *or* rely upon s.o.
**vertraulich** confiding, confidential, low *(voice)*
**vertraut** familiar
**vertreiben*** to drive away, expel
**vertrocknen (s)** to dry up
**vervollständigen** to complete
die **Verwaltung, -en** administration
der **Verwandte** (ein **Verwandter)** *(adj. noun)* relative
**verwechseln** to mistake for s.o. *or* s.th. else, confuse *(two or more things)*
**verwegen** bold, daring
**verweigern** to refuse, deny
**verweilen** to dwell *(on a subject)*, tarry, linger
**verwenden*** *(also weak)* to use, employ
**verwirrt** confused, bewildered, perplexed
**verwöhnen** to pamper, spoil
**verwundert** amazed, astonished
die **Verwunderung** amazement
**verzweifeln** to despair
**verzweifelt** in despair, desperate
die **Verzweiflung** despair
der **Vetter, -n** *(male)* cousin
das **Vieh** beast, dumb animal; livestock
**viel** much; *(pl.)* many
**vielerlei** many kinds of; **vielerlei Art** of many kinds
**vielleicht** perhaps
**vielmehr** but rather
**vierkantig** four-edged
der **Vogel, ¨-** bird
die **Vokabel, -n** *(vocabulary)* word
das **Volksfest, -e** folk festival
die **Volkshochschule (VHS)** adult education classes
der **Volksspruch, ¨-e** folk saying
der **Vollbart** full beard
**vollends** completely
**völlig** full, entire, complete
**vollkommen** complete; perfect
**vollständig** whole, complete
**von** from, about; **von wo ab** from where
**von dannen** *(arch.)* away from there
**von weitem** from afar
**voneinander** from each other
**vor** before, in front of; ahead of; ago; with; out of; **vor allem** above all; **vor kurzem** recently, a short time ago; **vor sich hin** to o.s., in front of o.s.
**voran** in front, at the front, on ahead
**voraus-sehen*** to foresee
**vorbei** past, by
**vorbei-fahren* (s) (bei jmdm.)** to drive by s.o.'s home to see whether he/she is there
**vorbei-gehen* (an jmdm.) (s)** to go by s.o.; **im Vorbeigehen** in passing

**voreinander** of each other; in front of each other
der **Vorfahr, -en, -en** ancestor, forefather
**vor-fallen* (s)** to occur, happen
**vor-finden*** to meet with, find present, come upon
**vor-führen** to demonstrate, show
der **Vorgang, ¨-e** occurrence, incident
der **Vorgesetzte** (ein **Vorgesetzter**) *(adj. noun)* superior
der **Vorhang, ¨-e** curtain
**vorher** *(adv.)* before, previously
der **Vorhof, ¨-e** outer court
**vor-kommen* (s)** to occur, happen; **jmdm. vorkommen** to seem, appear to s.o. (that)
**vor-legen** to lay out; submit, present
**vor-lesen*** to read aloud
die **Vorlesung, -en** lecture
die **Vorliebe** predilection, preference
**vor-liegen*** to be submitted *(testimony, evidence)*, be on file
**vor-machen (jmdm.)** to demonstrate (to s.o.) by doing
**vorn** in front of, at the front; **nach vorn** to the front
**vornehm** distinguished, elegant, high-class
der **Vorort, -e** suburb
das **Vorrecht, -e** privilege
der **Vorsatz, ¨-e** resolution, intent
**vor-schieben*** to shove forward
der **Vorschlag, ¨-e** suggestion
**vor-schlagen*** to suggest
die **Vorschrift, -en** rule, regulation
**vorschriftsmäßig** as prescribed, according to instructions
**vor-schützen** to plead as an excuse, pretend
**vor-schwindeln** to make up stories, lie
die **Vorsicht** caution, care; foresight
**vorsichtig** careful, cautious
das **Vorstadtviertel, -** suburb of a city
**vor-stellen** to introduce; sich *(acc.)* **vor-stellen** to introduce o.s.; sich *(dat.)* **vor-stellen** to imagine
die **Vorstellung, -en** showing, presentation, performance; notion, conception
der **Vorteil, -e** advantage; **von Vorteil sein* (s)** to be beneficial
der **Vortritt; jmdm. den Vortritt lassen*** to let s.o. go first
**vorübergehend** passing, temporary
das **Vorurteil, -e** prejudice
**vorurteilslos** without prejudice
die **Vorwarnung, -en** (early) warning
**vor-werfen* (jmdm. etwas)** to reproach s.o. for s.th.
der **Vorwurf, ¨-e** reproach, rebuke; **jmdm. Vorwürfe machen** to reproach s.o.
**vor-ziehen*** to give preference to, prefer
das **Vorzimmer, -** anteroom, waiting room
**vorzüglich** excellent, first-rate

# W

**wach** awake, alert
**wachsen* (s)** to grow, increase
**wagen** to dare, venture, risk
der **Wagen, -** car; wagon
die **Wahl, -en** election, selection
**wählen** to choose, select; to elect
der **Wahnsinn** insanity, madness
**wahnsinnig** mad, insane, crazy
**wahr** true
**während** *(prep.)* during; *(conj.)* while
**wahrhaft(ig)** *(adv.)* truly, really, indeed
die **Wahrheit, -en** truth
**wahrscheinlich** probably
der **Wald, ¨-er** wood, forest
der **Waldort, -e** place in the woods
der **Waldrand** edge of the woods
**walten** to rule, prevail
die **Wand, ¨-e** wall *(of a room)*, partition
die **Wanderdüne, -n** shifting sand dune
der **Wanderstiefel, -** hiking boot
die **Wandlung, -en** change, transformation
die **Wange, -n** cheek
**ward** *(arch.)* = **wurde**
die **Ware, -n** ware
die **Wärme** warmth
die **Warntafel, -n** warning sign
der **Wartburg** *(car made in former East Germany)*
**warten (auf)** *(acc.)* to wait (for)
**warum** why
**was** what; something; **was es auf sich habe** what it was all about; **was soll das?** what's that supposed to mean?
**was für (ein)** what kind of (a)
die **Wäsche** underwear; wash
das **Wasser** water
das **Wasserfest, -e** water festival
**wechseln** to change, exchange
**wecken** to waken, awaken (s.o.)
das **Weckerklingeln** ringing of an alarm clock
**weder ... noch** neither ... nor
**weg** away
der **Weg, -e** road, way, path; sich **auf den Weg machen** to set off *or* out
**weg-bleiben* (s)** to stay away

**weg-bringen*** to take away
**wegen** *(prep. with gen.)* on account of; for the sake of
**weg-fahren* (s)** to drive *or* travel away
**weg-gehen* (s)** to go away
**weg-laufen* (s)** to run away
**weg-nehmen*** to take away
**weg-rutschen (s)** to slide away, slip away
**weg-schicken** to send away
**weg-setzen** to lay aside, put away
**weg-sterben* (s)** to die off
**weg-werfen*** to throw away
**weh tun*** to ache, pain, cause pain
**wehen** to blow; to flutter, blow in the breeze
die **Wehmut** melancholy
sich **wehren gegen** to defend o.s. against, resist
**weiblich** feminine
die **Weide, -n** willow
die **Weihnacht;** die **Weihnachten** Christmas
der **Weihrauch** incense
**weil** because
die **Weile** a while, an amount of time
der **Wein, -e** wine
**weinen** to cry
das **Weingut, ¨-er** wine estate, winery
**-weise** *(suffix)* -wise
die **Weise, -n** way, manner; melody, tune
**weisen*** to show; **weisen* von** to dismiss, send away
**die Weisheit, -en** wisdom
**weit** far; wide, broad; **von weitem** from afar
**weiter** farther; further(more); **und so weiter (usw.)** and so on
**weiter-fahren* (s)** to drive on, ride on
die **Weiterfahrt** continuation of a drive *or* ride
**weiterhin** in the future; furthermore
**welch-** which
**welken (s)** to wilt, wither, shrivel up
die **Welle, -n** wave
die **Wellenlinie, -n** wavy line
die **Welt, -en** world
**weltanschaulich** ideological
die **Weltanschauung, -en** philosophy of life, world outlook
die **Weltausstellung, -en** world's fair
der **Weltkrieg, -e** world war
die **Weltordnung** world order
**weltweit** worldwide
**wenden*** *(also weak)* to turn (s.th.), turn over *or* around; sich **wenden** to turn (o.s.)
die **Wendung, -en** expression, turn of phrase
**wenig** little; *(pl.)* few; **ein wenig** a little, a bit
**wenigstens** at least; **am wenigsten** (the) least
**wenn** when, whenever; if
**wenn auch** even if
**wer (wem, wen)** who, whoever (whom, whomever); **wer denn?** who?
der **Werbeprospekt, -e** travel brochure
**werden* (s)** to become
**werfen*** to throw, toss
die **Werft, -en** shipyard, wharf
das **Werk, -e** work
die **Werkstatt, ¨-en** workshop
der **Werktag, -e** work day
**wert** worth, valuable; worthy
der **Wert, -e** value, worth
**wertvoll** valuable
das **Wesen, -** being, creature; behavior; character, nature; essence
die **Wette, -n** bet; **um die Wette streben** to compete, vie
**wetteifern um** to compete for, vie for
das **Wetter** weather
**wichtig** important
**wickeln** to wrap
**widerlegen** to refute, disprove
**widerlich** loathsome, repulsive
**widersprechen* (jmdm.)** to contradict
der **Widerstand** resistance
**widerstehen* (jmdm.)** to resist, withstand
**wie** as, like; how; **wie?** right?
**wieder** again
**wieder-geben*** to reproduce, quote *or* repeat *(from a text)*
**wiederholen** to repeat
**wieder-kommen* (s)** to come again
**wieder-sehen*** to see again
**wiederum** again, anew; on the other hand
die **Wiege, -n** cradle
**wiegen*** to weigh
die **Wiese, -n** meadow
**wieso** how so, how is (it) that
**wieviel** how much; **wie viele** how many
die **Wildsau, ¨-e** wild pig
der **Wille, -ens, -n** will; **beim besten Willen** try as one might
**willig** willing
**willkommen** welcome
der **Wind, -e** wind
die **Windel, -n** diaper
der **Winkel, -** corner, angle
**winken** to motion, beckon, wave; to nod; to wink
**winzig** tiny
**wirken** to cause to happen, have an effect, work; to produce an impression, seem
**wirklich** *(adj.)* actual, real; *(adv.)* really
die **Wirklichkeit, -en** reality
die **Wirkung, -en** effect

die **Wirtin, -nen** *(fem.)* hostess; innkeeper
das **Wirtshaus, ¨-er** inn
**wissen*** to know
die **Wissenschaft, -en** science
die **Witwe, -n** widow
der **Witz, -e** joke; wit
**witzig** witty, funny, clever
**wobei** whereby
die **Woche, -n** week; **unter der Woche** during the week
das **Wochenende, -n** weekend
**wofür** what for, for what; for which
**wogegen** against which
**woher** from where
**wohl** *(adv.)* well; *(particle)* I suppose, I guess, probably; no doubt, to be sure
das **Wohl** well-being
**wohlan** well then!
**wohldosiert** well dosed out
**wohlig** snug, comfortable
der **Wohlstand** prosperity, wealth, well-being
das **Wohltun** doing good, charity
**wohlwollend** benevolent, kind
der **Wohnblock, -s** apartment complex
**wohnen** to dwell, reside
der **Wohnort, -e** hometown, place of residence
die **Wohnung, -en** dwelling, apartment
das **Wohnzimmer, -** living room
die **Wolke, -n** cloud
**wollen** to want to; to intend to; to claim to
die **Wolljacke, -n** wool jacket
**womöglich** where(ever) possible, if possible
das **Wort** word *(pl.* **¨-er***)* unconnected, individual words; *(pl.* **-e***)* words in context, comments, sayings
das **Wörterbuch, ¨-er** dictionary
**wortkarg** taciturn
**wortlos** wordless
der **Wortschatz, ¨-e** vocabulary
**worum geht es** what is it about
**wozu** what for, why
die **Wunde, -n** wound
das **Wunder, -** miracle, wonder; **Wunder wirken** to work miracles
das **Wunderding, -e** marvelous thing
die **Wunderkraft, ¨-e** magic power
**wunderlich** odd, strange
sich **wundern** to be surprised, be amazed
**wunderschön** very beautiful
der **Wunsch, ¨-e** wish
**wünschen** to wish
der **Wunschtraum, ¨-e** wish fulfillment
die **Würde, -n** dignity
**würdelos** undignified
**würdig** dignified; worthy
**würdigen** to deem worthy (of); to laud, honor
**würgen** to choke
die **Wut** rage, anger, fury; **vor Wut** with *or* from rage

# Z

**zaghaft** timid, hesitant, fainthearted
die **Zahl, -en** number
**zahlen** to pay
**zählen** to count
der **Zähler, -** counter
der **Zahltag, -e** payday
der **Zahn, ¨-e** tooth; **die Zähne zusammenbeißen*** to clench *or* grit one's teeth
der **Zahnarzt, ¨-e** dentist
die **Zahnbürste, -n** toothbrush
**zanken** to quarrel, squabble
**zart** tender, soft
**zartfühlend** tactful, sensitive
**zärtlich** tender, gentle; affectionate
das **Zauberbuch, ¨-er** book of magic
der **Zauberkram** magic stuff
der **Zaun, ¨-e** fence
das **Zeichen, -** sign, signal
**zeichnen** to draw, sketch
der **Zeigefinger, -** index finger
**zeigen** to show; **zeigen auf** *(acc.)* to point at/to; sich **zeigen** to become evident, manifest itself
der **Zeiger, -** dial, pointer, hand *(of a clock)*
die **Zeit, -en** time; **vor der Zeit** prematurely, ahead of time
das **Zeitalter, -** age, era
die **Zeitansage, -n** statement of the day and time
der **Zeitausdruck, ¨-e** time expression
**Zeitlang: eine Zeitlang** *(or* **eine zeitlang***)* for a while, for some time
die **Zeitschrift, -en** magazine
die **Zeitung, -en** newspaper
die **Zeitungsabteilung, -en** newspaper section
der **Zeitungsständer, -** newspaper rack *or* stand
**zerbrechen* (h** *or* **s)** to break into pieces, shatter, smash
**zerreißen* (h** *or* **s)** to tear up, tear to pieces
**zerschellen (s)** to shatter
**zerspringen* (s)** to shatter, fly into pieces
**zerzaust** dishevelled
der **Zettel, -** note, slip of paper
das **Zeug** stuff
**ziehen* (h** *or* **s)** to pull, draw, tow; to move, go; **auf sich ziehen** to attract *(attention, etc.)*; **sich in Falten ziehen*** to become wrinkled *or* furrowed
die **Ziehharmonika, -s** *or* **-ken** accordion

das **Ziel, -e** goal, destination, end
**ziemlich** rather, quite
das **Zimmer, -** room
der **Zins, -e** *(Austrian)* rent
das **Zitat, -e** quotation
**zitieren** to quote; to cite, summon
**zittern** to tremble, shiver, shake
**zögernd** hesitating
die **Zoohandlung, -en** *(uncommon)* pet store
der **Zores** *(Yiddish)* commotion
der **Zorn** anger, wrath
**zornig** angry, irate, furious
**zu** *(prep.)* to, toward, up to; at; *(adv.)* too (much); *(adj.)* closed; **zu all dem** accompanying all this, in addition to all that; **zu drei Mann** in groups of three
**zucken** to convulse, twitch, start, wince
der **Zucker, -** sugar
**zu-decken** to cover up, put a lid on
**zueinander** to each other
**zuerst** first, first of all, at first
der **Zufall, ¨-e** coincidence, chance, accident
**zu-fallen* (jmdm.) (s)** to fall to s.o., fall to one's lot
**zufällig** *(adj.)* chance, random, accidental; *(adv.)* by chance
**zu-flüstern (jmdm.)** to whisper to s.o.
**zufrieden** satisfied
**zufrieden-stellen** to satisfy
der **Zug, ¨-e** trait, feature; train, procession
**zu-geben*** to admit, concede
**zugegeben** admittedly
**zugleich** at the same time, along with
**zugrunde liegen*** to be at the bottom of, underlie s.th.
**zu-hören (jmdm.)** to listen (to s.o.)
der **Zuhörer, -** listener
**zu-knüpfen** to button up
**zu-kommen* (s)** to come up to, approach; **auf jmdn. zukommen** come toward s.o.
die **Zukunft** future
**zu-lächeln (jmdm.)** to smile at s.o.
**zu-lachen (jmdm.)** to look at s.o. with friendly laughter
**zu-lassen*** to allow, permit
**zuletzt** finally, at last
**zuliebe: jmdm. zuliebe** for one's sake, to please *or* oblige s.o.
**zum ... hinaus** out the
**zumal** *(uncommon)* = **mit einem Male** suddenly
**zu-marschieren (jmdm.) (s)** to march toward
**zunächst** first, at first
der **Zündschlüssel, -** ignition key
**zu-nehmen*** to increase, grow in size *or* weight
die **Zunge, -n** tongue
**zu-nicken (jmdm.)** to nod to s.o.
**zupfen** to pluck, pull, tug
**zurecht-kommen* (s) (mit jmdm.)** to manage, deal, cope (with s.o.)
**zurecht-machen** to prepare, get ready
**zurück** back, backward(s)
**zurück-bleiben* (s)** to remain behind
**zurückhaltend** reserved, cool, distant
**zurück-kehren (s)** to return
**zurück-kommen* (s)** to come back
**zurück-lassen*** to leave behind
**zurück-weisen*** to refuse, reject, decline
**zurück-wirken auf** *(acc.)* *(uncommon)* to have an effect back on *(the source)*
**zu-rufen* (jmdm.)** to call to
**zu-sagen** *(dat.)* to accept, say yes *(to a proposal or invitation)*
**zusammen** together
**zusammen-beißen*** to bite together; **die Zähne zusammen beißen** to grit *or* clench one's teeth
**zusammen-bleiben* (s)** to remain together
**zusammen-brechen* (s)** to collapse
**zusammen-fallen* (s)** to collapse
**zusammen-fassen** to summarize
**zusammen-halten*** to stick together, hold together
der **Zusammenhang, ¨-e** context
**zusammen-kommen* (s)** to come together, assemble
**zusammen-rechnen** to add up, calculate
**zusammen-schrumpfen (s)** to shrivel up, shrink
sich **zusammen-setzen aus** to be comprised of
**zusammen-stellen** to put together
**zusammen-zucken (s)** to wince; to be startled
der **Zuschauer, -** viewer
**zu-schicken (jmdm.)** to send to s.o., forward
**zu-schlagen*** to slam shut
**zu-schließen*** to close, lock up
der **Zuschuß, -(ss)es, ¨-(ss)e** advance, subsidy
**zu-schütten** to fill in *(a hole)*
**zu-sehen* (jmdm.)** to watch, look at s.o.
**zustande kommen* (s)** to come about, come to pass
**zu-stürzen (s) auf** *(acc.)* to rush toward
**zu-teilen (jmdm.)** to issue *(dat.)*, assign to s.o.
sich **zu-tragen*** to happen, take place
die **Zuverlässigkeit** reliability
die **Zuversicht** confidence, faith
**zuviel** too much
**zu-wenden* (jmdm.)** *(also weak)* to turn to(ward) s.o.; sich **zu-wenden** to turn (o.s.) toward
**zu-werfen* (jmdm.)** to toss to s.o.

**zuwider** against, contrary to; **jmdm. zuwider sein* (s)** to be repugnant *or* offensive to s.o.
**zu-winken (jmdm.)** to wave to s.o., nod *or* beckon to s.o.
**zwar** to be sure, of course
der **Zweck, -e** purpose; **einen Zweck verfolgen** to pursue a purpose *or* aim; **keinen Zweck haben*** to be pointless, be of no use
der **Zweibeiner, -** two-legged animal, bipod
**zweifach** twofold
der **Zweifel, -** doubt; **in Zweifel ziehen*** to draw into question
**zweifellos** doubtless
der **Zwerg, -e** dwarf
das **Zwielicht** twilight
der **Zwilling -e** twin
**zwingen*** to force, compel
**zwischen** between

# Permissions and Acknowledgments

## Photographs

Page 1: Will & Deni McIntyre/Photo Researchers Inc. 9: Akos Szilvasi/Stock, Boston. 15: UPI/Bettmann. 23: COMSTOCK. 25: Len Rue, Jr./Stock, Boston. 31: Peter Menzel/Stock, Boston. 37: Martin Rogers/Stock, Boston. 43: Tetrel/Explorer/Photo Researchers Inc. 51 & 57: Manfred Ayers. 63: COMSTOCK. 77: Archiv/Interfoto. 83: Keystone/The Image Works. 89: Ulrike Welsch. 97: David Simson/Stock, Boston. 107: Ulrike Welsch. 115: Manfred Ayers. 131: Louis Goldman/Photo Researchers Inc. 141: D. Boroughs/The Image Works. 145: USAF/Monkmeyer Press Photo. 153: Dave Bartruff/Stock, Boston. 163: *Archiv für Kunst und Geschichte*. 171: Owen Franken/Stock, Boston. 181: Bob Daemmrich/Stock, Boston. 189: Fredrik Bodin/Stock, Boston. 199: Manfred Ayers. 211: Archiv/Interfoto. 223: Society of Motion Pictures and Television Engineers.

## Realia

Page 69: illustration by Olaf Hauke, published in *Literarische Texte im Unterricht: Märchen* for the Goethe-Institut München, 1985, edited by Karlhans Frank. 99: *Die Zeit* No. 24/93. 123: Edition Staeck nr.49a *baulöwe*, illustration by Klaus Staeck. 219: Edition Staeck nr.36 *radikalenerlaß*, illustration by Klaus Staeck.

## Literary Permissions

The author wishes to thank the following publishers and copyright holders for their kind permission to reprint the selections in this reader.

Aufbau-Verlag
"Der weiße Fiat" by Margarete Neumann, from *Windflöte und andere Geschichten*, Berlin/Weimar, 1978. Copyright © 1989 Aufbau Verlag, Berlin und Weimar.

Deutscher Taschenbuch Verlag
"Ali Stern" by Alev Tekinay, from *In zwei Sprachen leben: Berichte, Erzählungen, Gedichte von Ausländern*. Copyright © 1983 Deutscher Taschenbuch Verlag, Munich.

Dachs-Verlag GmbH
"Ohne Vorurteile" by Christine Nöstlinger, from *Mein Tagebuch*. Copyright © 1989 Dachs-Verlag GmbH, Vienna.

Elisabeth Alexander
"Familie in Kürze" by Elisabeth Alexander, from *Damengeschichten*. Copyright © 1983, Günther Emigs Literatur-Betrieb, Trier.

Gappmaier Family
"Der gute Mann" by Barbara Gappmaier, from *Junge Literatur aus Österreich 83/84*, Österreichischer Bundesverlag, Vienna, 1984.

Carl Hanser Verlag
"In der Gondel" by Hans Bender, from *Mit dem Postschiff*. Copyright © 1969 Carl Hanser Verlag, Munich and Vienna.

"Mittagspause" by Wolf Wondratschek, from *Früher begann der Tag mit einer Schußwunde*. Copyright © 1978 Carl Hanser Verlag, Munich and Vienna.

Georg Heym
*Dichtungen und Schriften: Gesamtausgabe in vier Bänden*, herausgegeben von Karl L. Schneider, C.H. Beck'sche Verlagsbuchhandlung, München.

Insel Verlag
"Die Beiden" by Hugo von Hofmannsthal, from *Gedichte und kleine Dramen*. Copyright © 1911 Insel Verlag, Frankfurt am Main.

"Der Panther" by Rainer Maria Rilke, from *Gesammelte Gedichte*. Copyright © 1962 Insel Verlag, Frankfurt am Main.

Verlag Kiepenheuer & Witsch
"Du fährst zu oft nach Heidelberg" by Heinrich Böll, from *Gesammelte Erzählungen*, Bd. 2. Copyright © 1981 Verlag Kiepenheuer & Witsch, Cologne.

"Das Märchen vom kleinen Herrn Moritz, der eine Glatze kriegte" by Wolf Biermann. Reprinted by permission of Verlag Kiepenheuer & Witsch, Cologne.

Klett Edition Deutsch GmbH
"Ein Posten ist frei" by Ekkehart Müller, from *Menschen um Müller*. Copyright © 1971 Klett Edition Deutsch GmbH, Munich.

Jiri Kral
"Supermarkt" by Jiri Kral, from *In zwei Sprachen leben: Berichte, Erzählungen, Gedichte von Ausländern*, Deutscher Taschenbuch Verlag, Munich, 1983.

Luchterhand Literaturverlag
"Der Verkäufer und der Elch" by Franz Hohler, from *Ein eigenartiger Tag: Lesebuch*. Copyright © 1983, 1989 Luchterhand Literaturverlag, Hamburg.

"Neapel sehen" by Kurt Marti, from *Dorfgeschichten*. Copyright © 1983, Hermann Luchterhand Verlag, Darmstadt/Neuwied.

"66 Fragen" by Franz Hohler, from *Ein eigenartiger Tag*. Copyright © 1989 Luchterhand Literaturverlag, Hamburg.

Verlag Friedrich Oetinger
"Der Mann, der nie zu spät kam" by Paul Maar, Copyright © 1973, Verlag Friedrich Oetinger, Hamburg.

"Die Erfindungsmaschine" by Paul Maar, from *Summelsarium oder 13 wahre Lügengeschichten*. Copyright © 1973 Verlag Friedrich Oetinger, Hamburg.

Österreichischer Bundesverlag
"Sonntagvormittag" by Clemens Hausmann, from *Junge Literatur aus Österreich 83/84*, Österreichischer Bundesverlag, Vienna, 1984.

Alice Penkala (Anneliese Meinert)
"Rotkäppchen '65" by Anneliese Meinert. Reprinted by permission of Dr. Alice Penkala.

Residenz Verlag
"Keine Meschenfresser, bitte!" by H.C. Artmann, from *Im Schatten der Burenwurst*. Copyright © 1983 Residenz Verlag, Salzburg und Vienna.

Rowohlt Verlag GmbH
"Die Küchenuhr" by Wolfgang Borchert, from *Das Gesamtwerk*. Copyright © 1949 by Rowohlt Verlag GmbH, Hamburg.

"Geschichte ohne Moral" by Alfred Polgar, from *Kleine Schriften*. Copyright © 1983 Rowohlt Verlag, Reinbek.

"Mal was andres" by Jurt Kusenberg, from *Gesammelte Erzählungen*. Copyright © 1969 by Rowohlt Verlag GmbH, Reinbek.

Suhrkamp Verlag
"Eine größere Anschaffung" by Wolfgang Hildesheimer, from *Lieblose Legenden*. Copyright © 1962 Suhrkamp Verlag, Frankfurt am Main.

"Ein Mensch mit Namen Ziegler" by Hermann Hesse, from *Gesammelte Dichtungen*. Copyright © 1952 Suhrkamp Verlag, Frankfurt am Main.

"Wenn die Haifische Menschen wären" by Bertolt Brecht, from *Gesammelte Werke*. Copyright © 1967 Suhrkamp Verlag, Frankfurt am Main.

"Mackie Messer" by Bertolt Brecht, from *Gesammelte Werke*. Copyright © 1967, Suhrkamp Verlag, Frankfurt am Main.

Walter-Verlag AG
"San Salvador" by Peter Bichsel, from *Eigentlich möchte Frau Blum den Milchmann kennenlernen*. Copyright © 1964, Walter-Verlag, Solothurn (Switzerland).

Gabriele Wohmann
"Imitation" by Gabriele Wohmann, from *Vor der Hochzeit: Erzählungen*. Copyright © 1980 Rowohlt Taschenbuch Verlag, Reinbek.